Alioune Dione

Le droit douanier, le commerce électronique et la dématérialisation

L'Harmattan

Du même auteur

Le droit douanier à l'épreuve des réseaux informatiques : le défi du commerce électronique, Alger, Edition ITCIS, Collection Droit douanier, mars 2009.

Le dédouanement des véhicules automobiles au Sénégal, Paris, Droit-Afrique, novembre 2012.

5-7, rue de l'École-Polytechnique ; 75005 Paris

http://www.librairieharmattan.com
diffusion.harmattan@wanadoo.fr
harmattan1@wanadoo.fr

ISBN : 978-2-343-06287-7
EAN : 9782343062877

Principaux sigles et abréviations

ADPIC : Accord sur des droits de propriété intellectuelle qui touchent au commerce

AGCS : Accord général sur le commerce des services

AJDA : Actualité juridique de droit administratif

ALENA : Accord de libre échange nord-américain

ASEAN ou ANASE : Association des Nations de l'Asie du Sud-Est

BAE : Bon à enlever

BCEAO : Banque centrale des États de l'Afrique de l'Ouest

BOD : Bulletin officiel des douanes (France)

C. Cass : Cour de cassation

CAF : Coût, assurance et fret

CA : Cour d'appel

CALD : Commission d'arbitrage des litiges douaniers

Cass. Crim : Chambre criminelle de la Cour de cassation

CEDEAO : Communauté économique des États de l'Afrique de l'Ouest

CJCE : Cour de justice des Communautés européennes

CEMAC : Communauté économique et monétaire de l'Afrique centrale

Ch. civ. et com. : Chambre civile et commerciale

CNUCED : Conférence des Nations Unies pour le commerce et le développement

CNUDCI : Commission des Nations Unies pour le droit commercial international

DGD : Direction générale des douanes du Sénégal

DGDID : Direction générale des douanes et des droits indirects (France)

DGID : Direction générale des impôts et domaines du Sénégal

Doctr. : Doctrine

DVB : Définition de la valeur de Bruxelles

EDI : Échanges de données informatisées

GATT : Accord général sur les tarifs douaniers et le commerce

Gaz. Pal : Gazette du Palais

ICANN: Internet corporation for Assigned Names and Numbers

IP : Protocole d'Internet

JCP : Juris-Classeur périodique, la semaine juridique

JOCE : Journal officiel des Communautés européennes

JORF : Journal officiel de la République française

JurisCl : Juris-Classeur

MDB : Ministre délégué auprès du ministre de l'Économie, des Finances et du Plan, chargé du Budget du Sénégal

MEFP : Ministre de l'Économie, des Finances et du Plan du Sénégal

MERCOSUR : Marché commun de l'Amérique du Sud

OCDE : Organisation de coopération et de développement économiques

OHADA : Organisation pour l'harmonisation du droit des affaires en Afrique

OLAF : Office de lutte Anti-Fraude

OMC : Organisation mondiale du commerce

OMD : Organisation mondiale des douanes

OMPI : Organisation mondiale de la propriété intellectuelle

ONU : Organisation des Nations Unies

OPJ : Officier de police judiciaire

PAC : Politique agricole commune

PIB : Produit intérieur brut

RAE : Revue des affaires européennes

RDP : Revue de droit public et de la science politique

RIPAS : Revue des institutions publiques et administratives du Sénégal

RJDA : Revue juridique- droit administratif

RTDCiv : Revue trimestrielle de droit civil

RTDCom : Revue trimestrielle de droit commercial

SADEC : Communauté pour le développement économique de l'Afrique Australe

SH : Système harmonisé de désignation et de codification des marchandises

TCP : Protocole de contrôle des transmissions

TEC : Tarif extérieur commun de l'UEMOA

Trib. : Tribunal

TVA : Taxe sur la Valeur ajoutée

UE : Union européenne

UEMOA : Union économique et monétaire ouest-africain

UMA : Union du Maghreb Arabe

UNESCO : Organisation des Nations Unies pour l'éducation, la science et la culture

« *L'Internet est le principal progrès technologique du XXIème siècle*[1] ». Sa naissance, dans la seconde moitié du XXème siècle, a marqué le début d'un bouleversement profond de l'économie mondiale en engendrant trois phénomènes nouveaux : l'accélération des échanges commerciaux, leur internationalisation progressive et leur dématérialisation. Plus précisément, c'est un réseau informatique mondial formé d'un ensemble de réseaux nationaux, régionaux et privés qui sont interconnectés et communiquent au travers du protocole TCP-IP[2]. De façon plus simple, il s'agit d'une sorte de Minitel[3], rapide, multimédia et international[4].

La notion de réseau peut être appréhendée avec le Professeur Pierre TRUDEL comme *« un ensemble d'éléments ou de services réunis par différents liens de nature organisationnelle*[5] ». C'est l'élément de base

[1] Intervention de Michel s, Secrétaire général de l'Organisation mondiale des douanes sur le thème, l'Internet, un élargissement des marchés mondiaux, juin 2000 in http://www.wcoomd.org .

[2] C'est le couple de « protocoles » de base le plus important pour l'Internet. Le protocole TCP/IP a été mis au point par Vinton Cerf et Bob Kahn en 1973. Le Protocole de Contrôle de Transmissions (TCP, Transmission Control Protocol), est un langage rudimentaire qui permet à deux ordinateurs d'établir une liaison entre eux et de contrôler l'émission et la réception de messages quel qu'en soit le contenu. Le « Protocole Internet » (IP) régit l'attribution des adresses Internet et la manière dont les informations circulent depuis l'émetteur jusqu'au destinataire. Cette série de règles définit le fonctionnement de l'Internet indépendamment des différences entre les ordinateurs des divers pays du monde. Une connexion TCP/IP est nécessaire pour tous les terminaux Internet.

[3] Selon l'encyclopédie en ligne Wikipédia, « le Minitel est une technologie de communication utilisée en France, essentiellement à la fin du XXe siècle. Le Minitel est un terminal passif, c'est-à-dire qu'il s'agit uniquement d'un clavier et d'un écran, sans processeur ni dispositif de stockage. Les services sont accessibles depuis une ligne de téléphone grâce au modem incorporé (1200bit/s en réception, 75 bit/s en émission).Contrairement à l'IP, le protocole de communication du Minitel (Telnet) étant celui du téléphone, il fonctionne donc en mode connecté. Cela signifie qu'une ligne est établie directement entre le client (utilisateur) et le serveur (fournisseur de services). Cela rend l'opération plus coûteuse, mais aussi bien sécurisée. » Cf. http://fr.wikipedia.fr

[4] PANSIER, Frédéric-Jérôme et Emmanuel JEZ (2000), *Initiation à l'Internet juridique*, Litec, p.3 et s.

[5] TRUDEL, Pierre, *Quel droit et quelle régulation ?* Sociologie et sociétés vol XXXII. 2, p. 192.

des échanges en ligne. De façon triviale, le réseau est un lien entre deux ou plusieurs ordinateurs leur permettant, ainsi, d'échanger des informations. Il peut se présenter sous une forme locale ou étendue. Dans le premier cas, il relie les ordinateurs dans une même enceinte (immeuble, service, etc.). Cette notion de réseau local qualifiée également d'intranet recouvre, en réalité, différentes situations en fonction de sa plus ou moins grande portée. Ainsi, le réseau peut simplement relier des ordinateurs d'une société, d'une administration ou de toute autre organisation, tout en offrant les mêmes fonctionnalités que l'Internet (partage de fichiers, acheminement de courrier, etc.). Habituellement, l'Intranet est très bien protégé par des coupe-feux pour éviter les intrusions indues des tiers. L'histoire récente des technologies de l'information révèle beaucoup de cas de tentatives de pénétration de réseaux locaux par des délinquants d'un genre nouveau, les « hackers », afin d'y effectuer des actes illicites.

Cependant, la nécessité de coopération entre les différentes entreprises, sociétés et organisations a rendu important le recours à des moyens de jonction en toute légalité entre les systèmes de réseau intranet existant dans un pays ou dans une communauté. Pour arriver à cette fin, la technologie a eu recours à la notion d'extranet. Ce faisant, l'extranet apparaît comme un lien entre deux intranets au moins, qui permet une ouverture des applications de type intranet aux ressources du réseau de l'Internet (sites web, courriels, applications informatiques, etc.). Par conséquent, l'extranet permet aux deux entités reliées de communiquer entre elles, surtout d'échanger en toute confidentialité avec les clients et enfin de partager des ressources sur Internet dans leur propre espace virtuel. Les clients (employés, fournisseurs, sous-traitants, partenaires) peuvent avoir accès, sous certaines conditions, aux ressources internes de l'une ou des deux structures.

À ce niveau, on peut trouver une certaine similarité entre l'extranet et l'EDI[6]. Aux termes de l'article 2 de la loi-type de la CNUDCI[7], l'EDI[8] se définit comme le « *transfert électronique d'une information d'ordinateur à ordinateur mettant en œuvre une norme convenue pour structurer*

---

[6] BELLEFONDS, (De) Xavier Linant (1991), *Le nouveau droit des EDI,* Paris, Éditions Parques, p.107. ;
CAPRIOLI, Éric (1992), *EDI et droit du commerce international : état de l'environnement légal,* Cahiers Lamy, I, 2 ; CAPRIOLI, Éric (1992), *Échanges de Données informatisées (EDI),* Jurisclasseur 8, I, 2.
[7] Commission des Nations Unies pour le Droit commercial international.
[8] Échange de données informatisées.

l'information[9]». L'EDI et l'extranet permettent de relier une entreprise à ses clients et fournisseurs[10]. D'ailleurs, certains spécialistes de l'informatique prédisent la disparition prochaine de l'EDI[11] au profit de l'extranet.

Actuellement, c'est plus par l'extranet, qu'en réseau ouvert, que s'effectuent certaines opérations commerciales entre commerçants. Pour autant, l'extranet ne pourra pas supplanter, définitivement, l'Internet en raison de la plus grande ouverture de ce dernier[12]. En l'occurrence, l'Internet est un réseau de réseaux dans la mesure où il assure la connexion entre différents réseaux d'ordinateurs en utilisant un protocole de transmission et de communication constituant un langage commun[13]. C'est un réseau ouvert puisque quiconque possède un ordinateur, un modem et un logiciel de connexion peut s'y relier, après avoir requis les services d'un fournisseur d'accès[14]. Mais, il s'agit d'un réseau spécifique, constitué par l'interconnexion de plusieurs réseaux présents sur les cinq continents. D'où l'appellation courante de « toile d'araignée mondiale[15] ».

À la première phase d'Internet, organisée autour du micro-ordinateur, va succéder une phase caractérisée par la simplification et l'élargissement

---

[9] L'intégration de ce système EDI dans le processus traditionnel d'échanges s'est faite progressivement. C'est ainsi qu'à travers deux recommandations distinctes en date, respectivement, du 19 octobre 1994 et du 26 mars 1995, la Commission européenne et la Commission économique pour l'Europe des Nations Unies ont élaboré des modèles d'accord d'EDI qui touchent beaucoup de secteurs d'activités. Ces recommandations ont pour objectif l'émergence de normes juridiques internationales pouvant servir de base à des négociations bilatérales ou multilatérales

[10] Huet, J. (Recueil Dalloz chron. 1991), *Aspects juridiques de l'EDI, Échanges de Données informatisées*, p.181.

[11] CAPRIOLI, Éric (1993), *Les limites des accords d'EDI : la solution des EDITERMS*, Lamy de l'informatique, E 7 ; PIETTE-COUDOL, Thierry (1990), *La véritable problématique de l'EDI : le formalisme avant la preuve*, Cahiers Lamy, J-9.

[12] FÉDIDA, S. (1997), *Des autoroutes de l'information au cyberespace,* Paris, Flammarion, p. 6.

[13] Protocole TCP-IP.

[14] HUET J. (1996), « Le commerce électronique » dans Pierre HUET, dir., *Le droit du multimédia – De la télématique à Internet,* Paris, Les Éditions du Téléphone, 209, p. 228-229.

[15] En Anglais la dénomination courante est « world wide web » ou tout simplement, « web », qui renvoie à l'idée de la « toile d'araignée mondiale ». Le recours à cette notion de « toile d'araignée mondiale » pour qualifier l'Internet s'explique aisément en raison du fait que le phénomène couvre la planète entière, à la suite d'une interconnexion d'un ensemble de réseaux.

de l'accès au réseau grâce à la diversification des points d'entrée : décodeurs numériques, consoles de jeux, terminaux spécialisés pour le commerce électronique, téléphones portables[16].

Par ailleurs Internet, sujet d'actualité, fait l'objet de l'attention soutenue des politiques d'Asie, d'Europe, d'Outre-Atlantique et récemment d'Afrique[17]. Cependant, au-delà des incantations médiatiques, du fétichisme de l'outil Internet, ce qui importe surtout, c'est le commerce d'un genre singulier, dénommé commerce en ligne ou commerce électronique qu'il induit. Ce commerce particulier, qualifié d'électronique, change radicalement la donne des échanges traditionnels[18].

En partant d'un critère matériel, qui met l'accent sur le contenu même de la notion de commerce électronique, il est possible de concevoir une double signification des échanges en ligne. En premier lieu, une vision extensive selon laquelle le commerce électronique est appréhendé comme l'ensemble des échanges électroniques liés aux activités commerciales[19]. Dans cette optique, le « e-commerce[20] » couvre à la fois les échanges d'informations et les transactions concernant des produits, équipements ou biens de consommation courante et les services (informations juridiques, financières, sociales, etc.)[21]. Cependant, si l'on

---

[16] VIVANT, Michel (1999), *Les contrats du commerce électronique,* Préface de Francis LORENTZ, Président de la mission « commerce électronique » en France, Litec.

[17] À Pékin on assiste au premier forum sur le commerce électronique présidé par Zou JIAHUA en mars 1996. En France, la loi portant confiance dans l'économie numérique encadre les transactions électroniques depuis 2000. En Allemagne ; il existe également une loi sur l'Internet. Au Sénégal, les lois du 25 janvier 2008 et leurs décrets d'application jettent les bases de l'orientation du pays dans la société de l'information, organisent le cadre juridique des transactions électroniques, la protection des données à caractère personnel et assurent l'encadrement de la cybercriminalité. De façon générale, conscients des atouts et des dangers éventuels que peut receler le cyberespace, la plupart des pays ont déjà mis en place un cadre juridique ou sont en voie de le mettre afin d'organiser et d'encadrer la société de l'information et les transactions numériques.

[18] La paternité du concept de commerce électronique est attribuée à Al Gore, qui l'a rendu public et défini dans le projet du *Federal Electronic Commerce Acquisition Team* du 29 avril 1994, intitulé *Streamling Procurement Through Electronic Commerce,* comme « l'utilisation combinée et optimale de toutes les technologies de la communication disponibles pour développer le commerce d'entreprise. »

[19] Rapport LORENZ, (1998, 7 janvier), *Une nouvelle donne pour les consommateurs, les entreprises, les citoyens et les pouvoirs publics,* ministère de l'Économie, des Finances et de l'Industrie, http://www.finances.gouv.fr.

[20] Désignation en anglais de la notion de commerce électronique.

[21] (1998, avril), « Le commerce électronique en marche », *Point DBF*, n°88, p.8.

se place dans la perspective du droit commercial général, une telle définition est scientifiquement contestable. Cette acception, lato sensu, rejoint la vision classique du droit romain qui est, aujourd'hui, dépassée. En droit romain, l'expression « commercium » désignant le commerce, a été employée pour prendre en compte tous les rapports juridiques que les hommes ont entre eux, relativement à l'utilisation des biens[22]. Ainsi, les activités étaient soit « *in commercio* » soit « *extra commercium* », le commerce devenant le droit de participer aux opérations juridiques[23]. À l'heure actuelle, le commerce ne désigne pas toutes les transactions portant sur des biens matériels (les secteurs de l'agriculture et des industries extractives en sont exclus par exemple[24]). Mais, la conception a, au moins, le mérite d'énumérer toutes les activités auxquelles le commerce électronique permet d'accéder.

Au-delà de cette première acception, il existe, en second lieu, une signification stricto sensu empruntée à l'ancien Vice-président américain Al GORE et selon laquelle, le commerce électronique est « *l'utilisation combinée et optimale de toutes les technologies de communication disponibles pour développer le commerce d'entreprise*[25] ». Cette dernière vision partage avec la première, tantôt évoquée, l'idée que le « e-commerce » concerne toutes les activités d'échange faisant recours aux nouvelles technologies. Mais, elle restreint un peu la perspective en ne faisant référence qu'aux échanges interentreprises. Or, les échanges électroniques par Internet ne concernent pas seulement les relations entre entreprises, mais bien plus.

À la suite de cette réflexion, il devient opportun de se demander si le commerce électronique peut être considéré comme une branche du droit commercial. La question n'est pas nouvelle ; elle a été posée dans un autre contexte par une certaine doctrine à propos du droit commercial[26] et

---

22 ULPIEN, *Règles,* XIX paragraphe 4 et 5 ; Digeste, 4, 1, fr.6.

23 HUVELIN (1929), *Le droit commercial romain,* p. 9.

24 Cf. les articles 3&4 de l'Acte uniforme portant sur le droit commercial général de l'Organisation pour l'Harmonisation du Droit des Affaires en Afrique (OHADA) ; RIPERT, Georges et René ROBLOT, *Traité de droit commercial,* tome 1, LGDJ, 15ème édition, p. 1&2 ;

PIROVANO, (1985), *Introduction critique au droit commercial contemporain,* R.D.C, p. 219 ;

ATIAS, (1984), *Hypothèse sur la doctrine en droit commercial,* Études à Roblot, p.29.

25 GORE, Al, *Streamling Procurement Through Electronic Commerce, op. cit*;

26 LYON-CAEN, G. (1949), Contribution à la recherche d'une définition du droit commercial, *Rev. Tr. Dr. Com*, p. 577.

du droit commercial international[27]. Il est évident que le droit du commerce électronique ne peut pas être considéré comme une simple branche du droit commercial. Le commerce électronique déborde du cadre du droit commercial tout court, pris au sens large ou restrictif[28]. Il peut mettre en relation commerciale[29] des acteurs situés dans un même espace géographique, mais également des acteurs situés dans différentes parties du monde. Le commerce électronique regroupe de façon non exclusive « *des relations du commerce qui ont des attaches essentielles avec plusieurs États*[30] ». Cet aspect international ne couvre pas toute la dimension du commerce électronique, qui peut mettre également en jeu des acteurs situés dans un même cadre national[31]. C'est à ce niveau qu'on peut penser qu'il rejoint le droit commercial. Mais, aborder la question sous cet angle, c'est tout simplement ne pas prendre en compte la nature dématérialisée du commerce électronique.

Dès lors, peut-on s'appuyer sur cet aspect international du droit du commerce électronique pour en tirer la conclusion que ce droit est une branche du droit du commerce international ?

---

[27] Ainsi, des auteurs à l'image de V. Y. LOUSSOUARN et J-D. BREDIN, se sont posés la question de savoir, à propos du droit international, s'il est une partie intégrante du droit commercial, Cf. L*oussouarn* et J-D B*redin* (1969), *Droit du commerce international,* Sirey, spéc., n° 2, p. 5 ;

MOUSSERON, J. M. ; R. FABRE; J. RAYNARD; J-L. PIERRE (2000), *Droit du commerce international – Droit international de l'entreprise,* Litec, p.11 et s.

[28] Mme Agnès Rabagny-Lagoa dans son ouvrage, Droit du commerce électronique, Ellipses, 2011, précise que « *Le commerce électronique est régi par un cadre juridique complexe. Il dispose de règles spécifiques, mais relève également du droit des obligations, des contrats spéciaux et du droit de la consommation».*

[29] La définition du terme commercial est empruntée à une organisation internationale, en l'occurrence la CNUDCI, qui précise dans la loi-type du 21 juin 1985 sur « l'Arbitrage commercial international » que « *le terme commercial devrait être interprété au sens large, afin de désigner les questions issues de toute relation à caractère commercial, contractuel ou non contractuel. Les relations de nature commerciale comprennent, sans y être limitées, les transactions suivantes : toute transaction commerciale portant sur la fourniture ou l'échange de marchandises ou de services : accord de distribution ; représentation commerciale ; affacturage ; crédit-bail, constructions d'usines ; services consultatifs d'ingénierie ; licences ; investissements ; financements ; transactions bancaires ; assurance ; accords d'exploitation ou concessions ; coentreprises et autres formes de coopération industrielle et commerciale ; transport de marchandises ou de passagers par voie aérienne, maritime, ferroviaire ou routière.* »

[30] LOUSSOUARN, J-D. BREDIN, *Op.cit.,* N° 1, p. 4.

[31] HUET, J, *Éléments pour une définition du droit de la communication,* in *Clés pour le siècle,* Université Panthéon-Assas/Paris II, Dalloz, p.483 et s.

Il faut, également, ici, se garder de toute assimilation hâtive. Il est vrai que le commerce électronique peut mettre en jeu souvent « *des relations de commerce qui ont des attaches essentielles avec plusieurs États*[32] », pour autant on ne peut pas en déduire que le droit du commerce électronique est une branche du droit commercial international[33]. En effet, le droit du commerce électronique est un condensé de normes ayant pour objet des transactions dématérialisées. Ce qui n'est pas le cas du droit commercial international[34]. La différence entre le droit du commerce électronique et le droit du commerce international, ne porte pas sur une question de champ d'application, mais plutôt sur l'objet.

En définitive, il est donc possible, après analyse, d'affirmer que le droit du commerce électronique n'est, à proprement parler, ni une branche du droit commercial, ni une branche du droit commercial international. Pour autant, peut-on affirmer que c'est une branche autonome du droit ? Une telle déduction n'est pas exagérée, car le droit du commerce électronique regroupe un ensemble de règles spécifiques qui sont mises en œuvre dans un champ d'application particulier[35]. D'ailleurs, on assiste à l'émergence de nouveaux droits qui affirment, de plus en plus, leur autonomie (droit des assurances, droit fiscal, etc.).

À côté de la conception matérielle de la notion de commerce électronique, il existe une autre appréhension de ce concept fondée sur un critère organico-formel. En partant de ce critère organico-formel qui, lui, met l'accent sur les acteurs mêmes de ce commerce d'un genre singulier, il convient de distinguer une acception restrictive et une autre extensive. Au sens large, la notion de commerce électronique intègre trois types de liens électroniques. En premier, les relations entre les entreprises et les

---

[32] LOUSSOUARN, J-D. BREDIN, *Op.cit.*, N° 1, p. 4

[33] Le doyen Goldman précise de ce point de vue que le mot « commerce » dans le contexte de la dénomination « droit du commerce international », « *n'est pas employé... dans le sens très étroit du langage courant, ni même dans celui, déjà plus large qu'il revêt dans la terminologie du droit français interne... il couvre...l'ensemble des relations économiques internationales* », Cf. GOLDMAN, B. (1964), *Frontières du droit et de la lex mercatoria* in Arch. Phi. Dr., p.177.

[34] MOUSSERON, J. M. ; R. FABRE, J. RAYNARD, J-L. PIERRE, *Op.cit.*, p. 10 à 18.

[35] À cet égard, dans la quatrième page de l'ouvrage collectif sous la direction de Vincent GAUTRAIS (2002), « Droit du commerce électronique », Éditions Thémis, il est précisé que « Le début des années 2000 a été le théâtre de changements juridiques nombreux avec l'avènement de lois, de traités et d'une jurisprudence qui viennent modifier et parfois fixer un droit souvent jugé comme étant encore embryonnaire. Cette émergence de textes constitue donc une étape importante qui méritait d'être analysée par des experts reconnus. »

consommateurs (B2C)[36]. En deuxième lieu, les échanges économiques interentreprises (B2B)[37], appelés parfois transactions électroniques. Enfin, en troisième lieu, le phénomène que recouvre le commerce électronique est le gouvernement électronique, notion qui sert à qualifier aussi bien les relations de gouvernement à entreprises (G2B)[38], que les relations de gouvernement à citoyens (G2C)[39] et les relations de gouvernement à gouvernement (G2G)[40]. En somme, la conception extensive intègre dans la notion de « e-commerce » les relations interentreprises, les relations entre les entreprises et les administrations, de même que les échanges entre entreprises et consommateurs. Dans cet esprit, des auteurs comme M. Pierre BREESE définissent le commerce électronique comme « *les transactions, communications, échanges de biens et de services, intégralement ou partiellement conclus et exécutés par voie électronique, à distance, entre les entreprises et ses partenaires quelque soit la qualité de ses partenaires* [41]».

En revanche, la conception restrictive ne prend en compte que les échanges interentreprises. Une telle vision repose sur le fait que bien que le commerce électronique ne constitue pas en soi un phénomène nouveau, il est resté, tout de même, jusque là, largement réservé aux échanges interentreprises[42]. Ces types d'échanges se sont beaucoup développés depuis plus de 10 ans en procurant aux entreprises des gains de performances et de productivité, notamment dans la gestion des commandes et des stocks[43]. Au demeurant, il convient de souligner que même si ce type de relation représente encore l'essentiel du commerce électronique, le développement très rapide de l'Internet bouleverse ces perspectives, notamment en ce qui concerne les ventes aux consommateurs.

Face à cette diversité dans l'appréhension de la notion, le Comité technique permanent de l'Organisation mondiale des douanes a proposé

---

[36] Business to consumer.

[37] Business to business.

[38] Government to business.

[39] Government to consumer.

[40] Government to government.

[41] BREESE, Pierre, *Guide juridique de l'Internet et du commerce électronique,* Vuibert, p.17.

[42] BON, Michel, Directeur général de France Télécom (1998, dimanche 18 au mardi 20 janvier), « Au fil du net : Intranet, des outils de compétitivité pour les entreprises », *La Gazette du Palais*, p.34 ;

ANDRIEU, O. et D. LAFFONT, *Internet et l'entreprise,* Éditions Eyrolles, p. 234 et s.

[43](1998), « Commerce électronique, numéro spécial », *Gazette des Technologies, Gazette du Palais*, 2èm sem., p.1325.

une acception, dans l'optique d'une approche commune de la douane, du phénomène du commerce électronique[44]. Dans cet esprit, il le définit comme « un moyen de gérer les affaires en utilisant l'informatique et les télécommunications afin de faire circuler les données entre les systèmes informatiques propres aux organisations en présence pour effectuer une transaction commerciale ». Mais ce faisant, le Comité technique permanent adopte la conception matérielle large de la notion en ce que la définition met l'accent sur les échanges de données dans le contexte des opérations fondamentales réalisées par la Douane[45].

L'incidence de cette mutation dans la réalisation du commerce sur le droit de façon générale et en particulier le droit commercial et le droit douanier est certaine. En effet, « la Douane apparaît… comme l'essentiel du dispositif institutionnel devant assurer la police des relations commerciales extérieures[46] ». Dès lors, il devient certain qu'un tel changement dans l'activité commerciale aura des répercussions sur le droit douanier qui encadre les missions douanières.

Si l'Internet est le moteur qui propulse le commerce électronique[47], il n'en découle pas que le commerce électronique ne peut se réaliser que par son biais exclusif[48]. En effet, il existe d'autres instruments qui peuvent parfaitement servir à réaliser le commerce en ligne. Il est possible d'énumérer, notamment le Minitel, l'Audiotel, la télévision

---

[44] Le commerce électronique a fait l'objet de plusieurs tentatives de définition par des organes supranationaux : « le commerce électronique désigne en général toutes les formes de transaction commerciale associant les particuliers et les organisations qui reposent sur le traitement et la transmission de données numérisées, notamment texte, son et image » (OCDE 1997) ; « le commerce électronique pourrait tout simplement être défini comme étant l'ensemble des activités de production, de publicité, de vente et de distribution de produits effectuées par l'intermédiaire de réseaux de communication », (OMC 1998).

[45] La CNUDCI, pour résoudre le problème de conflit de loi en matière de commerce électronique, a essayé d'établir une norme internationale qui comprend une définition imparfaite du commerce électronique. Il s'agit de la loi-type sur le commerce électronique, issue des travaux de sa 29ème session (28mai 1996 au 14 juin 1996), in http://www.unicitral.org:fr-index.htm .

[46] NATAREL, Elisabeth (2004), Construction communautaire et mutations du droit national : le code des douanes français en question, Presses universitaires D'Aix-Marseilles, p. 30.

[47] DRAETTA, Ugo, *Internet et commerce électronique en droit international des affaires*, Bruylant, 200, p. 44.

[48] (1999, 29 avril au 12 mai), *Commerce électronique: la révolution à laquelle vous n'échapperez pas!* Dossier de L'Expansion.

interactive, les EDI[49], les réseaux à valeur ajoutée. À l'inverse, l'Internet ne permet de réaliser, uniquement, que le commerce électronique. En effet, au-delà du commerce, il offre la possibilité de se documenter, d'apprendre, de jouer, de discuter, de voyager, de faire ses courses. Donc, il s'agit de constater que c'est avec l'Internet[50] que le commerce électronique a atteint sa véritable dimension, à telle enseigne que le terme est maintenant utilisé pour décrire toute une série de nouvelles possibilités commerciales offertes grâce à l'Internet. À l'origine, le phénomène du commerce électronique, via Internet, était essentiellement circonscrit au territoire américain[51], mais il revêt aujourd'hui une dimension mondiale[52].

L'Internet est en train de modifier de nombreuses composantes de notre vie. Ce réseau est un marché en émergence dans lequel les repères classiques d'espace et de temps ont été modifiés par la technique[53]. L'espace d'échange économique devient global et sans frontières[54]. Cette nouvelle dynamique de marché, marquée par la dématérialisation des échanges et leur indépendance par rapport à la géographie et aux frontières, remet en cause la pertinence et l'efficacité des règles et obligations définies par l'État et les Organisations internationales[55]. La révolution de l'Internet bouscule nos modes de pensée, traditions juridiques et administratives et modifie les règles de la compétition. Elle

---

[49] Échange de Données informatisées (Electronic Data Interchange), langage de description de données commerciales (commandes, factures, règlements), normalisé au sein de l'ONU (Standard Edifact), destiné à permettre aux entreprises du monde entier d'échanger entre elles des messages commerciaux directement compréhensibles sur un ordinateur. Ainsi, l'EDI permet à deux ordinateurs de communiquer directement, donnant ainsi la possibilité selon les circonstances, de déléguer à une machine, à un logiciel, la réalisation d'actes qui jadis étaient réservés aux seuls hommes. L'émission et la réception des messages sont automatisées, de même que l'intégration des messages dans les systèmes d'information, sans aucune immixtion humaine. C'est donc un mode de communication à distance. Les EDI permettent donc d'automatiser un processus d'échanges entre plusieurs entreprises.

[50] Diminutif de l'Internet. Terme couramment utilisé pour parler du réseau mondial.

[51] (1998, mai), « Le commerce électronique international, Quelques réflexions sur la loi applicable à la vente au consommateur », *Expertises,* p. 140.

[52] BOCHURBERG, Lionel, *op.cit.*, p.11.

[53] Dossier Internet et le commerce électronique : ALBERGANTI, M. (1997, 16 septembre), « Internet, le grand supermarché », *Le Monde de l'économie,* http://www.lemonde.fr/dossiers/commerce.

[54] DANET, Michel, « L'Internet, un élargissement des marchés mondiaux », *op.cit.*, http://www.wcoomd.org .

[55] « Le commerce électronique en marche », *op. cit.*, p.8.

crée une situation d'incertitude aux évolutions largement imprévisibles, mettant en cause le cadre intellectuel et les méthodes habituelles d'action de l'État[56].

Ce changement d'optique et de cadre, opéré par l'Internet, pourrait-on penser, augure d'un vide juridique. Dans cette perspective, en raison de la rupture fondamentale par rapport aux règles classiques résolument ancrées dans le monde physique, le monde dématérialisé de l'Internet ne saurait souffrir d'aucune règle[57]. C'est ce qui a valu au vaste réseau mondial les qualifications de zone de « *non-droit*[58] » ou de « *far west* » virtuel[59]. La notion de non-droit étant conçue par le Professeur CARBONNIER comme « *l'absence du droit dans un certain nombre de rapports humains où le droit aurait eu vocation théorique à être présent*[60] ». Mais, une telle conception ne saurait tenir, car s'il est vrai que l'Internet pose de nouveaux problèmes juridiques, il n'est pas possible d'en déduire qu'il n'existe pas de textes qui l'encadrent. En vérité, avant d'être électronique, le « e-commerce » est avant tout du commerce, il est donc à supposer qu'à tout le moins, à défaut d'une totale application du

---

[56] Dans sa déclaration d'indépendance du cyberespace en 1996, John Perry BARLOW écrivait sur un ton provocateur : « Gouvernements du monde industrialisé, géants fatigués faits de fer et d'acier, j'arrive du cyberespace, la nouvelle habitation de l'esprit. Vous n'êtes pas les bienvenus parmi nous. Vous n'êtes pas souverains là où nous nous rassemblons. Vos concepts juridiques de propriété, d'expression d'identité, de mouvement et de contexte ne s'appliquent pas à nous. Ils sont basés sur la matière, il n'y a pas de matière ici » ; TRUDEL, P. (1995), Introduction au droit du commerce électronique sur Internet, *Revue du Barreau* (Québec), vol.55, p.221.

[57] THOUMYRE, Lionel, *Zone de non-droit : au-delà du mythe* in http://www.juriscom.net; BOUSSEAU, E. et A. RALLET (2000, 21 avril), « Il faut démystifier et penser Internet », *Le Monde*, p. 16.

[58] MEYNOT, F. et S. MARCELLIN-TAUPENAS (1996), Internet serait-il un no man's land juridique ? *Bulletin d'actualité – Lamy Droit de l'informatique,* n°81, p.1-3 ;
CARBONNIER, Jean (1963), *Hypothèse de non-droit*, Archives philosophiques du droit, 55-67, L'auteur précise notamment à la page 62 qu' « il y'a de longs jours de non-droit pour quelques instants de droit. Car le non-droit c'est l'essence, le droit, l'accident …il faut bien comprendre que le non-droit n'est pas néant, ni chaos, c'est un monde de relations que le droit n'abandonne pas, quand il se retire à la dissolution ou au désordre… le terrain qu'il évacue sera tout simplement réoccupé par les anciens occupants, principe d'ordre, de paix et d'harmonie dont on postule plus ou moins dans l'hypothèse considérée, l'antériorité au droit» ;
DOUCHY, Mélina (1992), *La notion de non-droit*, R.R., 433-441.

[59] LAM, Catherine (2003, 11 juillet), *Internet, espace de liberté ?,* http://sos-net.eu.org/technos/e-commerce.htm.

[60] CARBONNIER, Jean, *op.cit.*, p.55.

droit commercial, un embryon de ce droit lui soit appliqué[61]. Mieux, il existe en l'état, un « *trop plein de textes* » ayant vocation à s'appliquer dans le cyberespace : loi sur les télécommunications, droit de la presse, droit à la vie privée, règles d'ordre public, droit des contrats, droit de la concurrence, de la consommation et de la distribution, droit de la propriété intellectuelle, droit international privé[62]. Il reste qu'en dernière analyse, l'Internet change la perspective, qui rompt avec la matérialité pour consacrer la donne virtuelle comme clef de voûte du nouveau système normatif. De ce fait, le « réseau des réseaux » introduit ou du moins renforce la civilisation de l'immatérialité. Il va sans dire que le droit classique établi dans la logique d'un monde physique, palpable, doit subir une mutation pour bien régir cette nouvelle réalité.

Le droit douanier, bâti essentiellement autour de la notion de frontière physique, ne sera certainement pas en reste dans cette nécessité de métamorphose du droit de façon générale[63]. La norme douanière regroupe l'ensemble des règles de droit public qui s'appliquent à la

---

[61] Comme le dit fort opportunément M. Olivier HANCE, « *si le droit d'Internet existe, c'est finalement parce que derrière les machines, il y'a des hommes dont le comportement, et notamment le rapport aux choses et à autrui, mais aussi à l'information, doit rester conforme au droit et, dans la mesure du possible à l'éthique* ». Cf. Business et droit, Editions Best OF, p. 33.

[62] C'est ainsi que M. Pierre BREESE précise dans son guide juridique de l'Internet et du commerce électronique que « *la diffusion d'informations sur l'Internet et le commerce électronique constituent des domaines d'application particuliers de règles générales du droit de la propriété intellectuelle, du droit de la consommation, du droit de la concurrence, du droit du travail, du droit pénal, dont les solutions sont classiques. L'originalité réside dans l'apparition d'une règle dans un domaine de forte créativité, offrant des possibilités inhabituelles* » ; Les auteurs de l'ouvrage collectif, Internet, aspects juridiques, ont intitulé un paragraphe : « Internet : ni le vide, ni le trop plein mais l'enfer » Cf. Cabinet BENSOUSSAN, Alain (1995), édition Hermes; Nicolas Ros De LOCHOUNOFF parle de « *goulag juridique* » dans son article du 1er février 1996, « Internet, vers un goulag juridique » in *le Monde*.

[62] E. BOUSSEAU et A. RALLET (2000, 21 avril), « Il faut démystifier et penser Internet », *Le Monde* p. 16 ; Gérard Haas, *Commerce électronique : une poudrière juridique ?* http://www.jurisnet.com

[63] Les activités de la douane se révèlent aujourd'hui multiformes et n'épargnent aucun secteur de la vie économique et sociale. La douane a subi une mutation profonde marquée par la diversification de ses activités. Aujourd'hui elle intervient dans la protection des intérêts financiers de l'Union européenne (lutte contre la contrebande de cigarette, contrôle de la TVA communautaire), participe à la Politique agricole commune, au contrôle de l'immigration et à la lutte contre le travail clandestin, à la protection du patrimoine culturel, assure la perception des contributions indirectes. Cf. http://alize.finances.gouv/dgddi/missions .

circulation internationale de marchandises. Une conception statique et homogène de la notion n'est pas aisée, tant le vocable droit douanier englobe en son sein un ensemble de règles marquées par un caractère hétérogène. C'est ce qui a conduit une certaine doctrine à utiliser l'expression droit des douanes en lieu et place de droit douanier, pour mettre en exergue l'idée que la relative unité des dispositions de la norme douanière tient essentiellement à son objet et non à sa cohérence interne[64]. Le recours à des critères s'impose pour avoir une idée à peu près précise de toute la dimension du droit douanier, notamment au critère matériel et organico-formel.

D'un point de vue matériel, le droit douanier regroupe l'ensemble des règles qui encadrent l'exercice de la mission régalienne de l'État relatives à trois fonctions fondamentales :

• une fonction fiscale qui consiste à liquider les droits et taxes sur les biens entrant dans le territoire national pour alimenter le budget de l'État ;

• une fonction de protection de l'économie qui revêt une dimension multiforme, mais conserve une grande cohérence puisqu'il s'agit d'assurer la maîtrise des flux de marchandises, de moyens de transport et de personnes ;

• une fonction de régulation de l'activité économique en ce sens que ces règles veillent au respect des pratiques commerciales (droit antidumping, clauses de sauvegarde en cas de crise aiguë dans un secteur[65]).

En marge de ces trois fonctions principales, le service des douanes peut apporter son concours à d'autres administrations, notamment pour le respect des dispositions concernant l'hygiène, la santé, la moralité publique, la police sanitaire des végétaux, des animaux, des denrées alimentaires, l'exportation des œuvres d'art et la protection du patrimoine national[66].

---

[64] Claude J. BERR et Henri TREMEAU, (2006), « Le droit douanier communautaire et national », Paris, *Economica,* 7ème édition, n° 108 et 112.

[65] Message de Michel DANET, Secrétaire général de l'Organisation mondiale des douanes lors de la Journée internationale de la douane du 26 janvier 2001, in http://www.wcoomd.org .

[66] Le champ d'application du droit douanier est aujourd'hui très vaste suite à un ensemble de facteurs conjugués dont notamment la réduction progressive de la mission fiscale laissant un certain vide, la position stratégique de l'Administration douanière aux frontières.

Il apparaît, clairement, que cette conception matérielle est trop large, car comme indiqué plus haut, « *les missions de l'Administration des douanes dépassent le cadre strictement douanier et englobent des secteurs du droit fort éloignés du rôle traditionnel de la Douane*[67]. » Dans cet esprit, la même objection peut être reconduite pour la vision selon laquelle le droit douanier englobe l'ensemble des règles contenues dans le code des douanes et encadrant toute l'action douanière[68].

Le critère organico-formel, qui met l'accent sur l'organe et les procédures par lesquels le droit douanier est mis en œuvre ne paraît pas, non plus, mieux adapté, puisqu'il permet d'affecter au droit douanier l'ensemble des dispositions permettant à l'État « *un contrôle sur le flux de marchandises entrant sur le territoire douanier ou en sortant*[69] ». Les dispositions dont l'exécution est assurée par le service des douanes, qui est l'organe de l'État avec d'autres (contrôle économique, contrôle financier, etc.) devant effectuer le contrôle des flux entrant dans le territoire douanier, sont diversifiées. Compte tenu de sa position stratégique aux frontières, l'administration des douanes, en collaboration avec certains services (contrôle sanitaire et phytosanitaire, contrôle économique, etc.), met en œuvre diverses législations qui ont pour point commun, la protection de l'économie nationale ou communautaire, de la santé des populations ou encore des finances publiques. Dès lors, il apparaît que ce critère organico-formel ne permet pas de singulariser le droit douanier dans l'intervention du service des douanes puisque celui-ci, du fait de sa position aux frontières nationales ou communautaires, met indistinctement, en œuvre un ensemble de législations de diverses natures.

Il en découle que définir le droit douanier en partant du seul critère matériel ou organico-formel ne permet pas de mettre en avant sa particularité. Dans le cadre de cette étude, nous allons procéder à une synthèse de ces deux approches, en appréhendant le droit douanier comme l'ensemble des dispositions mises en œuvre par le service des douanes permettant à la fois le contrôle des flux des biens et capitaux de même que l'alimentation du budget de l'État. Le droit douanier, ainsi

---

Aujourd'hui, aucun secteur de la vie économique et la perception des contributions indirectes n'échappe à la Douane… Cf. http://alize.finances.gouv.fr/dgddi/missions.

[67] BERR, Claude J. et Henri TREMEAU, *op.cit.*, n° 108.

[68] En effet, comme le soulignent le Professeur Claude J. BERR et M. Henri TREMEAU, « *le code des douanes traite de matières qui n'ont parfois qu'un lien purement historique avec la matière douanière, comme par exemple celle de la francisation des navires.* »

[69] BERR, Claude J. et Henri TREMEAU, *op.cit.*, n°110.

conçu, intègre, aussi bien les règles matérielles que celles de procédures qui accompagnent la mise en œuvre de ces règles de fond.

Il apparaît de ce qui précède, qu'il existe un lien évident entre le droit douanier et la politique douanière. Ainsi, selon le Professeur Claude BERR et Henri TREMEAU, « *le droit douanier est effectivement constitué par les différents instruments juridiques permettant la réalisation de la politique douanière*[70] ». Il faut conclure avec eux que « *le contenu du droit douanier est par nature variable dans le temps et dans l'espace*[71]». Or, le phénomène nouveau appelé Internet ignore les repères classiques d'espace et de temps dans les échanges. Avec ce réseau, l'espace d'échanges économiques devient dématérialisé, transnational et atemporel. Il devient évident que le droit douanier doit subir une mutation pour bien cerner l'activité économique autour du commerce électronique. Dès lors une série de questions, dont l'administration des douanes ne saurait faire longtemps l'impasse, afflue. Quel degré de mutation le droit douanier doit-il subir pour prendre en charge correctement les échanges commerciaux par le biais des réseaux informatiques, particulièrement l'Internet ? Faut-il, tout juste, un changement superficiel de la norme douanière ou, au contraire, une mutation profonde pour lui permettre de « saisir » le commerce virtuel ? Est-il nécessaire de renouveler les catégories juridiques classiques du droit douanier ou bien un simple réaménagement pour l'adapter à la réalité des échanges virtuels suffit ? Faut-il une simple évolution ou révolution du droit douanier pour s'adapter à la nouveauté Internet ? En définitive, est-ce qu'il faut élaborer un nouveau droit douanier ou un autre droit douanier pour prendre en charge les transactions numériques ?

Ces questions sonnent comme un défi pour la Douane, celui de l'adaptation à un phénomène original aussi bien dans sa mise en œuvre, que dans ses manifestations.

À l'évidence, ces interrogations recèlent beaucoup d'intérêts, tant du point de vue juridique qu'économique.

Au plan juridique, l'intérêt du sujet peut être apprécié à un double niveau : théorique et pratique. En ce qui concerne les aspects théoriques, il faut noter que de telles interrogations participent à la réflexion sur la définition internationale de la notion de commerce électronique ou, à tout le moins, des normes internationales pertinentes pour encadrer le phénomène de l'Internet. Car le droit du commerce électronique ne se

---

[70] *Idem.*
[71] *Idem.*

limite pas et ne saurait se confondre ni avec le droit de l'informatique[72], ni avec le droit de la propriété intellectuelle[73]. Il est beaucoup plus large et d'une nature plus spécifique[74]. Les relations électroniques, au moyen des technologies de l'information, se caractérisent par l'interaction entre les éléments connectés internationalement qui composent une sorte d'universalité communicationnelle. C'est là, un des intérêts de l'étude qui est une occasion pour vérifier si finalement, avec le phénomène électronique on n'assiste pas à l'émergence de ce que Michel VIRALLY qualifie dans les mélanges dédiés à GOLDMAN, de « *tiers droit* » qui se traduit au plan pratique par l'existence d'un véritable ordre électronique[75]. Il s'agit d'envisager des mesures et des procédures pour l'établissement et l'application de normes qui ne devraient pas elles-mêmes devenir des obstacles au commerce. En outre, ces mesures et procédures ne devraient pas non plus constituer une entrave à l'élaboration, au transfert et à la diffusion dans des conditions de concurrence de technologie en rapport avec l'infrastructure mondiale, de l'information. Cette infrastructure qui couvre, à la fois, les systèmes d'information et les communications, est une plate-forme fondamentale sur la base de laquelle, s'effectue le commerce électronique et permet l'inter-connectivité et l'interopérabilité des infrastructures nationales de communication de l'information[76].

En ce qui concerne les aspects pratiques, il convient de souligner que le marché électronique multiplie les possibilités d'accès et de choix, mais également les risques de fraude. Le cyberespace enregistre à l'heure actuelle une variété de fraudes qui emprunte des formes diverses, changeant perpétuellement de visage[77]. La fraude à travers l'Internet, qui

---

[72] POULLET, Y. (1993), « Le droit de l'informatique existe-t-il ? » *in Droit de l'informatique : enjeux, nouvelles responsabilités*, Conférence du Jeune Barreau Bruxelles, 1-43.

[73] VIVANT, Michel (2000), « Droit de l'informatique », *JCP*, E, n° 21-22, p. 840 et s.

[74] VIVANT, Michel (1997, décembre) « Commerce électronique cherche droit », *Droit et Patrimoine*,

[75]VIRALLY, Michel (1982), *Un tiers droit ? Réflexions théoriques*, in Le droit des relations économiques internationales. *Études offertes à Berthold GOLDMAN,* Paris, Litec, p.373-385 ; GAUTRAIS, V., G. LEFEBYRE, et K. BENYEKHLEF (1997), « Droit du commerce électronique et normes applicables : l'émergence de lex electronica », R Daff. Int. n°5, p. 547 ; CAPRIOLI, Éric et Renaud SORIEUL (1997), « Le commerce international électronique : vers l'émergence de règles juridiques transnationales », *J.DI* 3, p. 321.

[76] (1997, mars), « Les marchands à l'assaut d'Internet », *le Monde diplomatique*, p. 24-25.

[77]CROSS, Stéphane (2000, mai), « L'Internet semble devenir un repaire de truands qui sont déterminés à exploiter la confiance injustifiée que les usagers placent dans ce réseau », La vulnérabilité de L'Internet, *Perspectives économiques*, Volume15, *Revue électronique du Département d'État des États-Unis*, n°2, p. 24.

entre dans le cadre global de la cybercriminalité, ne peut être combattue que grâce à une stratégie combinée au niveau international qui passe forcément par l'identification préalable des différentes formes de fraudes[78]. Or, l'étude envisagée ne peut se faire en faisant fi d'une énumération des différentes formes de fraudes, notamment douanières avant d'envisager des mesures de lutte contre la fraude dans l'Internet[79].

L'action douanière et le droit qui l'encadre sont fondés essentiellement sur la notion d'équilibre, juste milieu entre les libertés individuelles et la sécurité collective, mais également juste milieu entre la nécessité de facilitation des échanges commerciaux et l'impératif de contrôle des activités industrielles et commerciales[80]. L'étude, à ce propos, permet de vérifier si la donne électronique et virtuelle ne rompt pas cet équilibre, s'il n'y a pas, en somme, nécessité de rééquilibrer.

Du point de vue économique, l'étude d'un tel sujet est une occasion pour mieux recentrer le débat mondial sur l'opportunité de soumettre le cyberespace à la fiscalité de porte. À cet égard, il existe des positions opposées au niveau international[81].

---

[78] FULLER, Jim (2000, mai), « Les fraudes sur les valeurs mobilières, l'envers sombre du commerce par Internet », *Perspectives économiques*, *Op.cit,* p. 26.

[79] BERNSTEIN Jodie (2000, mai), « La lutte contre la fraude sur Internet : une affaire mondiale», *Revue électronique du Département d'État des États-Unis d'Amérique, Perspectives économiques,* vol. 5, n°2, p. 16.

[80] Cf. l'exposé des responsables de la sécurité nationale en France lors des Journées sur le Renseignement. Il s'agissait de faire le point sur les mesures antiterroristes prises par le Premier ministre Lionel JOSPIN à la suite des attentats du 11septembre 2001 aux U.S.A. À ce propos Pierre FOND, sous-directeur des affaires juridiques, contentieuses et de la lutte contre la fraude à la Direction générale des Douanes et des Impôts indirects, estime que, « *entre impératif de sécurité publique et respect de la vie privée, le législateur a tracé la voie dans la procédure* ». Mais une question légitime a surgi dans la conscience collective française à la suite des propos du ministre de l'Intérieur Daniel VAILLANT qui a introduit le texte du projet de Loi sur la Sécurité quotidienne (LSQ.) qui renforce le dispositif de protection antiterroriste jusqu'au 31 décembre 2003. L'interrogation consiste, à partir du constat qu'il y'a « *un avant et un après 11 septembre* » aux U. S.A. sur le plan sécuritaire et garantie des libertés individuelles, à se demander s'il y'aura « un avant et un après 31 octobre 2001 » en référence à la date de vote de la LSQ, relativement aux droits de l'homme. Cf. http://fr.news.yahoo.com .

[81] D'abord les Américains, adeptes du libre échange, qui prônent le « duty-free » ou l'affranchissement de l'Internet de toute fiscalité de porte, notamment les droits de douane. Tandis que les pays en développement, en général, et les pays africains, en particulier, dont l'essentiel des recettes fiscales proviennent des droits de douane, prônent une soumission, même limitée du Net, à la fiscalité de porte.

Il convient de souligner, en dernier lieu, que l'étude de la relation entre le droit douanier et les réseaux informatiques ne peut se faire en partant d'un seul ordre juridique, compte tenu de la dimension mondiale de l'Internet. Il est évident que tous les pays sont interpellés, mais certainement pas de la même manière, ni au même degré. Pour certains pays ou communautés économiques, le hiatus est plus grand et plus flagrant, pour d'autres, en revanche des efforts d'adaptation ont été notés même s'ils sont insuffisants. Ainsi, au Sénégal, un vaste programme est lancé et qui a débouché sur l'adoption de textes législatifs et réglementaires instituant et organisant la société de l'information[82]. Dans cette dynamique, on peut noter l'ouverture du nouveau code des douanes du Sénégal au monde numérique afin de mieux encadrer la dématérialisation des procédures et formalités douanières[83]. On peut également noter les actions louables du législateur communautaire européen qui a introduit dans le code des douanes communautaires, un ensemble de dispositions relatives aux nouvelles technologies. Ainsi, pour mettre en exergue ces disparités, la réflexion sera menée dans une perspective de droit comparé, entre pays du Nord et ceux du Sud. À cet effet, il s'agit de voir les dispositions prévues sur certaines questions, par une communauté économique du Nord, en l'occurrence l'Union européenne, à travers le code communautaire des douanes, par un État du Nord, la France ici, à travers les dispositions du code national des douanes. Il va sans dire que nous tenons compte, au besoin, de « *l'irréversible influence de la construction douanière communautaire sur les règles nationales*[84] ». Ces dispositions seront confrontées, au fur et à mesure de l'étude, aux règles prévues par une union économique du Sud, ce sera ici l'UEMOA[85], même si le dispositif normatif est encore incomplet en matière douanière[86] et celles élaborées par un État du Sud, en l'occurrence le code des douanes du Sénégal.

---

[82] Cf. http://www.adie.sn.

[83] FAYE, Malick (2015), *Le droit douanier sénégalais*, Paris, L'Harmattan, p. 28, 34 et s.

[84] NATAREL, Elisabeth, «Construction communautaire et mutations du droit national : le code des douanes français en question », *op.cit.*.

[85] Union Économique et monétaire ouest-africaine.

[86] Il reste à préciser qu'au niveau ouest-africain, un code des douanes communautaire est déjà élaboré par le législateur de l'UEMOA, qui comprend deux parties. Un livre I, régi par le Règlement N° 9 /2001/CM/UEMOA du 20 novembre 2001, qui regroupe l'ensemble des règles relatives aux cadres organisationnels, procédures et régimes douaniers. Cette première partie est entrée en vigueur. En revanche, le livre II relatif au contentieux douanier n'est pas encore tout à fait élaboré. Il faut souligner qu'en marge de ce code, il existe quelques réglementations communautaires traitant de questions

Par ailleurs, en examinant de près, la relation actuelle entre le droit douanier et les transactions à travers les réseaux informatiques, l'on se rend compte de deux réalités. D'un côté, on s'aperçoit vite que le droit douanier n'est pas assez outillé pour répondre au défi que pose l'existence même des échanges réalisés à partir des techniques informatiques. Le commerce électronique nécessite la mise en œuvre de mécanismes et d'instruments qui le distinguent de la façon classique de faire le commerce. Il en découle que les catégories juridiques actuelles du droit douanier ne permettent pas de faire face correctement à l'impératif de contrôle des échanges numérisés. Mais d'un autre côté, le recours aux réseaux informatiques permet une amélioration significative des règles douanières dans le traitement des échanges. D'où la nécessité de réfléchir sur les réformes pouvant permettre une adaptation du droit douanier à la problématique des réseaux informatiques.

Il s'agit d'étudier la nature ambivalente de la relation entre le droit douanier et le commerce électronique (PREMIÈRE PARTIE) avant de dégager les perspectives pour une adaptation de ce droit à cette nouvelle forme de transaction (DEUXIÈME PARTIE).

---

spécifiques à l'image du Règlement N° 5/99/CM/UEMOA portant valeur en douane des marchandises.

Première partie

L'ambivalence de la relation entre le droit douanier et le commerce électronique

Les technologies de l'information modifient sensiblement la physionomie de l'activité commerciale classique. Leur avènement correspond à une mutation profonde du vaste espace marchand de notre planète, jadis très matériel et physique qui, sous leur poussée, devient un monde digital, virtuel, global et accessible à tous. Ce changement de cadre et de perspective a des répercussions sur le droit classique qui repose, pour une bonne part, sur la matérialité[87]. Dans cette dynamique de métamorphose, le droit douanier, fondamentalement lié à la notion de frontière physique, est concerné au premier chef. À l'analyse, ce bouleversement dans la perspective des échanges entraîne une inadaptation très marquée des catégories juridiques du droit douanier classique. Le commerce électronique présente des traits caractéristiques qui diffèrent profondément de ce qui est jusqu'ici connu, en matière de transactions commerciales. Cependant, il convient de préciser que cette rupture concerne surtout le commerce électronique direct, où tout se passe dans le circuit fermé du cyberespace. Le commerce électronique indirect ne remet pas en cause fondamentalement, les règles douanières.

D'un autre côté, les transactions électroniques sont caractérisées par une certaine dématérialisation, se traduisant par une absence de référence physique et corporelle. Cette situation d'immatérialité constitue un atout non négligeable pour les autorités douanières dans leurs missions et leurs défis actuels de répondre positivement aux problématiques nouvelles du commerce mondial que sont la facilitation et la sécurisation des échanges.

---

[87] À ce niveau, M. Pierre BREESE rappelle que « *l'Internet offre des possibilités de diffusion des informations, des créations et des offres nouvelles en raison de la dématérialisation de tous les échanges, de l'indépendance entre la localisation matérielle des moyens techniques et le lieu d'exécution des échanges, et enfin du caractère nécessairement mondial de tout acte commis sur Internet* », Guide juridique de l'Internet et du commerce électronique, op.cit., p.15.

Ainsi, il s'agira de voir dans un premier temps, en quoi le droit douanier est désorienté par le commerce électronique direct (TITRE I) avant d'étudier dans un second mouvement, la contribution de la dématérialisation à l'amélioration du traitement douanier des échanges commerciaux (TITRE II).

TITRE I

LE DROIT DOUANIER DÉSORIENTÉ PAR LE COMMERCE ÉLECTRONIQUE DIRECT

Le commerce électronique constitue assurément, un des défis majeurs du droit douanier, à l'heure actuelle. En effet, cette forme particulière de transaction, notamment celle dite directe, présente plusieurs caractères qui sont sources de difficultés pour un bon encadrement par le droit. Il s'agit notamment de la dématérialisation et de l'extraterritorialité. Les techniques et règles juridiques douanières ont été historiquement élaborées dans une logique de prendre en charge les activités d'échanges physiques de biens. C'est pourquoi une profonde rupture subsiste entre le commerce électronique direct et ce droit. Ce schisme transparaît dans tous les aspects du droit douanier. À cet effet, il est établi, au niveau de la norme douanière, une distinction entre les règles contentieuses et celles n'ayant pas, a priori, une vocation contentieuse. Dans la réalité, il est difficile d'opérer une séparation nette entre ces deux aspects du droit douanier. L'application d'une règle, considérée comme non-contentieuse peut déboucher sur un contentieux. Le droit douanier est un ensemble hétéroclite regroupant des règles visant des objectifs différents. Cette distinction est juste établie pour mieux apprécier les conséquences de la dématérialisation du commerce électronique quant à l'application de ces règles. Le degré de non-conciliation entre le droit douanier et le commerce électronique direct varie en fonction de la nature de la règle douanière en cause. Ainsi, si les règles douanières non contentieuses ne semblent pas adaptées, dans une certaine mesure, au commerce électronique direct (CHAPITRE I), les règles contentieuses paraissent tout simplement inapplicables (CHAPITRE II).

CHAPITRE I

L'INADAPTATION DES RÈGLES DOUANIÈRES NON CONTENTIEUSES

Certaines règles douanières poursuivent un objectif à caractère fiscal tandis que d'autres semblent relever du domaine économique. Cette distinction obéit à une logique pédagogique, mais, dans la réalité pratique, il existe une certaine inter-normativité entre les différentes branches du droit douanier. D'ailleurs, cette interpénétration est favorisée par les technologies de l'information à un niveau plus général du droit. En effet, l'application indifférenciée du droit de la concurrence, de la consommation, du droit public économique, bref de toutes les subdivisions du droit dans un espace unifié, en l'occurrence le cyberespace, renforce la synergie déjà existante entre les différentes branches du droit. La querelle autour de la question de la nature fiscale ou économique de l'administration des douanes est depuis longtemps vidée. Aujourd'hui, il est reconnu que le service des douanes exerce une double mission économique et fiscale sans contradiction aucune, la finalité étant par ailleurs la même[88]. Dès lors, la législation douanière regroupe aussi bien des règles d'inspiration fiscale que des normes à vocation économique. Ces deux types de normes constituent les branches des règles douanières non contentieuses. Par conséquent, dire que la norme douanière ne s'accommode pas au commerce électronique revient à un double constat. D'une part, une inadaptation du droit fiscal douanier à ce commerce (SECTION I). D'autre part, une inadaptation du droit économique douanier (SECTION II).

SECTION I : L'INAPPLICABILITÉ DU DROIT FISCAL DOUANIER

Le droit fiscal douanier regroupe l'ensemble des dispositions du commerce extérieur dont la particularité évidente est une certaine inspiration fiscale. Il s'agit donc de règles élaborées dans une perspective fiscale ou poursuivant un but fiscal[89]. Cela ne veut aucunement dire qu'il y a une opposition nette au sein du droit douanier entre les normes à but

[88] BERR, Claude et Henri TREMEAU, *op. cit*, n° 32.

[89] Selon le Professeur Claude J. BERR « *la mission de perception des droits et taxes remonte à l'antiquité et ne reposait à l'époque que sur des objectifs fiscaux* », *op. cit.*, n°3.

fiscal et les autres mesures. Le droit douanier étant constitué par un ensemble de dispositions dont la base est constituée, selon le mot du Professeur Claude BERR, par le « *noyau tarifaire* ». Cet élément constitue, d'ailleurs, pour les partisans de l'autonomie du droit douanier, le socle à partir duquel les branches de ce droit spécifique, à savoir le droit fiscal douanier, le droit économique douanier et le contentieux retrouvent leur unité profonde.

Le commerce électronique direct se laisse difficilement appréhender par cette catégorie particulière de règles douanières. En effet, des incertitudes pèsent sur la légalité d'une fiscalité de porte applicable à ce commerce (Paragraphe I). En outre, des difficultés subsistent dans l'évaluation de l'assiette fiscale (Paragraphe II).

Paragraphe I : Des incertitudes sur la légalité d'une fiscalité de porte en ligne

À l'opposé de la fiscalité intérieure qui, comme son nom l'indique, trouve son champ d'application dans l'espace relevant des limites territoriales d'un État ou d'une communauté économique, celle de porte est perçue au cordon douanier[90]. La liquidation de cet impôt de porte échoit, tout naturellement, à l'administration des douanes, placée en première ligne aux frontières[91]. Dans l'exercice de sa mission particulière de perception des droits et taxes, le service des douanes se doit de respecter certaines règles. Il ne peut percevoir ex-nihilo ce droit de porte sans un fait générateur à partir duquel les droits et taxes deviennent exigibles. Ce qui déclenche l'exigibilité de l'impôt douanier réside notamment dans l'opération matérielle de franchissement des frontières,

[90] La notion de fiscalité de porte peut être conçue de façon restrictive ou extensive. Au sens restrictif, la fiscalité de porte ne désigne que les droits de douane et taxes perçus par l'administration des douanes et qui relèvent normalement de sa compétence. Au sens large, la notion de fiscalité de porte désigne, indistinctement tous les droits et taxes perçus par la douane, à l'occasion de la traversée des frontières par des marchandises (TVA à l'importation, droits d'accises, taxes d'égalisation, droits de douane, redevances statistiques, etc.). Peu importe que ces droits et taxes relèvent exclusivement de sa compétence ou qu'elle les liquide, uniquement du fait de sa position aux frontières, mais le recouvrement appartient à d'autres structures. Dans la réalité, il est toujours difficile d'opérer cette distinction dans tous les pays. Le problème vient du fait que dans certains pays, bien que la douane liquide certains droits et taxes, ils sont, tout de même, comptabilisés et considérés comme des droits et taxes intérieurs, donc relevant du fisc. Dans d'autres pays, en revanche, tous les droits et taxes perçus par la douane sont considérés comme des taxes douanières. Mieux, dans certains pays c'est la douane qui liquide et recouvre ces droits et taxes.

[91] C'est la conception large de la notion de fiscalité de porte qui est adoptée ici.

dénommée importation ou exportation, le cas échéant. La réalisation de cette action ne soulève aucune difficulté majeure dans le cadre du commerce traditionnel. Dans ce cas, les marchandises traversent physiquement le cordon, permettant à la douane d'exercer sa mission de contrôle. En revanche, des difficultés majeures existent en ce qui concerne le commerce électronique direct, découlant d'une certaine imprécision sur la réalité de l'opération d'importation (I), d'une part et sur une confusion sur la nature véritable des transmissions numérisées, d'autre part (II).

I- Une imprécision sur l'effectivité de l'importation

À la lumière de l'article 1, alinéa 12 du code sénégalais des douanes, il est possible de retenir deux acceptions de la notion d'importation. Dans un premier temps, un sens littéral en vertu duquel l'importation se traduit par « *l'introduction de marchandises étrangères dans le territoire douanier* ». Mais, le même code prévoit à côté de cette vision restrictive, une conception fonctionnelle dont la finalité première est de permettre une application rationnelle de la réglementation relative aux prohibitions. À cet effet, le code dispose que « *pour l'application des dispositions de l'article 20 (relatif aux prohibitions), on entend par importation la mise à la consommation ou l'admission temporaire de marchandises étrangères* ».

À la lecture de cet article, il apparaît comme une constante dans l'appréhension de la notion d'importation, l'idée de traversée matérielle des frontières par des marchandises physiques d'origine étrangère[92]. Par ailleurs, la même conception de la notion d'importation apparaît en filigrane dans le code communautaire européen, de même que le code français des douanes[93]. Dans la même mouvance, au plan international,

[92] Le code des douanes du Sénégal présente une certaine originalité par rapport au code des douanes de l'UEMOA. En effet, malgré de nombreuses références à la notion d'importation (article 1, article 10, alinéa 14, article13, article 18, etc.), on ne retrouve dans aucune partie du code communautaire une définition de cette notion.

[93] Le code français des douanes de même que le code des douanes communautaire européen ne définissent pas de façon aussi claire que le code sénégalais des douanes, la notion d'importation. Mais on peut facilement remarquer que sans la définir explicitement, ces législateurs du Nord ont adopté la même idée de la notion que leur homologue sénégalais. Cela transparaît notamment à travers la lecture combinée des articles 1, 2, 2 bis, 2 ter, 3 et 4 du code français des douanes, de même que celle des articles 1, 2, 3, et 4 du code des douanes communautaire qui certes, ne donnent pas un sens précis à l'opération d'importation ou celle d'exportation, mais fournissent assez

l'article II du GATT[94] adopte une vision à peu près similaire à celles préalablement citées. C'est dire que cette appréhension de la notion d'importation, basée sur le passage physique de marchandises au cordon douanier, est partagée au niveau mondial. En définitive, cette opération d'importation n'est conçue par beaucoup d'ordres juridiques nationaux et communautaires, que sous son simple aspect matériel, symbolisé au plan pratique par la traversée physique des frontières par des marchandises étrangères pouvant être contrôlées et éventuellement saisies.

Cette notion d'importation présente beaucoup d'intérêts pour la mise en œuvre du droit douanier, notamment des règles de nature fiscale. En effet, cette opération constitue le fait générateur des droits et taxes perçus par la douane[95] ainsi que de l'application des mesures de prohibition[96]. Elle permet également l'application des règles de restrictions d'entrée, de sortie de tonnage et de conditionnement. Dès lors, la question que l'on ne manquera pas de se poser, avec l'avènement du commerce électronique direct, est de savoir s'il est possible de prélever un impôt douanier sans verser dans l'illégalité la plus absolue. En effet, avec le commerce direct en ligne, l'espace d'échanges économiques devient dématérialisé et atemporel. Les repères classiques fondés sur le caractère physique des choses sont modifiés, compte tenu du caractère dématérialisé des échanges. Il devient, donc, quasiment impossible de déterminer avec précision le moment de franchissement du territoire douanier si tant est que quelque chose traverse effectivement le cordon douanier. Or, à ce niveau, les dispositions de l'article 5 du code des douanes du Sénégal sont sans appel « *les marchandises qui entrent dans le territoire douanier ou qui en sortent, sont passibles selon le cas, des droits d'importation ou des droits d'exportation*[97] ». Les biens ne sont soumis aux droits et taxes exigibles, en cas d'importation ou d'exportation qu'à partir de leur introduction ou de leur sortie du territoire. Ils doivent donc être identifiés

---

d'indications pour l'application de la législation douanière à l'entrée ou à la sortie de produits dans le territoire douanier national ou dans l'espace communautaire.

[94] Le General Agreement on Tarifs and Trade, en français, Accord général sur les Tarifs et le Commerce, fut signé en 1947 pour harmoniser les politiques douanières des parties signataires.

[95] Alinéa 10 de l'article 4 du code communautaire et article 4 du code des douanes français..

[96] Articles 21, 22, 23 et 23 bis du code des douanes français et article 20 du code des douanes du Sénégal.

[97] Article 9 de l'Annexe au Règlement N° 9/CM/UEMOA du 20 novembre 2001 portant adoption du code des douanes de l'UEMOA, article 4 du code français des douanes et article 4, alinéa 10 du code des douanes communautaire de l'UE.

avec exactitude[98]. Il subsiste, ainsi, un grand flou avec le commerce électronique direct, lié à la faillite des repères classiques, consécutive à la dématérialisation et qui rejaillit sur la légalité même d'une éventuelle fiscalité de porte à percevoir dans ce cas d'espèce[99]. Est-il possible de déterminer avec exactitude comment le transfert immatériel de la chose a été opéré du cybervendeur au cyberacheteur ? Et quand ce transfert a-t-il eu lieu ? Quelles en sont les modalités pratiques ?

On en viendrait même à douter de ce transfert si on n'est pas en contact avec le cyberacheteur ou s'il ne nous assure pas qu'il a effectivement reçu les données numérisées. Il est évident que quand un bien, peu importe, par ailleurs, sa nature profonde, quitte son habitacle originel, que ce soit un simple ordinateur ou un serveur, pour être « routé » vers un autre PC, situé dans un autre pays tiers, il existe bel et bien là, une opération d'importation. En effet, des données numérisées précisément localisées dans un pays donné, à un moment donné, l'ont quitté par la magie des nouvelles technologies, pour aboutir dans un autre pays, bien qu'elles soient souvent stockées dans des instruments informatiques (disques durs, serveurs, clés, etc.). Mais, un problème subsiste, qui réside dans l'appréhension effective de cette opération, compte tenu de sa nature immatérielle[100].

En tout état de cause, si on retient, malgré tout, la qualification d'importation, il faut préciser qu'une telle qualification n'emporte pas les réalités classiques que recouvre cette notion. Ce qui revient à constater qu'il existe une totale incertitude sur la réalité de l'importation, faute de pouvoir déterminer avec exactitude, l'effectivité du passage à la frontière matérielle de quelque chose[101]. En fait d'incertitude, ce qui paraît plus imprécis, c'est le chemin parcouru par ces données numérisées pour aboutir à sa destination finale. L'Internet était conçu à l'époque pour pallier la défaillance des systèmes de transmissions d'information en cas d'attaque nucléaire. La circulation des données dans l'Internet obéit à un code complexe qu'il n'est pas évident de percer.

---

[98] Aux termes de l'article 20 du code des douanes communautaire européen, « *les droits légalement dus en cas de naissance d'une dette douanière sont fondés sur le tarif douanier…* »

[99] FAGOT, Yves (1998), « Commerce électronique et droit douanier », *op.cit*, p. 493.

[100] GARZON, Grégorio, « Biens immatériels et flux transfrontières de données », in Jean-Pierre CHAMOUX, *op.cit.*, p. 94 et s.

[101] THIEFFRY, Patrick, *Commerce électronique : droit international et européen*, Litec. p.7 et s.

Dans le même esprit, il est également loisible de souligner qu'il existe une certaine confusion au niveau de la nature des transmissions numérisées.

II - Une confusion sur la nature des transmissions électroniques

La question de la nature des transmissions numérisées est un point important, qui comporte d'énormes enjeux tant au plan juridique qu'économique. L'alternative est, dans l'absolu, très simple et consiste à savoir si les transmissions électroniques peuvent être considérées comme des marchandises ou des services[102]. À l'évidence, l'interrogation est banale et ne suscite pas, a priori, de difficultés majeures. Mais raisonner ainsi, c'est ignorer que la question a fait l'objet de débats intenses au sein d'instances délibératives mondiales en raison des pertes fiscales énormes qu'une option peut engendrer pour un pays donné. En outre, du point de vue juridique, la détermination de la nature véritable des transmissions électroniques est essentielle pour la loi applicable. En effet, s'il est avéré que ces transmissions sont des services, ce sont les dispositions de l'Accord général sur le Commerce des Services (AGCS) de l'Organisation mondiale du commerce qui vont être mises en œuvre. En revanche, si les transmissions sont considérées comme des marchandises, alors les dispositions de l'OMC dans le domaine des marchandises, notamment le GATT de 1994 et les accords commerciaux multilatéraux visés à l'Annexe 1A de l'accord de l'OMC, restent de rigueur. Dans quelle catégorie juridique ranger alors les transmissions de données numérisées ? Peut-on distinguer le contenu du contenant dans la taxation[103] ?

Tous les produits numérisés peuvent être échangés via l'Internet, même si certains d'entre eux, à l'image des logiciels ou la musique, peuvent être stockés sur des supports, après avoir été reçus par voie électronique les rapprochant ainsi de la catégorie des marchandises[104]. Dans bien des cas, ces supports se révèlent inutiles, les produits pouvant

---

[102] CHAMOUX, Jean-Pierre (1996), *L'appropriation de l'information,* Litec, p.24 et s.

[103] À ce niveau, M. Ejan MACKAAY précise que *« l'information ne se confond pas avec le support... La musique que l'on écoute ne change pas d'intérêt selon qu'elle est reproduite à partir de disques ou de cassettes... Bien sûr, l'habillage de l'information peut, à lui seul, présenter un intérêt qui s'ajoute alors au message qu'il véhicule. Mais l'information de base reste identique et présente le même intérêt à travers la variété des formes dans lesquelles elle est transmise »,* op.cit., p. 39 et s.

[104] BENAYOUM, G.D. (1999, 6 octobre), « TVA et commerce électronique : état des lieux et perspectives », *Petites Affiches*, p.4.

être stockés sur le disque dur de l'ordinateur du destinataire. L'imprécision sur la nature véritable des transmissions électroniques est difficile à surmonter. Ces produits sont dotés d'un caractère permanent, mais pas de forme matérielle fixe. Ce qui traduit, en vérité, toute la difficulté pour le droit douanier de « saisir » le commerce virtuel. Au demeurant, cette situation révèle une inadaptation si marquée qu'il est possible de se demander s'il n'est pas indiqué de s'orienter vers d'autres directions. Abandonner tout simplement les catégories juridiques classiques obsolètes en la matière, au profit de nouveaux concepts plus dynamiques et aptes à régir totalement le commerce électronique.

En marge des difficultés liées au principe même de la taxation, le commerce électronique pose également des problèmes relativement à l'évaluation de l'assiette fiscale.

Paragraphe II- Des difficultés dans la détermination de l'assiette fiscale

L'assiette fiscale peut être appréhendée comme la base de perception d'une taxe. L'impôt douanier est perçu à partir d'un ensemble d'éléments qui en constituent la base de perception ou l'assiette fiscale. Il s'agit de l'origine, de la valeur et de l'espèce. C'est donc en fonction de ces trois paramètres que sont liquidés les droits et taxes au passage du cordon douanier de marchandises d'origine étrangère ou tierce. La détermination de cette assiette soulève moins de difficultés dans le cadre des échanges économiques traditionnels. Ainsi, à chaque traversée des frontières physiques de marchandises, des droits et taxes sont prélevés, au titre de l'impôt douanier, sur la base d'une assiette fondée sur les trois éléments constitutifs de la fiscalité de porte.

Quid de l'assiette fiscale dans le cadre du commerce électronique direct ?

Il est évident que des difficultés se posent, liées à la nature dématérialisée de ce commerce. Ainsi, avec cette forme nouvelle de transactions, le classement tarifaire devient problématique (I), la détermination de l'origine reste malaisée (II) et l'appréciation de la valeur, approximative (III).

I- Un classement tarifaire problématique

Aux termes de l'article 14 du code sénégalais des douanes, « *l'espèce des marchandises est la dénomination qui leur est attribuée par le tarif des douanes* [105]». C'est le terme technique utilisé par l'administration des douanes pour désigner les marchandises avec pour finalité évidente la classification et la codification des biens[106].

De fait, l'espèce tarifaire n'est pas toujours conforme au sens commun attribué à un bien. En tout état de cause, ce qui importe pour le service des douanes, ce n'est pas le sens commun de la marchandise, mais, plutôt, l'espèce tarifaire à partir de laquelle une classification du bien est opérée. L'opération matérielle de classement consiste à rechercher la sous-position correspondant le plus spécifiquement à la marchandise, au regard de ses propriétés objectives. Pour ce faire, il convient de se référer aux termes des positions ainsi qu'aux notes de sections ou de chapitres. En l'absence de sous-positions spécifiques ou de cas avéré de cumul de sous-positions, la démarche consiste, selon les règles générales d'interprétation, à classer le produit en fonction de l'élément qui lui donne son caractère essentiel[107].

Par ailleurs, cette classification a beaucoup de conséquences au plan juridique[108]. Ainsi, la qualification de l'infraction (surtout celle de fausse déclaration d'espèce) est entièrement déterminée par le classement tarifaire[109].

L'élaboration d'un système harmonisé pour la codification et la classification des marchandises a été un souci constant des États et n'a pu être réalisée qu'à la suite d'une longue évolution. Le développement du

---

[105] Le code français des douanes donne la même acception de la notion d'espèce, notamment à travers son article 28, sauf qu'il fait référence au tarif commun des douanes et non au tarif des douanes et non comme le fait le code sénégalais. L'article 14 du code des douanes de l'UEMOA précise quant à lui, que cette dénomination doit reposer sur « *les règles en vigueur dans la Nomenclature tarifaire et statistique de l'Union* ». Le législateur communautaire européen s'oriente vers une conception fonctionnelle du tarif douanier en précisant, à travers l'alinéa 2 de l'article 20 du code des douanes communautaire que « *les autres mesures établies par des dispositions communautaires spécifiques dans le cadre des échanges des marchandises sont, le cas échéant, appliquées en fonction du classement tarifaire de ces marchandises*.»

[106] Le code des douanes communautaire européen a plutôt recourt aux expressions de « positions » et « sous-positions » tarifaires, Claude J. BERR et H TREMEAU, *op.cit.,* n° 163 et s.

[107] Cass. Crim. 24 octobre 1996, Bull.crim., N° 372, p. 1088.

[108] Même le juge répressif est tenu de se référer au classement tarifaire des marchandises indiqué par la Nomenclature… et aux règles générales d'interprétation, lorsqu'il apprécie le bien-fondé d'une poursuite pour fausse déclaration d'espèce. Cf. Cass. Crim., 3 avril 1997, Bull. crim. N° 133, p. 448.

[109] Cass. Crim.,. 3 avril 1997, Op. Cit.; Cass. Crim., 24 octobre 1996, *Op. Cit.*

commerce international a nécessité la mise en œuvre de règles uniformes pour la classification des marchandises. Cette préoccupation a été bien prise en charge par les États, qui ont mis en œuvre un ensemble de mécanismes dont le parachèvement a été, sans nul doute, le Système harmonisé de désignation et de codification des marchandises[110].

Dans un premier temps, sous l'égide de la Société des Nations un projet de nomenclature douanière a été élaboré sous la dénomination de Nomenclature de Genève, en 1931. Cette esquisse de nomenclature n'était, en vérité, qu'une liste alphabétique de marchandises, qui a disparu en même temps que la SDN[111]. Des cendres de cet embryon de nomenclature naquirent la Nomenclature de Bruxelles pour la douane et la classification-type pour le commerce international pour les statistiques. À la suite de plusieurs révisions et amendements, la Nomenclature de Bruxelles devient, en 1974 la Nomenclature du Conseil de Coopération douanière. Ce dernier instrument constituera l'ossature du Système harmonisé ou code SH, qui est la synthèse de tous les autres systèmes et est entré en vigueur en 1988. Ce Système harmonisé de désignation et de codification des marchandises comporte 21 sections, 97 chapitres, environ 1250 positions et à peu près 5000 sous-positions à 6 chiffres[112]. Il est aujourd'hui la base de la nomenclature de plus de 176 pays et unions douanières et économiques.

Il reste à souligner que le SH est également utilisé pour l'élaboration des tarifs douaniers nationaux et les statistiques du commerce extérieur ainsi que pour la mise en place de règles d'origine, des tarifs de transport, des contrôles de quota et la surveillance du commerce mondial[113].

Le code SH est très évolutif en ce sens qu'il prend en charge, au fur et à mesure, l'apparition de nouveaux produits par le biais des amendements à la suite de réunions intenses au niveau de l'Organisation mondiale des douanes[114].

Tout de même, le SH est élaboré dans l'optique d'une codification et d'une classification de marchandises physiques. Quid de la classification

---

[110] *Le Système harmonisé : la langue du commerce international,* http://www.wcoomd.org/ie/fr .

[111] BERR, J Claude. et H .TREMEAU, *op.cit.*, n° 165 et s.

[112] *Clé : ces titres des sections du Système harmonisé,* http://www.wto.org/french .

[113] http://www.douanes.gouv.fr .

[114] C'est ainsi que lors de sa 27ème session de mai 2001 le Comité du Système harmonisé a rendu plusieurs décisions de classement concernant une liste de produits des chapitres 28, 29 et 30 du S.H. ; La session de 2002 a également formulé de nombreux amendements du SH pour tenir en compte les TI.

et de la codification des données numérisées en cours dans le cadre du commerce dématérialisé et virtuel ?

Il semble que la difficulté réside à deux niveaux. Dans le premier cas, il faut souligner que les nouvelles technologies charrient beaucoup de produits nouveaux, corporels, mais dont le classement n'est pas facile. Malgré tout, cette difficulté reste moindre et peut être aisément surmontée, grâce à un recours judicieux aux techniques de classement des biens. L'émergence fréquente des produits matériels nouveaux et sur lesquels la douane n'a aucune emprise parce que, justement, n'étant pas prévus par le SH, n'est pas un problème majeur, il suffit d'une interprétation subtile des règles de classement pour résoudre la question. Sous ce rapport, l'article 14, alinéa 2 du code des douanes de l'UEMOA offre une solution, certes pratique, mais qui, à la longue, risque d'engendrer une certaine dysharmonie dans les qualifications douanières retenues par les différentes administrations des pays membres. Cette disposition laisse le soin au Directeur général des douanes de procéder au classement des « *marchandises qui ne figurent pas au Tarif des Douanes par assimilation aux objets les plus analogues* ». Une telle législation présente l'avantage d'être pragmatique, en ce sens que son application permet à la douane d'échapper à la difficulté de classement des produits nouveaux. Ainsi, en face d'un produit original, non encore classé, une assimilation est rapidement faite par le Directeur général, facilitant l'application immédiate des dispositions pertinentes en la matière. Par contre, la mise en œuvre de ce texte de loi peut, à terme, être source de disparité dans le traitement douanier des échanges de biens. En effet, si à chaque fois qu'on est en présence d'un produit nouveau non classé, le Directeur général des douanes procède à une assimilation de ces produits, il va de soi qu'on va assister à une divergence de la pratique douanière au sein d'une même union économique. Le risque réside dans le fait qu'il peut y avoir autant de classements pour un même produit que d'États membres de la communauté, surtout s'il n'existe pas un dispositif communautaire consolidé de renseignement tarifaire contraignant[115]. Dans le même esprit, on peut également relever qu'une telle disposition n'est pas conforme à la dynamique d'harmonisation, qui a présidé à l'élaboration du Système harmonisé.

---

[115] C'est certainement, en prévision de cette divergence dans le classement tarifaire au sein de l'espace communautaire que peut entraîner une application stricte de l'alinéa 2 de l'article 14, que l'alinéa 3 du même article dispose que « *les décisions de classement nationales peuvent être soumises à la Commission, en cas de désaccord, pour arbitrage.* »

En revanche, c'est dans le second cas que la difficulté paraît quasiment insoluble, du moins dans l'immédiat. Il s'agit du problème de la classification des biens numérisés. Dans ce dernier cas, il semble qu'il faille d'abord régler une question préalable qui est incontournable. C'est celle cruciale de la nature des transmissions électroniques. Les données numérisées sont-elles considérées comme des marchandises ou plutôt comme des services ?

Si on parvient à déterminer la nature de bien physique de transmissions numérisées, le code SH pourrait s'appliquer après quelques aménagements. Dans cet esprit, il faut souligner qu'après moult discussions au niveau des instances internationales, on est parvenu à procéder au classement de l'énergie électrique, qui est un produit intangible comme les transmissions électroniques. L'énergie électrique est, ainsi, classée à la position « 27-16-00 ». À l'opposé, le Système harmonisé est inapplicable si les transmissions numérisées sont perçues comme des services.

À l'évidence, le Système harmonisé n'est pas applicable pour la classification des échanges électroniques, parce que basé sur un monde physique, qui jure avec la réalité dématérialisée du commerce électronique direct. La notion de « contenu » elle-même n'était pas traitée dans les accords relatifs aux marchandises, mais semble être liée à la propriété intellectuelle. Il est clair, dès lors, que la question de la classification recoupe les domaines des services et des aspects de droits de propriété intellectuelle liés au commerce. C'est dire toute l'importance décisive de la détermination de la nature des transmissions électroniques qui conditionne son classement dans le code SH.

Cependant, face à l'incertitude qui pèse sur la nature juridique des données numérisées, le classement de celles-ci devient problématique et nécessite avant tout le règlement de cette question préalable, mais aussi préjudicielle. La classification des marchandises repose généralement sur les caractéristiques matérielles distinctives des produits. Ici, une difficulté d'un autre genre risque de se poser, liée à l'arrivée de nouveaux produits du fait de la numérisation. La classification des marchandises repose, en principe, sur les caractéristiques matérielles distinctives des produits. Il en va de même pour la classification des produits d'information sur supports analogiques, par exemple les cartes, les livres, les disques 33 tours, cassettes vidéo, DVD[116], VCD[117], etc. Cependant, la numérisation

[116] Digital Versatil Disk ou Disque Vidéo Digital. Il s'agit d'un standard de vidéodisque numérique de Toshiba, Philips et Sony. Les disques à cette norme ont mis beaucoup de

a rendu la classification plus difficile, dès lors que les produits numérisés sur des supports matériels en arrivent à un stade où il est, de plus en plus, difficile de définir le type de produit en se fondant sur l'apparence ou les caractéristiques matérielles. Ainsi, les disques pour systèmes de lecture par faisceau laser peuvent fonctionner sur une gamme plus vaste de systèmes d'exploitation allant de l'appareil informatique traditionnel au lecteur de disque laser utilisé pour d'autres applications[118]. Au bout du compte, ces CD[119] étaient simplement des représentations composées de chiffres[120] (zéro et un).

Il importe, dès lors, de donner au code SH, traditionnellement évolutif, une impulsion nouvelle, d'ouvrir davantage la perspective à la donne électronique pour bien cerner les produits nouveaux qui ne cesseront d'apparaître consubstantiellement à l'évolution du phénomène électronique. Par conséquent, l'harmonie entre cette forme singulière de commerce électronique avec les règles de classification et partant du droit douanier passe par une constante évolution du SH face aux produits numériques.

Par ailleurs, en marge des difficultés liées au classement tarifaire, le commerce électronique introduit également des problèmes quant à la détermination de l'origine.

II- Une détermination malaisée de l'origine

L'origine d'un produit varie en fonction de sa nature profonde. Ainsi, le code français des douanes, très explicite sur la question, procède à travers son article 34 à la distinction entre les produits naturels et les produits manufacturés[121]. Dès lors, l'origine pour les produits naturels va

---

temps à arriver sur le marché. Ils ont été finalement mis sur le marché en février 1998. Leur capacité est de 4.7 Go, avec un taux de transfert de & 1.5 Mo /s.

[117] Disque au format MPEG-1 gravé suivant des normes précises : image aux dimensions de 352X 288 pixels et débit vidéo de 1150 kb / s. La qualité de restitution est moyenne, mais le VCD peut être lu sur des lecteurs de CD-ROM et de DVD-ROM de tous les ordinateurs et presque sur tous les lecteurs de DVD de salon.

[118] Michel VIVANT, Le futur des relations entre le droit et les technologies de l'information, in Variations sur le droit de la société de l'information, Bruylant, 2002, p.61 et s

[119] Compact Disk.

[120] La logique binaire qui est à la base du numérique.

[121] À cet égard, il faut souligner que l'alinéa 2, de l'article 16 qui traite de la question en droit sénégalais est moins élaboré, puisqu'il considère l'origine d'un bien à partir de cette déduction : « *le pays d'origine d'un produit est celui où ce produit a été récolté, extrait du sol ou fabriqué.* »

être le lieu où ces produits naturels ont été extraits du sol ou récoltés. Tandis que les produits manufacturés ont pour origine le lieu de fabrication[122]. Malgré la distinction, ainsi opérée, la notion garde tout de même une certaine unité dans son esprit[123]. Elle peut être appréhendée comme le lien géographique qui unit une marchandise précise à un pays ou à une communauté donnée dont elle est réputée issue[124].

À partir de ce niveau, déjà, des problèmes d'une certaine amplitude se posent relativement aux échanges de données numérisées. Les transmissions électroniques s'effectuent dans un environnement mouvant marqué par le flux d'éléments en constante évolution, des fonctionnalités de traitement et de communication. Il est vrai que les marchandises dans la production desquelles sont intervenus plusieurs pays, sont considérées comme originaires du pays où a eu lieu la dernière transformation ou ouvraison substantielle[125], économiquement justifiée, effectuée dans une entreprise équipée à cet effet et ayant abouti à la fabrication d'un produit nouveau représentant un stade de fabrication important[126]. Mais, il reste que les technologies complexes permettent de reproduire facilement et de transmettre à l'infini des données numérisées. D'où, la difficulté manifeste pour déterminer le dernier pays où a eu lieu la dernière transformation et, a fortiori, celui où s'est effectuée l'ouvraison substantielle économiquement justifiée[127]. Ainsi, le problème majeur, lié à cette question d'origine, est que les transactions elles-mêmes ne sont pas de simples opérations d'un point à un autre. Le lieu à partir duquel ces transmissions traversent la frontière dépend toujours des caractéristiques spécifiques de la série d'utilisateurs reliés au réseau ainsi que des caractéristiques tout aussi changeantes se rapportant au programme et à l'emplacement d'appareils tels que les serveurs[128].

Dès lors, il existe de sérieux doutes dans l'applicabilité des règles actuelles de détermination de l'origine. Quelle règle d'origine appliquer

---

[122] BERR, J. Claude et H .TREMEAU, *op.cit.*, n°181.

[123] Cet esprit d'unité est présent dans le code des douanes de l'UEMOA qui prévoit, à travers l'article 15 que « *les règles applicables pour la détermination de l'origine des marchandises sont fixées par Protocole additionnel.* »

[124] Voir sur cette question, les articles 22 à 26 du code des douanes communautaire ; Claude J. BERR et H TREMEAU, *op.cit.*, n°181 et 182.

[125] C.J.C.E, 23 février 1984, aff. 93/83, Rec. 1095 ; C.J.C.E, 26 février 1977, aff. 46/76 Rec. 41.

[126] Cass. Crim., 12 novembre 1990, Bull. crim., N°376, p.953.

[127] BERR, J. Claude et H .TREMEAU, *op.cit.*, n°191 à 195.

[128] Ouvrage collectif dirigé par Daniel KAPLAN, Guide du commerce électronique : votre entreprise sur Internet, Paris, Maisonneuve et Larose, 2000, p.87.

aux supports enregistrés ou aux enregistrements de son ? Faut-il conférer l'origine au pays dans lequel les enregistrements avaient été produits par des fabricants de phonogrammes qui y étaient implantés ou établis ou plutôt le lieu où le son est copié sur un support ?

Ces questions se posent avec d'autant plus d'acuité qu'il existe parfois des régimes préférentiels dans le cadre des échanges entre certains États[129]. En vérité, les règles d'origine peuvent être considérées comme un outil servant à appliquer d'autres instruments de politique commerciale tels que les droits de douane ou les restrictions quantitatives bilatérales ou multilatérales[130]. Aux termes de l'article 34, alinéa 1 du code des douanes français, « *à l'importation, les droits de douane sont perçus suivant l'origine des marchandises, sauf application des dispositions spéciales prévues par les engagements internationaux en vigueur pour l'octroi de tarifs préférentiels*[131]. » C'est à ce niveau que l'avènement du commerce électronique direct risque de biaiser toute politique commerciale nationale ou communautaire. La difficulté est d'autant plus réelle que l'alinéa 4 du même article renforce cette perspective en précisant que « *les produits importés ne bénéficient du traitement de faveur attribué à leur origine que s'ils sont régulièrement justifiés de cette origine.* »

Il est, dès lors, impérieux de résoudre la question de l'origine dans le commerce des données numérisées afin que celles-ci puissent bénéficier d'un régime de faveur dérogatoire au même titre que les échanges de biens réels. En effet, les échanges intra-étatiques ou communautaires par le biais des nouvelles technologies sont exclus du champ d'application des règles d'origine antérieurement citées instituant un régime tarifaire de faveur.

Le commerce électronique direct engendre également des difficultés relativement à l'appréciation de la valeur en douane.

---

[129] Articles 22, 23, 24, 25 et 26 du code des douanes communautaire, Règlement N°02/2000/CM/UEMOA modifiant et complétant l'article 8 du Règlement n° 02/97/CM/UEMOA du 28 novembre 1997 portant adoption du tarif extérieur commun de l'UEMOA.

[130] Cass. Crim. 20 juin 1996, Bull. crim. N° 267, p. 802 ; Cass.crim. 3octobre 1996, Bull.crim. N°344, p.1019 ; Cass. Crim. 20 mars 1997, Bull. crim. N° 116 p. 385.

[131] Ce lien entre l'origine et la perception des droits de douane est moins perceptible au niveau de l'article 6 du code des douanes du Sénégal qui précise simplement qu' « *à l'importation, le tarif des douanes comprend les droits de douane et les taxes d'effet équivalent. Les droits de douane sont appliqués suivant le tableau des droits et taxes inscrits au Tarif des douanes.* ».

III- Une appréciation approximative de la valeur

Le concept de valeur peut être appréhendé de différentes manières. Ainsi, il est possible de recenser une triple acception de la notion. Dans un premier temps, la valeur est perçue à partir d'une cotation opérée sur un marché et résultant du jeu de la loi de l'offre et de la demande. C'est le cas pour les marchandises faisant l'objet de transactions dans une Bourse de commerce de valeur. Ensuite, la valeur peut s'établir en fonction du coût ou du prix de revient ou encore de la capitalisation des revenus. Enfin, elle peut résulter de l'appréciation purement objective des parties à la convention portant sur la chose en question. Ce n'est là, qu'une application particulière du principe de l'autonomie de la volonté notamment son corollaire, la liberté contractuelle[132].

Le droit douanier admet en principe que la valeur d'une marchandise est directement liée à son prix de vente et emprunte les techniques du droit commercial quant à l'évaluation. Mais, il s'en distingue à deux niveaux. En premier lieu, compte tenu de la complexité des opérations du commerce international, il doit indiquer les conditions dans lesquelles il accepte de considérer le prix fixé par les parties comme représentant la valeur en douane de la marchandise. En second lieu, il doit se réserver la possibilité de rejeter purement et simplement l'évaluation des parties lorsque les nécessités de l'ordre public économique sont en jeu et lui substituer une évaluation fondée sur d'autres considérations.

Par ailleurs, le droit douanier use de différentes approches pour procéder à la taxation des marchandises. À l'origine, les marchandises étaient imposées en vertu de la taxation spécifique[133]. Pour ce faire, elles étaient taxées, en principe, non point suivant leur valeur, mais plutôt en fonction de certaines de leurs caractéristiques physiques (poids, surface, longueur, volume, etc.). Mais, actuellement c'est un système de taxation qui n'est presque plus appliqué, hormis sur les marchandises dont la valeur est trop difficile à apprécier[134]. En revanche, la taxation ad valorem fait aujourd'hui l'objet d'une application généralisée dans la détermination de l'impôt douanier. Ce dernier système a pris le pas sur le premier à la faveur de diverses réformes survenues entre la fin du siècle

---

[132] Cf. les articles 41, 42 et 96 du code des obligations civiles et commerciales du Sénégal.

[133] BERR, J. Claude et H .TREMEAU, *op.cit.*, n° 209 et 210.

[134] L'article 17 du code des douanes de l'UEMOA est l'une de rares dispositions prévoyant la taxation spécifique.

dernier et la Première Guerre mondiale[135]. Le droit de douane ad valorem n'est pas une invention de notre époque, il existait déjà au Moyen âge et même avant. La philosophie profonde qui sous-tend ce système est la détermination de l'assiette fiscale, en fonction de la valeur de la marchandise[136]. Plus précisément, dans ce système, le droit applicable à une marchandise donnée est fixé en pourcentage de la valeur de celle-ci. Il en découle un avantage certain. C'est que ce système fonctionne comme une échelle mobile tarifaire. En effet, le taux de protection s'adapte immédiatement aux fluctuations des cours internationaux sans qu'il soit nécessaire, comme c'est le cas en matière de droit spécifique, de remettre à jour le tarif à chaque variation en cours. Ce qui constitue une garantie non-négligeable pour les intérêts du Trésor public. Toutefois, un risque potentiel existe, qui réside dans la possibilité d'une survenance d'une inflation de déclaration de valeurs minorées avec pour conséquence l'affaiblissement de la protection douanière.

Il reste que les modalités pratiques de détermination de cette valeur en douane ont varié dans le temps. Dans un premier temps, une Convention internationale, signée à Bruxelles le 15 décembre 1950 et entrée en vigueur le 28 juillet 1953, avait élaboré une conception de la valeur en douane dite Définition de la Valeur de Bruxelles (DVB). En vertu de cette DVB, la valeur en douane est le prix normal des marchandises, c'est-à-dire le prix réputé pouvoir être fixé pour ces marchandises à la date d'enregistrement de la déclaration en détail et livré à l'acheteur au lieu d'introduction dans le territoire douanier lors d'une vente effectuée dans des conditions de pleine concurrence entre un acheteur et un vendeur indépendants.

Cette conception abstraite de la valeur en douane a réellement soulevé de nombreuses difficultés. La mise en œuvre de la DVB revient en pratique, à placer l'administration des douanes au cœur du système d'établissement de la valeur des marchandises. Donc, il revient non pas aux acteurs du commerce international de fixer la valeur d'acquisition des marchandises lors d'une opération d'importation, mais au service des douanes. C'est ce qui justifie, en partie, que le commerce international ait ressenti l'existence de la douane comme une entrave à son développement. D'où l'adoption de nouvelles règles d'évaluation dans le cadre des négociations du GATT, en 1979 (cycle de Tokyo). Les

[135]BERR, J. Claude et H .TREMEAU, *op.cit.*, n° 204 à 208.

[136] BERR, J. Claude, *La valeur en douane et le commerce international,* Mélanges offerts à Alfred JAUFFRET, 1974, p.63 à 79.

Accords de Marrakech du 15 avril 1994 ont étendu l'application de ce dispositif, connu désormais sous l'appellation « Accord sur l'évaluation en douane ». Selon l'Accord de l'OMC, la valeur en douane des marchandises importées sera la valeur transactionnelle, c'est-à-dire le prix effectivement payé ou à payer pour les marchandises, lorsqu'elles sont vendues pour l'exportation à destination du pays d'importation, après ajustement conformément aux dispositions de l'article 8[137]. La conséquence majeure, qui résulte de cette valeur transactionnelle, est de permettre aux acteurs du commerce international de déterminer la valeur en douane des marchandises que la douane va prendre en compte pour asseoir l'assiette fiscale[138].

L'avènement du commerce entièrement en ligne ne contribue pas à résoudre les problèmes au niveau de la détermination de la valeur. Les produits numérisés sont constitués de deux éléments bien distincts. D'une part, un élément matériel que représente le support physique (bandes magnétiques, disquettes, disques y compris les disques pour lecture par faisceaux laser, des vidéodisques, des unités de stockage, etc.). D'autre part, un élément intellectuel (enregistrements sons, images, données ou instructions). Dès lors, comment déterminer la valeur de ces produits numérisés dont la constitution est on ne peut plus hétérogène ? Faut-il prendre en compte seulement la valeur du support ? Ou celle du contenu ? Ou les deux à la fois ?

Le problème de l'évaluation de ces transmissions numérisées se pose avec d'autant plus d'acuité qu'il se développe, de plus en plus, un système autonome de paiement en dehors de toute intermédiation bancaire. Ainsi, contrairement au commerce classique où la facture peut servir de base d'évaluation, la tendance à la mise en place d'un système autonome de paiement en ligne exclut dans le commerce électronique toute référence pour l'évaluation des biens numérisés. Il s'en suit que les difficultés majeures liées au commerce électronique sont relatives à l'évaluation incorrecte des produits échangés par ce biais.

Au demeurant, la même difficulté se pose dans une toute autre situation. Il s'agit, précisément, du cas des opérations d'exportation. En effet, aux termes de l'article 18 du code des douanes du Sénégal « *À l'exportation, la valeur à déclarer est celle de la marchandise au point de sortie. Cette valeur est déterminée en ajoutant au prix de la marchandise*

[137] Cass. Crim. 30 octobre 1997, Lecuyer, N°364, p. 1222 ; Guide de base de l'Accord sur l'évaluation en douane, 3ème édition, août 1996, p.4 et s.
[138] Cass. Crim. 30 octobre 1997, Lecuyer, *op.cit.*

dans les magasins de l'exportateur, les frais de transport, ainsi que tout frais nécessaire pour l'exportation jusqu'à la frontière, mais non compris le montant :

a) des droits et taxes à l'exportation ;

b) des taxes intérieures et charges similaires dont il a été donné décharge à l'exportateur[139]. ».

Les questions redoublent à nouveau. Comment, dans l'univers ouvert du commerce électronique, déterminer le point de sortie des marchandises ?

Il faut préciser, à ce niveau, que l'Internet a été conçu au départ pour pouvoir assurer le transport de messages entre les différents services stratégiques, même en cas d'attaque nucléaire. Ce qui implique que les points de passage par lesquels transitent les données numérisées sont innombrables. Le message électronique ne tient compte que de la disponibilité et de l'impératif de rapidité pour assurer la circulation des données. Il est inimaginable, dans un tel scénario, de déterminer un point de passage pouvant être considéré comme le point de sortie des données numérisées. D'où l'impossibilité de la détermination de la valeur à la sortie, à l'image de ce qui est fait habituellement dans le commerce physique de marchandises.

L'inadéquation ne concerne pas seulement le droit fiscal douanier, les règles économiques douanières sont aussi perturbées, voire inapplicables.

SECTION II : L'INAPPLICABILITÉ DU DROIT ÉCONOMIQUE DOUANIER

La mission du service des douanes en matière économique est double. La douane prend en charge la protection de l'activité économique nationale ou communautaire contre les perturbations et les difficultés éventuelles que l'arrivée des marchandises provenant de pays tiers pourrait avoir. Elle régule également les échanges dans un espace territorial précis. Le droit économique douanier est, à l'image du droit économique tout court, une notion très controversée[140]. Le droit économique douanier n'est pas, en soi, un concept homogène. Il s'agit d'un creuset regroupant un ensemble de règles qui ont en commun la

[139] À cet égard l'article 36 du code français des douanes précise qu' « *à l'exportation, la valeur à déclarer est celle de la marchandise au point de sortie, majorée, le cas échéant, des frais de transport jusqu'à la frontière* ».

[140] GAVALDA, Ch., G. PARLEANI (1998), *Droit des affaires de l'Union européenne*, Litec., p.48.

poursuite d'objectifs à caractère économique[141]. De ce point de vue, c'est un droit qui, certes, présente moins de souplesse que le droit fiscal, mais se révèle, à l'analyse, beaucoup plus flexible et adaptable que ce dernier. Cette souplesse constitue, sans nul doute, un avantage non négligeable dans le processus de réception du phénomène du commerce électronique direct, qui présente une singularité évidente. Dès lors, l'évolution du droit économique douanier, pour être en phase avec le commerce électronique, ne peut que se traduire par un changement portant sur la quintessence même des normes de protection et celles organisationnelles.

Malgré tout, il est possible de dégager une finalité particulière ainsi que des techniques spécifiques qui fondent toute sa singularité par rapport, par exemple, au droit fiscal douanier[142]. C'est un droit qui présente moins de sécurité, mais plus de souplesse que le droit fiscal, en ce sens qu'il institue une négociation entre l'administration des douanes et les usagers. Ce qui n'existe pas dans tous les cas au niveau du droit fiscal. En outre, ce droit confère au service des douanes des pouvoirs considérables[143].

Le droit économique douanier, dans le cadre du commerce traditionnel, permet à l'État d'atteindre deux objectifs par rapport à l'économie nationale. D'une part, la protection de l'économie nationale et d'autre part, la régulation de l'économie. Quid de ces deux objectifs dans le cadre du commerce électronique direct ?

En réponse à cette question, il apparaît après analyse que l'avènement des échanges numérisés débouche sur une remise en cause, d'une part des règles de protection (Paragraphe I) et, d'autre part, des normes de régulation de l'économie (Paragraphe II).

Paragraphe I- L'inadéquation des règles de protection de l'économie

L'une des missions de l'administration des douanes consiste à protéger l'économie nationale contre les agissements et pratiques pouvant porter atteinte à des branches nationales d'activités et aboutir à un désastre économique. La perception de cet aspect de l'intervention douanière est de date récente. En effet, de tout temps, le service des

---

[141] VEDEL, G. (1981), *Le droit économique existe-t-il* ? Mélanges offerts à Pierre VIGREUX, Toulouse, Collection Travaux et recherches de l'I.P.A.- I.A.E. de Toulouse, p. 768.

[142] BERR, J. Claude et H .TREMEAU, *op.cit.,* n° 119.

[143] Cass. Crim. 31 octobre 2000, Bull. crim. N° 324, p. 958.

douanes a été considéré comme ne servant qu'à alimenter le budget de l'État. Mais, à l'heure actuelle, la mission de protection s'est nettement distinguée et est devenue une part entière de l'activité douanière[144]. L'exercice de cette mission de protection ne soulève pas de difficultés majeures dans le cadre des échanges économiques et commerciaux traditionnels. Ainsi, qu'il s'agisse de la lutte contre la fraude ou d'assurer le respect de la législation sur les changes, la douane dispose de moyens juridiques et matériels afin de bien préserver l'économie nationale. Cependant, l'avènement du commerce entièrement en ligne, notamment avec le médium de l'Internet, rend la tâche plus ardue. Les échanges dématérialisés rendent caduques les règles classiques de lutte contre la fraude (I), tout en constituant un handicap pour l'application de la législation sur les changes (II).

I- L'obsolescence des règles de lutte contre la fraude commerciale

En vertu de la définition adoptée par le groupe de travail du Comité de Lutte contre la Fraude de l'Organisation mondiale des douanes lors de sa 11ème session, la notion de fraude commerciale peut être appréhendée comme « *toute infraction aux dispositions législatives et réglementaires que les administrations sont chargées de faire appliquer, commise en vue* :

-d'éluder ou de tenter d'éluder le paiement des droits, redevances ou taxes applicables aux marchandises ;

-d'éluder ou de tenter d'éluder les prohibitions ou les restrictions applicables aux marchandises… »

La mise en œuvre des normes, pour lutter efficacement contre la fraude, ne pose pas de problèmes majeurs pour le service des douanes surtout au plan de l'optique et de la perspective. En effet, tout non-respect de ces prescriptions, ci-dessus énumérées et toute violation de la législation douanière obligatoire peuvent être matériellement constatés et réprimés en conséquence. De fait, compte tenu de la position stratégique de l'administration des douanes aux frontières, le contrôle du respect des

[144] Depuis les attentats du 11 septembre 2001 aux États-Unis, la dimension sécuritaire est davantage prise en compte par le service des douanes à telle enseigne qu'elle est actuellement considérée, à côté du rôle fiscal et économique, comme une mission naturelle de la douane.

différentes obligations auxquelles sont assujetties les marchandises d'origine étrangère reste relativement aisé[145].

Par ailleurs, la douane exerce également, en aval de la surveillance, un contrôle sur les opérations commerciales réalisées par la voie terrestre, maritime, aérienne et postale, pour prévenir toute velléité de fraude commerciale. Ce contrôle des opérations commerciales comprend toutes les actions que le service des douanes peut mener depuis la conduite en douane des marchandises jusqu'à leur enlèvement effectif en passant par le dédouanement proprement dit.

Ce contrôle des opérations commerciales est subdivisé en deux étapes majeures. En premier lieu, un contrôle immédiat qui s'effectue depuis la mise en douane jusqu'à l'autorisation d'enlèvement. Ce contrôle comprend à son tour deux phases bien distinctes. D'une part, un contrôle de la recevabilité ou contrôle impératif. Il consiste pour la douane à s'assurer que les déclarations en détail déposées pour assigner un régime douanier aux marchandises sont régulières en la forme et accompagnées des documents dont la production est obligatoire. D'autre part, les contrôles de la visite qui comportent un contrôle documentaire et la vérification matérielle des marchandises. À ce niveau, le maître-mot est le respect des impératifs de rapidité et de fluidité des échanges internationaux. C'est ce qui conduit souvent à un ciblage de la visite en fonction des risques de fraude. En second lieu, un contrôle après dédouanement complémentaire au contrôle immédiat. Il est effectué après la mainlevée des marchandises et de ce fait intéresse beaucoup plus la sécurité du commerce international qu'une quelconque logique de fluidité ou de rapidité des échanges internationaux. Cette phase inclut le contrôle différé et le contrôle a posteriori avec comme finalité un réexamen de la déclaration ou un approfondissement du contrôle de certaines marchandises.

En définitive, tout bien qui passe le cordon douanier, en violation flagrante des règles pertinentes, est considéré comme en situation de fraude et encourt, en conséquence, les pénalités adaptées. Il en est ainsi de toute contrebande éventuelle de marchandises (y compris les marchandises faisant l'objet de prohibition à l'importation ou à l'exportation, en particulier au titre de la Convention sur le Commerce international des Espèces de faune et de flore sauvages menacées

---

[145] DERRAC, Michel (2000, 14 mai), « La douane et Internet : la lutte contre la fraude », *BAE*, n°10, p.14 à 17.

d'extinction[146] ou Convention de Washington et au titre des réglementations nationales de protection de l'environnement), de fausse désignation, de sous-évaluation ou surévaluation, etc. Dans ce cas, après la constatation matérielle de la violation des règles édictées à des fins d'anti-fraude, les sanctions pertinentes sont appliquées.

Cependant, la perspective ne se présente pas sous le même jour quand il s'agit du commerce électronique direct, le déphasage est, en effet, très marqué. Dans ce cas d'espèce, tout se passe dans le circuit très fermé du cyberespace. Ainsi, de la commande à la livraison, la transaction est entièrement numérisée[147]. Dès lors, le problème qui se pose découle de la difficulté à déterminer exactement si quelque chose a effectivement traversé la frontière et à partir de quel moment cette chose a traversé la frontière[148]. Comment, alors, appliquer les règles particulières en matière de lutte contre la fraude dans ce monde dématérialisé et ouvert ? Quelle réalité emporte la notion de rayon des douanes dans un univers digital qui ne comporte pas de zone terrestre encore moins de zone maritime ?

Or, la notion de rayon des douanes est un élément essentiel dans le dispositif de surveillance et donc de lutte contre la fraude. La surveillance revêt une dimension particulière dans la zone du rayon. D'ailleurs, les pouvoirs des agents sont accrus dans cette partie du territoire douanier[149]. Par conséquent, le décalage entre le droit douanier traditionnel et le commerce électronique sur la question spécifique du rayon des douanes peut conduire à biaiser toute politique douanière en matière de surveillance.

Dans le même esprit, le contrôle des opérations commerciales n'échappe pas à cette logique de dysharmonie avec le commerce en ligne. Il n'est pas possible de faire le départ entre le contrôle immédiat et le contrôle après dédouanement dans le cadre des échanges se déroulant entièrement dans le cyberespace. Il en découle une inapplicabilité totale de toute la politique douanière établie en matière de contrôle des opérations commerciales dans le cadre du commerce électronique direct.

---

[146] La Convention sur le Commerce international d'Espèces de faune et de flore sauvages menacées d'extinction (CITES) a pour objet de protéger les espèces animales et végétales menacées d'extinction ; la réglementation de leur commerce international est le moyen adopté pour cette protection.

[147] MICHELLE, Jean-Baptiste (1998), *Créer et exploiter un commerce électronique*, Litec. p.42 et s.

[148] CHAMOUX, Jean-Pierre (1980), «L'information sans frontières, Informatisation et société 8 », *La documentation française*, Paris.

[149] Cf. les articles 47, 57 et 304 du code des douanes du Sénégal.

Il importe dès lors de procéder à la gestation de nouveaux concepts à partir des règles classiques de lutte contre la fraude qu'il faut adapter au milieu immatérialisé des nouvelles technologies et d'Internet.

En marge de l'inadaptation des règles classiques de lutte contre la fraude, il est également possible de relever une inadéquation entre la nature profonde du commerce en ligne et la législation classique sur les changes.

II- La paralysie de la législation sur les changes

Il peut paraître, a priori, assez singulier de faire référence à la législation des changes dans cette étude destinée, en principe, au droit douanier. Mais, toute interrogation s'estompe au regard du fait qu'il revient aussi au service des douanes d'assurer le respect de la législation sur les changes en recourant à ses propres techniques, méthodes et procédures[150]. Toutefois, le législateur communautaire de l'UEMOA fait exception du cas des établissements de crédit. En effet, pour ces structures la constatation des infractions relatives aux relations financières extérieures et le pouvoir de sanction sont dévolus à la Commission bancaire de l'UEMOA et la Banque Centrale des États de l'Afrique de l'Ouest. Les dispositions applicables, dans ce cas restent la réglementation bancaire en vigueur[151]. Par conséquent, le droit et les procédures douanières de constat, de poursuite et de répression ne sont applicables que pour les infractions commises par les personnes physiques ou morales autres que les établissements de crédit. En dehors de ces cas exclus par le droit communautaire, les infractions commises par les personnes physiques ou morales autres que les établissements de crédit, sont constatées, poursuivies et punies selon les dispositions

---

[150] Dans cet esprit, l'article 418 du code des douanes du Sénégal confirme cette disposition relative aux relations financières du Sénégal avec l'étranger, en précisant qu' « *en vertu des dispositions légales relatives aux relations financières avec l'étranger, les infractions sont constatées, poursuivies, jugées et les peines infligées exécutées selon les règles applicables aux infractions à la réglementation douanière telles que définies par le code des douanes.* ».

[151] Aux termes de l'article 16 du Règlement n°09/2010/CM/UEMOA relatif aux relations financières extérieures des États membres de l'UEMOA, « *les infractions aux dispositions du présent Règlement, mises par les établissements de crédit, sont constatées conformément aux dispositions de la loi relative au contentieux des infractions à la réglementation des relations financières extérieures en vigueur dans chaque État membre de l'UEMOA et sanctionnées par la BCEAO et la Commission bancaire de l'UMOA au regard des dispositions pertinentes de la loi portant réglementation bancaire en vigueur dans chaque État membre de l'UEMOA* ».

législatives et réglementaires en vigueur dans chaque État membre de l'UEMOA, relatives au contentieux des infractions à la réglementation des relations financières extérieures. Au Sénégal, la loi n° 98-04 du 08 janvier 1998 organisant les relations financières du Sénégal avec l'étranger précise, en son article 7, que « *les infractions à la réglementation des changes et à l'établissement de la balance des paiements demeurent régies pour les dispositions contenues dans l'ordonnance n° 94-28 du 11 février 1994 organisant les relations financières avec l'étranger* ». À cet égard, l'article 4 de l'ordonnance n° 94-28 du 11 février 1994 dispose que « *les infractions des changes réprimées sont constatées, poursuivies, jugées et les peines infligées exécutées selon les règles applicables aux infractions à la réglementation douanière telles que définies par le code des douanes* ». En France, il a été confié à l'administration des douanes la gestion d'un ensemble de contentieux, qui sans relever du droit communautaire, sont poursuivis comme en matière de douane. Il en est ainsi du contentieux portant sur le régime administratif des navires, de la fiscalité pétrolière, de la TVA à l'importation, des taxes à l'essieu[152].

Le traitement d'une partie des infractions de change est dévolu à la douane, compte tenu de leurs implications financières, mais surtout de la position stratégique de cette administration aux frontières et des moyens juridiques forts de répression que lui confère le droit douanier.

Sur ce plan, l'avènement du commerce en ligne a comme conséquence majeure la remise en cause profonde des règles classiques de la législation des changes. Cette remise en cause intervient principalement à deux niveaux. Il s'agit, d'une part, de l'inadaptation des notions de base en matière de réglementation des changes et, d'autre part, de l'introduction de nouveaux moyens de paiement qui jurent avec ceux traditionnels du monde des affaires[153]. En ce qui concerne le premier aspect, il faut souligner que l'application de la législation des changes

---

[152] Cf. article 451 du code des douanes français ; Loi n° 66-1008 du 28 décembre 1966, Journal officiel du 29 décembre 1966 en vigueur le 31 janvier 1967 ; L'article 46 reprenant le Décret n° 67-1195 du 21 décembre 1967 art. 1, Journal officiel du 29 décembre 1967, confirme une telle disposition reprise par l'article 42 du code des douanes français qui précise qu' « *indépendamment des obligations prévues par le présent code, les importateurs et les exportateurs doivent se conformer à la réglementation du contrôle du commerce extérieur ainsi qu'à la législation relative aux relations financières avec l'étranger.* »

[153] ESPAGNON, Michel (1999), « Le paiement d'une somme d'argent sur Internet : évolution ou révolution du droit des moyens de paiements ? » *JCP*, Édition G, I, 131.

repose sur des notions de base à l'image du principal centre d'intérêt, de résidents et de non-résidents et d'intermédiaires agréés. Or, ces notions sont difficilement conciliables avec la nature dématérialisée de l'Internet[154]. Aux termes des dispositions de la loi n° 98-04 du 08 janvier 1998 précitée, le principal centre d'intérêt s'entend comme le lieu où une personne physique ou morale exerce sa principale activité économique. Donc, on ne peut posséder qu'un principal centre d'intérêt[155]. Dans le cadre de l'exercice de l'activité économique traditionnelle, la détermination de ce principal centre d'intérêt ne soulève pas de difficultés majeures. Il suffit de localiser l'endroit où est établi le fonds de commerce pour découvrir le principal centre d'intérêt[156]. Comment déterminer le principal centre d'intérêt d'un internaute qui effectue des activités commerciales à travers l'Internet ?

Il existe deux instruments de base qui assurent la visibilité de l'internaute au niveau du réseau. Mais, seulement pourront-ils être assimilés à un principal centre d'intérêt ? Est-ce que la page web peut être assimilée au principal centre d'intérêt, compte tenu de son caractère transitoire et temporaire[157] ?

Au demeurant, il convient de se demander si les notions de résidents et de non-résidents gardent encore un sens dans le cadre du commerce virtuel. L'avantage essentiel de l'Internet, par rapport aux canaux classiques de l'activité économique, est qu'il permet à l'internaute d'effectuer des transactions très rapides tout en conservant une certaine mobilité. L'internaute peut, tout en traversant plusieurs pays, réaliser dans le même temps des affaires, grâce à son ordinateur portable ou un autre instrument mobile. Dans ce cas, déterminer sa qualité de résident ou de non-résident revient à élucider la délicate question de savoir quelle est la position géographique exacte de l'internaute au moment où il réalisait la transaction en cause. Ce qui est impossible à déterminer dans l'absolu.

---

[154] ABELS, M. (1998), « Le commerce sur Internet, moyen de paiement et risques afférents », *R.D.A.I,* N°3.

[155] Article 1, Règlement n°09 CM/UEMOA relatif aux relations financières extérieures des États membres de l'Union économique et monétaire ouest-africaine.

[156] Lorsque le suffixe de l'adresse du site web est .com ou net, il est généralement impossible de déterminer le pays de résidence.

[157] CAPRIOLI, Éric (1999, nov.), « Démarches juridiques pour l'ouverture d'un site sur Internet », *Droit et patrimoine*, n° 76, p. 24 et s.

D'où, une invite à un réexamen des notions classiques de base de la législation qui jurent d'avec les réalités du commerce électronique[158].

En ce qui concerne le second aspect de cette remise en cause relatif à l'introduction de nouveaux moyens de paiement, il importe de souligner qu'il existe d'autres moyens de paiement utilisés dans le cadre du commerce électronique, qui diffèrent de ceux classiques[159]. Il s'agit du télé-virement, du télépaiement par carte, des porte-monnaie électroniques et virtuels et des jetons électroniques ou « e-monnaie[160] ».

Le télé-virement consiste en l'émission par le débiteur d'un ordre de virement au moyen d'un terminal connecté au réseau bancaire. Ce moyen de paiement, s'il est, par la rapidité d'exécution des ordres de paiement, adapté au commerce électronique a, néanmoins, pour caractéristique l'ordre de paiement reçu non par le commerçant, mais par l'établissement de crédit auprès duquel le débiteur a un compte bancaire.

Le paiement par carte est un paiement effectué au moyen d'une carte, mais sans proximité entre le créancier et son client, ce dernier émettant l'ordre de paiement au moyen de sa carte à destination du commerçant à partir d'un terminal connecté à un réseau[161].

Les porte-monnaie électroniques et virtuels permettent tous deux de générer un ordre de paiement sur un réseau selon le schéma du paiement par carte[162].

Les jetons électroniques ou « e-monnaie » permettent à leur détenteur de régler une créance de somme d'argent au moyen de données dématérialisées, transmises par réseau directement du donneur d'ordre au bénéficiaire du paiement.

Ces nouveaux moyens de paiement remettent en cause les règles classiques applicables aux moyens de paiement. Mieux, le droit des moyens de paiement découlant des nouvelles technologies ne constitue

---

[158] SEDALLIAN, Valérie (1997), *Droit de l'Internet: réglementation, responsabilité, contrats,* p.221 et s ; CAPRIOLI, E.A. (1997), Le régime juridique des paiements sur l'Internet « Internet saisi par le droit », éd. Des Parques, p. 61 et s.

[159] MOREAU, M. (1996, janvier), « La problématique de la monnaie électronique », *Bull. Banque de France,* n° 25.; CHAPUT, (2/1994), *les techniques modernes de transactions financières et leurs répercussions sur la monnaie,* RID comp., p.389

[160] BREESE, P. BEAURE, G. d'AUGERES, et S.THUILLIER (1997) « Paiement numérique sur Internet », *International Publishing.*

[161] HUET, Jérôme (1991), « Aspects juridiques du télépaiement », *J.C.P* doctr. 3524. ; BENSOUSSAN, Alain, « Les achats par carte bancaire sur Internet », *Maître,* n° 125, p. 12.

[162] SABATIER, Guy (1997, mai), *Le porte-monnaie électronique et le porte-monnaie virtuel,* PUF, collection « Que sais-je ? », p.25.

pas une rupture brutale avec le droit traditionnel des moyens de paiement, mais le renforcement d'une évolution largement amorcée depuis l'apparition de la monétique[163].

Au demeurant, en marge des normes de protection de l'économie, le commerce électronique entièrement dématérialisé contribue également à une remise en cause de celles de régulation de l'économie.

Paragraphe II- L'inadéquation des normes de régulation de l'économie

La régulation est l'autre variante de la mission économique du service des douanes. Il s'agit du rôle naturel de l'administration des douanes, l'organe de régulation de l'activité économique dans un espace donné. Compte tenu de sa position stratégique aux frontières, la douane peut, notamment par le biais de règles précises, organiser le flux des marchandises à l'entrée et à la sortie d'un espace politique et économique donné. Il faut préciser qu'il n'y a pas un hiatus entre les règles de protection de l'économie et celles de régulation de l'économie. Certaines règles peuvent indistinctement être considérées comme étant de protection ou de régulation en fonction de leurs objets et de leurs finalités. C'est seulement pour des raisons de démarche et de pédagogie qu'on a effectué le départ entre ces deux formes de règles. Il convient de relever comme règles de régulation de l'économie, celles relatives aux régimes douaniers économiques et celles sur la concurrence. L'avènement du commerce totalement dématérialisé, pour l'essentiel, rend difficile, voire impossible l'application effective des règles des régimes douaniers économiques (I), mais également celles relatives à la concurrence (II).

I- L'inapplicabilité des règles des régimes douaniers économiques

La notion de régime douanier renvoie à plusieurs significations. Il est possible de relever au moins trois acceptions du concept. En premier lieu, le régime douanier peut être appréhendé comme l'ensemble des situations dans lesquelles peuvent être placées, au regard du droit douanier, les marchandises qui font l'objet d'échanges internationaux. En deuxième lieu, il peut être conçu comme la situation juridique d'une marchandise faisant l'objet d'une déclaration en détail. Enfin, en

---

[163] HAAS, Gérard, « Commerce électronique, paiement et sécurité », *Legicom*, n°12 p. 35 ; ANCEL, P. (1998), *La monnaie électronique : régime juridique*, Droit et monnaie, Litec., p.302 ; CABRILLAC, M. (1985), *Monétique et droit de paiement*, *Mélanges de Juglart.*, p.28

troisième lieu, le régime douanier désigne l'ensemble des dispositions et mesures qui, dans un État, caractérisent et fixent son système douanier, son orientation et sa tendance.

Il s'agit de normes précises comprises sous le label du régime économique qui sont établies afin d'organiser le mouvement des marchandises dans le sens qui préserve le mieux les intérêts nationaux ou communautaires. Ce faisant, les régimes douaniers peuvent être appréhendés comme les régimes destinés à favoriser certaines activités économiques.

Cette acception moderne de la notion de régime économique fait suite à une longue évolution dans l'appréhension du concept. Les régimes économiques étaient, ab initio, connus sous la dénomination de régimes suspensifs pour rendre compte de l'option résolument protectionniste de ces outils. Le vocable régime suspensif servait à désigner tous « *les régimes permettant le stockage, la circulation ou la transformation sur le territoire douanier en suspension des droits, taxes et prohibitions, de marchandises étrangères importées destinées à être réexportées ou versées ultérieurement sur le marché intérieur*[164] ».

Ce faisant, c'est le volet protectionniste des régimes douaniers qui était simplement mis en avant. Cependant, à la suite d'une longue évolution, la vocation économique des régimes douaniers s'est nettement dégagée. Cette mutation économique s'est traduite au plan conceptuel par l'émergence de la notion de régime douanier économique. Ce vocable, plus globalisant de régime douanier économique, permet de préciser la finalité particulière du concept. Les régimes douaniers économiques peuvent être perçus selon le mot du Professeur Claude BERR comme « *des régimes destinés à favoriser le développement de certaines activités économiques (exportation par exemple) et à renforcer la capacité concurrentielle des entreprises sur les marchés internationaux, par la mise en jeu de mécanismes variables selon l'activité considérée (suspension des droits et taxes, octroi anticipé d'avantages fiscaux ou financiers attachés à l'exportation, etc..) et dont les effets ne sont acquis définitivement que si la marchandise a satisfait à certaines obligations également variables selon les régimes* ».

Quels nouveaux visages devront alors adopter les régimes douaniers économiques pour pouvoir s'appliquer aux activités d'échange en ligne ?

---

[164] BERR, J. Claude et H TREMEAU, « le droit douanier », *op.cit.*, n° 462-4.

Il convient de noter que les règles qui régissent ces régimes douaniers économiques, parfaitement fonctionnelles, dans un monde physique et palpable, deviennent caduques quand il s'agit de les appliquer au monde des échanges virtuels et dématérialisés. C'est le cas, notamment, des régimes douaniers économiques en rapport avec les activités commerciales, de ceux liés aux activités industrielles, enfin de ceux liés aux activités de transport.

En ce qui concerne l'étude des régimes douaniers économiques en rapport avec les activités commerciales, elle met, essentiellement, en exergue le régime de l'entrepôt de stockage et celui de l'admission temporaire. Le régime de l'entrepôt de stockage est celui qui «*permet de placer, pour une durée déterminée, dans des établissements soumis au contrôle de l'administration des douanes, des marchandises passibles de droits de douane, taxes, prohibitions ou autres mesures économiques fiscales ou douanières.* ». Cette conception est partagée par le législateur communautaire européen[165], français[166], de l'UEMOA[167] et sénégalais[168].

À l'évidence, placer des marchandises physiques dans des établissements soumis au contrôle du service des douanes ne soulève pas de difficultés majeures, pourvu que les conditions de fond et de forme de l'entreposage soient respectées. En revanche, le régime de l'entrepôt de stockage se révèle inadapté ou d'application difficile, voire impossible dans le cas du commerce électronique.

La finalité du régime de l'entrepôt de stockage est de favoriser la création et l'expansion de marchés internationaux et des centres de stockage, les opérations de négoce et de courtage intéressant le trafic international et le développement des activités industrielles et commerciales des entreprises nationales pour l'exportation[169].

---

[165] L'article 98 du code des douanes communautaire de l'UE définit l'entrepôt de stockage, une perspective purement européenne.

[166] Aux termes de l'article 140 du code français des douanes, « *le régime de l'entrepôt de douane (entrepôt de stockage) consiste dans la faculté de placer des marchandises, pour une durée déterminée, dans des établissements soumis au contrôle de l'administration des douanes.* »

[167] L'article 119 du code des douanes de l'UEMOA qui prévoit le régime de l'entrepôt est différent dans la forme, mais renvoie au fond à la même acception retenue en droit européen et français.

[168] L'article 172 du code des douanes du Sénégal qui définit l'entrepôt contient les mêmes dispositions.

[169] Voir les articles relatifs à la question en droit, communautaire européen et ouest africain et en droit français et sénégalais, déjà cités.

Or, il est manifeste que le commerce électronique ne coïncide pas véritablement avec ces objectifs déclarés, ne serait-ce que du point de vue de la perspective. En effet, dans le commerce en ligne où tout se passe dans le circuit très fermé du cyberespace, il n'est pas possible d'envisager un tel régime. Tout le problème est de savoir où stocker les données numérisées, objet de la transaction.

Comment l'administration des douanes pourrait opérer un contrôle effectif de ces données ? Comment assurer le respect des données numérisées en entrepôt, de même que les règles de forme subséquentes ?

Autant de questions qui, manifestement, ne peuvent pas être résolues dans le cas du commerce électronique direct, compte tenu de sa nature profondément introvertie.

Quid de l'admission temporaire ?

Il nous semble, après analyse, que l'inapplicabilité des règles classiques des régimes douaniers économiques est beaucoup plus flagrante dans ce cas d'espèce. Le régime de l'admission temporaire englobe globalement « *toutes les situations comportant introduction sur le territoire national des marchandises étrangères destinées à être réexportées en l'état, ou qu'on leur fasse au préalable subir une transformation ou un complément d'ouvraison*[170]. ». Cette acception de la notion peut parfaitement être retrouvée, aussi bien dans le droit communautaire européen[171], dans les règles de l'UEMOA[172] qu'en droit national français[173] et sénégalais[174]. Ce régime est fondamentalement incompatible avec le commerce électronique direct pour au moins deux raisons. D'une part, il est impossible de savoir s'il y a véritablement introduction dans le territoire national de quelque chose, donc s'il y a effectivement importation dans le commerce électronique direct. D'autre

[170] BERR, J. Claude et H TREMEAU, *op. cit*, n ° 549.

[171] Aux termes de l'article 137 du code des douanes communautaire européen, « *le régime de l'admission temporaire permet l'utilisation dans le territoire douanier de la communauté, en exonération totale ou partielle des droits à l'importation et sans qu'elles soient soumises aux mesures de politique commerciale des marchandises non communautaires destinées à être réexportées, sans avoir subi des modifications, exception faite de leur dépréciation normale par suite de l'usage qui en est fait.* »

[172] Article 141 du code des douanes de l'UEMOA.

[173] Les articles 169, 170 et 171 du code des douanes fixent les conditions de mise en admission temporaire des marchandises.

[174] L'article 204 du code des douanes du Sénégal comporte des dispositions similaires à celles du droit français ; L'article 105 du code des douanes de l'UEMOA qui traite de la question ne reprend pas les termes, mais perçoit ce régime de façon tout à fait identique.

part, il ne peut y avoir aucun contrôle réel sur l'usage qui a été fait précisément des données numérisées, afin que le service des douanes puisse, à tous les coups, garantir les intérêts du Trésor public.

En ce qui concerne les régimes douaniers économiques et les activités industrielles, l'étude dans le cadre de notre thème ne présente aucun intérêt particulier. Car, ce qui est, ici, en perspective, c'est plus l'aspect circulation et échange de produits que la transformation proprement dite de ces produits, dimension qui est au cœur de la problématique des activités industrielles.

Quant au troisième volet de la relation, à savoir régimes douaniers économiques et activités de transport, son étude non plus ne présente pas un grand intérêt. Tout au plus, on pourrait essayer de voir l'applicabilité des règles du transit aux échanges en ligne. Le législateur sénégalais appréhende la notion, à travers l'article 156, de la façon suivante : « *Le transit est le régime douanier sous lequel sont placées les marchandises transportées sous contrôle douanier d'un bureau de douane à un autre en suspension des droits et taxes, et mesures de prohibition*[175] ».

À l'analyse, il se révèle que les mêmes problèmes pratiques se posent, rendant impossible l'application des règles du transit. Comment déterminer un itinéraire précis à respecter dans le circuit dématérialisé ? Comment apprécier avec exactitude le moment de passage et les modalités de données virtuelles ? Est-il besoin de rappeler que le cyberespace ignore les repères classiques d'espace, de temps et de frontières physiques ?

Autant de réalités et d'interrogations qui rendent vaine toute tentative de contrôle des régimes douaniers économiques.

Tout autant que les règles relatives aux régimes douaniers économiques, celles relatives à la concurrence sont remises en cause.

II- La carence de la législation sur la concurrence

Il n'entre pas dans les attributions principales de l'administration des douanes de veiller au respect de la législation sur la concurrence. Mais de fait, grâce à sa position stratégique au niveau des frontières, elle joue nécessairement un rôle crucial pour le respect de cette législation. Elle peut agir directement ou transmettre les informations recueillies au

---

[175] L'article 125 du code des douanes français précise que « *le transit consiste en la faculté de transporter des marchandises dans un délai fixé et suivant un itinéraire donné, à l'exclusion de la voie maritime, d'un bureau de douane à un autre du territoire douanier, en suspension des mesures de prohibition et des droits et taxes* ».

service compétent pour lutter efficacement contre les pratiques anticoncurrentielles individuelles ou collectives. Ainsi, grâce à un pointage minutieux des statistiques, un contrôle rigoureux des pièces justificatives, elle peut être à même de prévoir des actes anticoncurrentiels à l'image de l'abus de position dominante, les ententes, etc.

Si les faits de pratiques anticoncurrentielles sont avérés, le service des douanes peut agir lui-même, en vertu du nécessaire concours que les services administratifs se doivent de s'apporter mutuellement, conformément à l'article 1er de la loi n° 69-64 du 30 octobre 1969 relative au statut du personnel des douanes du Sénégal[176] ou transférer les informations pertinentes à l'administration concernée[177], afin que celle-ci agisse.

La vérification du respect de la législation sur la concurrence n'est pas aisée dans le commerce en ligne[178]. En effet, dans le monde dématérialisé et ouvert de l'Internet, il est difficile d'avoir la traçabilité des échanges de données numérisées. Ce qui fausse l'application de plusieurs législations, dont celle sur la concurrence. Est-il possible de déterminer une entente ou un abus de position dominante ou toute autre pratique anticoncurrentielle dans le cadre du commerce électronique ?

On peut déceler ces pratiques non-conformes à la législation sur la concurrence, mais, il faut noter que ces pratiques n'empruntent par la même physionomie ni la même contexture que dans un monde physique[179]. D'où, la nécessité de recourir à d'autres méthodes et instruments pour identifier clairement lesdites pratiques pour leur appliquer la sanction adéquate[180].

---

[176] L'article 295 du code sénégalais des douanes précise les formes de concours que l'administration des douanes peut apporter aux autres services.

[177] Cette nécessité de coopération entre les différentes administrations, en droit français où la séparation est nette entre les différents services, n'est pas posée de façon tout à fait claire comme c'est le cas en droit sénégalais pour des raisons historiques et pratiques. Tout au plus, on peut déduire de l'article 324, alinéa 3 qui donne la possibilité de rédiger le procès-verbal « *au siège de la brigade de gendarmerie, au bureau d'un fonctionnaire des finances, ou à la mairie du lieu.* »

[178] GENET, Jean-Pierre (1997, 17 avril), « Comment Internet pourrait bouleverser la distribution des automobiles », *Argus*, p.7.

[179] THIEFFRY, Patrick (1999, 2 nov.), « Le commerce électronique et les réseaux de distribution », *les Échos*, p.8.

[180] MANARA, Cédric (1999), Web et distribution sélective : réseau contre réseau ? Dalloz, n°44, p.725.

L'inadaptation ne touche pas que les règles non-contentieuses, les règles contentieuses ne sont pas épargnées en tant que résultantes du non-respect des premières.

CHAPITRE II

L'INAPPLICABILITÉ DES RÈGLES DE CONTENTIEUX DOUANIER

Le terme contentieux est tiré du mot grec « contentio » qui renvoie à l'idée de différend. C'est un terme générique qui donne lieu à plusieurs acceptions, en fonction de l'objet d'étude. Mais, somme toute, ces différentes appréhensions de la notion gardent une unité profonde du fait de l'idée de litige qui est à la base de tout contentieux, quelle que soit, par ailleurs, la forme qu'il épouse.

Le contentieux douanier peut être conçu à deux niveaux. En premier lieu, au sens organique, le terme contentieux douanier « *englobe l'ensemble des litiges auxquels la Douane peut être partie*[181] ». Cette définition trop large, ne fait pas apparaître toute la spécificité du contentieux douanier. En second lieu, en vertu de la conception matérielle, qui met un accent particulier sur le caractère exorbitant du droit commun de la norme douanière, « *les règles du contentieux sont relatives à la naissance, au déroulement et à la conclusion des litiges ayant pour objet l'interprétation et l'application du droit douanier*[182] ». Cependant, il est à noter que le contentieux douanier, en lui-même, ne se présente pas sous un seul aspect. Ainsi, en fonction de l'objet sur lequel porte le litige, le contentieux revêt un caractère civil ou répressif. Le contentieux civil porte sur la perception des droits et taxes contrairement au contentieux répressif qui, comme l'indique le qualificatif, vise la sanction des infractions douanières[183].

Par ailleurs, il est à noter que les normes qui constituent le droit douanier ont été établies essentiellement dans l'optique d'un monde physique, palpable. Il est évident que des difficultés vont apparaître en ce qui concerne les litiges nés des activités du commerce en ligne. Il n'est pas inutile de se rappeler le caractère dématérialisé et atemporel des technologies de l'information qui se distingue de la civilisation de la

---

[181] BERR, J. Claude et H TREMEAU, *op. cit*, n° 739.
[182] Idem.
[183] CAMARA, Boubacar, « Le contentieux douanier au Sénégal », *op. cit.*, p. 13.

matérialité, clé de voûte des règles de contentieux qui encadrent les opérations d'échanges classiques[184].

Cette inadéquation se ressent surtout au niveau des modalités traditionnelles de l'incrimination douanière (SECTION I), mais aussi dans la mise en œuvre de la responsabilité (SECTION II).

SECTION I : L'INAPPLICABILITÉ DES MODALITÉS CLASSIQUES DE L'INCRIMINATION DOUANIÈRE

La violation de la norme douanière peut emprunter différentes formes. Il est, ainsi, possible d'énumérer la contrebande, l'importation ou l'exportation sans déclaration, la fausse déclaration, l'inexécution des engagements souscrits, l'opposition aux fonctions. La constatation des éléments constitutifs de l'une de ces infractions ne soulève pas de difficultés majeures dans le cadre d'un monde physique et matériel. Même si les modalités de réalisation varient en fonction de la nature de l'infraction il faut noter que ces manquements à la loi douanière se réalisent, pour l'essentiel, à partir du franchissement de la frontière de marchandises d'origine étrangère. Le processus devant aboutir à la sanction de toute infraction passe, avant tout, par la constatation de cette infraction. C'est seulement par la suite que tout le système répressif est mis en branle pour répondre à la violation des dispositions pénales. Ce faisant, la constatation est, alors, l'opération qui consiste à réunir les preuves de l'existence d'une infraction. C'est donc, une étape initiale, mais, décisive dans la sanction de tout manquement à des obligations d'ordre pénal.

Au plan pratique, la constatation revient à réunir un ensemble d'éléments de preuve, susceptible de fonder l'affirmation de l'existence d'une infraction à la loi pénale. Elle nécessite un vaste travail d'investigation et d'assemblage d'éléments matériels constitutifs d'une infraction pénale. Il convient de souligner que le système d'investigation ou plutôt les organes qui ont la charge de mener ces opérations, varient en fonction de la nature du délit à constater. Ainsi, la Police judiciaire « *est chargée de rechercher et de constater les infractions à la loi pénale, d'en rassembler les preuves et d'en rechercher les auteurs tant qu'une information n'est pas ouverte*[185] » pour les délits pénaux de droit commun. En revanche, en ce qui concerne l'infraction douanière, il existe

---

[184] À cet égard, CHASSAING, J-F (1996), rappelle que « *l'Internet est le lieu et le moyen de réalisation de différentes infractions* », in l'Internet et le droit pénal, Dalloz, p.38.

[185] Cf. article 14 de Code de procédure pénale du Sénégal.

un système complet et plus ou moins autonome de constatation, de preuve et de poursuite des infractions, qui ne fait appel au droit commun que dans les cas rares où la procédure douanière ne peut être appliquée ou se révélerait insuffisante.

Toutefois, au plan formel, constater une infraction douanière consiste à consigner les éléments de preuve dans un procès-verbal. La nature du procès-verbal varie en fonction de la nature flagrante ou non de l'infraction. En cas d'infraction flagrante, le procès-verbal, à dresser, est qualifié de procès-verbal de saisie. Par contre, le document établi en cas d'infraction non flagrante porte le nom de procès verbal de constat. Mais, il faut souligner que la qualification de procès-verbal de constat ne s'applique pas uniquement aux infractions non flagrantes.

À ce propos, la tendance d'une certaine jurisprudence à induire l'existence d'un délit en matière d'importation à partir de la seule intention manifeste et reconnue des prévenus, en ignorant le fait matériel de l'entrée de la marchandise ou le franchissement de la frontière, peut être considérée comme obéissant à une politique pénale douanière circonstancielle[186]. Le franchissement du cordon douanier est, pour l'essentiel, le référentiel à partir duquel l'infraction douanière est constatée. Il est évident que les modes de constatation de ces infractions classiques se révèlent délicats dans le cadre des échanges immatériels (Paragraphe I), de même que la qualification, en tant que telle, de ces infractions (Paragraphe II).

Paragraphe I : L'inadaptation des modes classiques de constatation des infractions douanières

La sanction d'une infraction obéit à un processus, marqué en premier lieu par l'étape de la constatation et qui se termine par un règlement soit juridictionnel, soit fondé sur les modes alternatifs de résolution des litiges. Constater une infraction revient à réunir les preuves de son existence. Cela se traduit, au plan pratique, par un travail d'assemblage d'un ensemble d'éléments de preuve devant déboucher sur l'affirmation de la matérialité d'une infraction[187].

---

[186] Aix-en-Provence, 29 mars 1954, Doc. Cont. N° 1099 ; Trib. Corr. Seine, 19 décembre 1956, Doc. Cont. n° 1304 ; Cass. Crim. 27 mars 1968, Doc. Cont. N° 1469.

[187] Cass. Crim. 15 juin 1987, Bull. crim. N° 249, p. 675 ; Cass. crim. 4 décembre 1997, Bull. crim. N°416, p. 1373.

Cette tâche est ordinairement dévolue à la Police judiciaire, aussi bien en droit français[188] qu'en droit sénégalais[189]. Mais, il en va différemment pour les délits douaniers, pour qui le droit douanier a organisé un système complet et efficace de constatation[190], de preuve[191] et de poursuite[192] dans lequel on ne recourt au droit commun que dans les cas où la procédure douanière ne peut être appliquée ou se révélerait insuffisante[193]. Ainsi, la constatation des infractions douanières revient, en général, à en consigner les éléments constitutifs dans un document appelé procès-verbal.

Cette constatation peut emprunter deux canevas bien distincts. En premier lieu, celle-ci peut se faire par le biais d'un procès-verbal de saisie, notamment dans le cas d'une infraction flagrante[194]. En second lieu, la constatation peut s'effectuer par procès-verbal de constat, qui est un procédé qui s'applique aux infractions non flagrantes[195]. Ce départ est bien établi dans le droit douanier traditionnel et est à la base de la distinction entre l'enquête préliminaire (PV[196] de constat) et celle de flagrance (PV de saisie[197]).

Cependant, la mise en œuvre de ces modes classiques de constatation de l'infraction se révèle difficile dans le cas du commerce électronique.

---

[188] Aux termes de l'article 14 du code de procédure pénale français, la Police judiciaire « *est chargée, suivant les distinctions établies au présent titre, de constater les infractions à la loi pénale, d'en rassembler les preuves et d'en rechercher les auteurs tant qu'une information n'est pas ouverte. Lorsqu'une information est ouverte, elle exécute les délégations des juridictions d'instruction et défère à leurs réquisitions.* »

[189] L'article 14 du code de procédure pénale du Sénégal s'est largement inspiré de son pendant en droit français, il en est d'ailleurs ainsi pour la plupart des lois sénégalaises. Le droit français étant la source matérielle du droit sénégalais; Cass. Crim. 7 mars 1994, Bull. crim. N° 89, p. 194 ; Cass. Crim. 1er mars 1994, Bull. crim. N° 80, p. 174.

[190] Article 323 du code des douanes français et article 295 du code des douanes du Sénégal.

[191] Article 373 du code des douanes français et 308 et 309 du code des douanes du Sénégal.

[192] Article 342 à 355 du code français des douanes et articles 315 à 318 du code des douanes sénégalais.

[193] Cass. Crim. 25 janvier 1996, Bull. crim. N°48, p. 115 ; Cass. Crim. 8 avril 1999, Bull. crim. N°73, p. 204 ; Cass. Crim. 11 décembre 1997, Bull. crim. N°424, p.1397.

[194] Cass. Crim. 21 mai 1968, Bull.crim. n°164 p. 398.

[195] Cass. Crim. 3 février 1965, Bull.crim. n°34 p. 73 ; Cass. Crim. 19 février 1964, Bull.crim. n°58 p. 127.

[196] Procès-verbal.

[197] Cass. Crim. 4 décembre 1997, Bull.crim. n°416 p. 1373 ; Cass. Crim. 4 novembre 1965, Bull.crim. n°222, p. 495.

I- La problématique constatation par voie de saisie des infractions en ligne

La constatation par voie de saisie est considérée comme le mode normal de constatation des infractions douanières[198]. Elle consiste, comme son nom l'indique, à appréhender le corps du délit. Cela ne se traduit pas nécessairement par la saisie de la marchandise de fraude ou du véhicule. Il est vrai que la prise directe des biens procure la preuve directe et matérielle de l'infraction, car la plupart des infractions douanières portent sur des marchandises[199]. Mais, ce qui importe, avant tout, dans le cadre de la constatation par voie de saisie, c'est que le procès-verbal soit établi exactement dans les circonstances prévues et conformément aux prescriptions légales[200]. C'est ce qui explique que la procédure puisse être utilisée même si la saisie ne peut être matériellement effectuée soit parce que les objets saisissables échappent à l'emprise du service des douanes par le fait des fraudeurs ou par cas fortuit soit parce que les objets de fraude ne sont pas passibles de confiscation soit enfin parce qu'il s'agit d'une infraction flagrante telle que l'opposition aux fonctions n'ayant pas directement trait à des marchandises[201]. Ici, la distinction entre la saisie fictive et la saisie réelle effectuée par la législation économique n'a pas cours. Le droit douanier considère toutes les saisies comme réelles[202].

Toutefois, des difficultés pratiques ne manquent pas de se poser avec le commerce électronique tel qu'il se manifeste et se développe actuellement. On peut se demander si la saisie est déjà possible dans le commerce en ligne. Peut-on appréhender matériellement le corps du délit ? Face à la dématérialisation en vigueur dans l'Internet, peut-on parler de saisie si ce n'est de saisie fictive ?

---

[198] Cass. Crim. 21 mai 1968, op.cit. ; Cass. Crim. 6 mars 1989, Bull. crim. N° 102, p. 273.

[199] Cass. Crim. 19 octobre 1995, Bull. crim. N° 316, p. 873; Cass. Crim. 25 janvier 1996, Bull. crim. N° 48, p. 115; Cass. Crim. 12 février 1998, Bull. crim. N° 59, p. 160 ; Cass. Crim. 7 mars 1962, Bull. crim. N° 119, p. 249; Cass. Crim. 3 décembre 1964, Bull. crim. N° 326, p. 688.

[200] Cf. les articles 323 à 333 du code national des douanes de la France et les articles 295 à 305 du code des douanes du Sénégal.

[201] Cass. Crim. 2 juin 1986, Bull. crim. N° 185, p. 473 ; Cass. Crim. 21 janvier 1985, Bull. crim. N°31, p.79.

[202] L'article 402 du code des douanes du Sénégal prévoit les cas où la saisie n'a pas pu avoir lieu.

Toujours dans cet esprit, il faut également relever que l'autre difficulté majeure, qui risque de se poser, est dans une certaine mesure, celle de l'efficacité de la saisie si, malgré tout, elle est effectuée. L'objet de la saisie traditionnelle est l'appréhension du corps du délit, mise ainsi à la disposition de l'administration des douanes. À cet égard, la question évidente, qui risque de se poser, est celle de savoir comment mettre à la disposition des agents des douanes des données numérisées sans bloquer le fonctionnement durable d'une société, ou quelques fois d'un pan entier de l'activité dans le cyberespace. Compte tenu de ces préjudices éventuels est-ce que la simple copie de ces données devrait suffire ? Quelle valeur conférer à ces copies ? Quelles sont les conditions d'efficacité et de validité de ces copies ?

Autant de questions qui traduisent un certain désarroi dans la mise en œuvre de la saisie dans le contexte des échanges dématérialisés.

La retenue préventive en garantie du paiement ainsi que la confiscation n'échappent pas aux difficultés que connaît l'exercice du droit de saisie dans le commerce en ligne. La retenue préventive est prévue par l'article 349 du code des douanes français[203]. À l'opposé de la saisie, elle intervient dans tous les cas d'infraction pour sûreté des pénalités encourues jusqu'à ce qu'il soit fourni caution ou versé consignation du montant desdites pénalités[204]. Donc, la retenue préventive diffère de la saisie en ce qu'elle n'a pas pour but de préparer la confiscation des objets retenus, mais simplement de servir de garantie de la créance d'amende de la douane[205]. En outre, selon une jurisprudence constante, elle peut concerner tous les objets affectés à la sûreté des pénalités[206]. Mais, dans le cadre du commerce électronique, cette divergence ne se fait pas sentir, car les difficultés rencontrées sont de même nature et de même portée.

Quant à la confiscation, il faut souligner qu'elle consacre un transfert de propriété au profit de l'État[207]. Elle est prononcée par le tribunal lorsqu'il y a une substitution de marchandises ou lorsqu'il y a une non-représentation ou une différence dans les marchandises représentées ou

---

[203] Son pendant en droit français est l'article 323 du code des douanes.

[204] Cass. Crim. 13 février 1968, Bull. crim. N° 45, p. 108.

[205] Cass. Crim. 16 octobre 1997, Bull. crim. N° 348, p. 1127 ; Cass. com. 22 juillet 1986, Bull. civ. n 165, p. 140.

[206] Cass. Crim. 6 avril 1987, Gaz. Pal., 1988, 2, 573, note PANNIER.

[207] Cass. Com 9 avril 1991, Bull. civ. N°125, p.89; Cass. Com 15 décembre 1987, Bull. civ. n° 272.

enfin lorsqu'il y a refus d'un conducteur d'obéir aux injonctions des agents des douanes. La saisie est une étape précédant la confiscation qui, en quelque sorte, la prépare[208]. Il n'est pas étonnant, dans ce cas d'espèce, de noter une certaine identité au niveau des formes et de la portée des manifestations des problèmes liés au commerce électronique.

Il existe également des difficultés dans la constatation par voie d'enquête des infractions résultant du commerce électronique.

II- La délicate constatation par voie d'enquête des infractions en ligne

La procédure d'enquête est normalement utilisée lorsque l'infraction n'est pas flagrante. Elle est prévue par l'article 306 du code des douanes du Sénégal[209]. Elle présente une certaine identité par rapport à l'enquête préliminaire[210]. Ainsi, elle vise à constater les infractions non flagrantes[211], réunir les preuves complémentaires, procéder à l'identification des auteurs, etc. Mais, il faut préciser que la procédure d'enquête n'exclut en rien la saisie[212]. La jurisprudence a estimé de ce point de vue que « *le procès-verbal relevant les infractions douanières susceptibles de se déduire de faits établis dans la recherche d'un délit de droit commun, ne peut être qualifié de procès-verbal de saisie. Il s'agit en fait d'un procès-verbal de constat quand bien même l'Administration des douanes aurait procédé à la saisie des marchandises suspectées de fraude*[213]. »

La procédure d'enquête est un moyen spécifique de constatation des infractions douanières. C'est ce qui justifie par exemple que le code des douanes français[214] tout comme celui du Sénégal[215] ne lui consacrent qu'un seul article.

À l'origine, seule existait la procédure de saisie, d'où les expressions « *pas de saisie, pas d'action* », « *pas de PV, pas d'action* ». Ce n'est qu'en 1944 que la procédure d'enquête a été expressément introduite

---

[208] Cass. Crim. 18 janvier 1988, Bull. crim. N° 21, p. 54.

[209] En droit français, c'est l'article 334 du code des douanes qui le prévoit en des termes identiques à ceux de son pendant en droit sénégalais.

[210] Article 75 à 78 du code de procédure pénale de la France.

[211] Pour la procédure applicable aux crimes et délits flagrants, se reporter aux articles 53 et 74-1 du code de procédure pénale français.

[212] Cass. Com. 9 avril 1991, Bull. Civ.. N°125, p. 89.

[213] Cass. Crim. 3 février 1965, Bull. crim. N°34, p.73

[214] Article 334 du code français des douanes.

[215] Article 306 du code sénégalais des douanes.

dans le code français des douanes[216], suite au développement du droit de communication et celui de recherche. C'est dire que la procédure d'enquête s'appuie essentiellement sur un ensemble d'investigations (enquêtes, interrogatoires, saisies)[217] que l'administration des douanes effectue dans le but de réunir suffisamment d'éléments de preuve. Il est, alors, loisible d'imaginer que c'est une procédure dont la mise en œuvre ne sera pas aisée dans le monde dématérialisé.

La présence permanente du service des douanes au niveau du « réseau des réseaux » est, certes, une nécessité, mais ne garantit pas toujours l'efficacité des recherches. Mais fondamentalement, ce qui importe d'être souligné, c'est que la procédure d'enquête telle qu'elle se présente dans le monde physique prend un tout autre tournant à l'avènement du commerce en ligne. En effet, comment identifier avec certitude le cybercommerçant dont l'interrogatoire pourrait permettre l'éclatement de la vérité ?

Il convient, enfin, de souligner que les qualifications douanières classiques sont perturbées par le commerce électronique.

Paragraphe II : L'inadaptation des qualifications douanières classiques

L'infraction douanière, pour l'essentiel, se réalise à partir de la traversée frauduleuse des frontières nationales ou communautaires par des marchandises provenant de pays tiers (exception notable, la mise en œuvre des règles de prohibition est effectuée à partir de la mise à la consommation ou l'admission temporaire de marchandises étrangères[218]). Cette transgression de la norme douanière peut revêtir plusieurs formes, quand bien même elle retrouverait une unité profonde au niveau du fait générateur (à l'exception de la contrefaçon[219]). La

[216] Notamment, à travers l'article 334, tantôt cité.

[217] Ces opérations se retrouvent également dans le droit commun et sont fortement encadrées au regard des dispositions tatillonnes des articles du code de procédure pénale sur ce point. Le Procureur de la République doit être présent ou tout au moins être avisé des différentes étapes de la procédure.

[218] Contrairement au code français des douanes qui ne définit en aucun moment la notion d'importation, le code des douanes du Sénégal, notamment à travers l'article 1er, alinéa 12 donne une acception précise de cette notion en admettant que, pour l'application des dispositions relatives à la prohibition, l'importation est considérée comme la mise à la consommation ou l'admission temporaire de marchandises étrangères.

[219] RAMIHONE, Gérard Roger (1987, décembre), *Le droit pénal douanier malgache et l'héritage du droit français, Thèse de doctorat de troisième cycle,* Université Pierre Mendès France, Grenoble 2, 23 p. 13 et s.

violation de la règle douanière peut être qualifiée de contrebande, d'importation ou d'exportation sans déclaration, de fausse déclaration, d'inexécution des engagements souscrits, etc. L'identification de chacune de ces infractions ne pose pas de difficultés majeures et s'effectue à chaque fois que le cordon douanier est franchi, en partant des éléments constitutifs intrinsèques de chacune de ces infractions.

La qualification de ces infractions traditionnelles se révèle délicate dans le cadre du monde immatériel des échanges en ligne qui ignorent totalement la notion de frontière. Cette inadéquation se ressent particulièrement dans le cas de l'infraction de contrebande (I), de celle d'importation ou d'exportation sans déclaration (II) ainsi que de la contrefaçon (III).

I- Le caractère inapproprié du délit de contrebande au monde virtuel

Aux termes de l'alinéa 1 de l'article 387 du code sénégalais des douanes, « *la contrebande s'entend par des importations ou exportations en dehors des bureaux ainsi que pour toute violation des dispositions légales ou réglementaires relatives à la détention et au transport des marchandises à l'intérieur du territoire douanier*[220]. »

En vérité, la notion de contrebande est un terme générique qui réunit un ensemble d'agissements violant la loi douanière[221]. Il est possible de procéder à une énumération de ces actes en s'appuyant sur l'alinéa 2 de ce même article 387 tantôt cité. Ainsi, sont constitutifs des faits de contrebande, les transbordements frauduleux, le franchissement irrégulier des limites du territoire douanier en dehors des routes légales ou par les routes légales fermées au trafic international, les actes viciant la conduite en douane comme le dépassement des bureaux, les soustractions ou substitutions en cours de transport de marchandises expédiées sous un régime suspensif[222], etc. En dehors de ces cas où l'on parle d'infraction de contrebande proprement dite, il existe des situations où la loi assimile audit délit certains actes. Il s'agit, notamment, aux termes de l'alinéa 3 de l'article 387 précité, des « *importations ou exportations sans déclaration*

---

[220] L'article 417, alinéa 1 du code français des douanes est formulé en termes identiques.

[221] Cass. Crim. 26 mars 1984, Bull.crim. n° 125, p. 319 ; Paris 10ème ch. 28 novembre 1973, JCP, G, 1974, IV, 350 ; Cass. Crim. 11 mai 1992, Bull. crim. N° 181, p. 485 ; Cass. Crim. 14 janvier 1991, Bull. crim. N° 22, p. 60 ; Cass. Crim. 2 avril 1998, Bull. crim. N° 128, p. 246.

[222] Ces différents cas sont prévus au niveau de l'alinéa 2 de l'article 387 du code des douanes du Sénégal.

lorsque les marchandises passant par un Bureau de douane sont soustraites à la visite du service des douanes par dissimulation dans des cachettes spécialement aménagées ou dans des cavités ou espaces vides qui ne sont pas normalement destinés au logement des marchandises[223]. ». Ces pratiques ont fait l'objet de sanctions sévères au niveau jurisprudentiel[224]. En dernier lieu, la loi douanière prévoit des situations où l'infraction de contrebande est réputée être constatée. Cela concerne, pour l'essentiel, des déductions fondées sur l'existence d'un faisceau d'indices[225]. Il s'agit, à la lecture des articles 418[226], 419[227], 420[228], 421[229], 422[230] du code français des douanes, du lieu où les marchandises ont été trouvées, de leur nature et situation au regard des formalités douanières[231].

Il apparaît malgré tout, à travers ces dispositions légales, que l'infraction de contrebande est invariablement liée à l'idée d'un franchissement irrégulier des limites du territoire douanier en dehors des routes légales. Qu'il s'agisse de l'infraction de contrebande proprement dite ou des pratiques réputées ou assimilées à elle, cet élément en est le trait caractéristique fondamental. Dès lors, quel sort réserver à ces infractions dans le monde dématérialisé et virtuel des échanges en ligne ? Comment déterminer avec certitude le moment précis où quelque chose a traversé la frontière ? Comment apprécier l'objet de cet échange, dont on n'a aucune idée. En somme, est-il possible d'envisager une infraction de contrebande dans le réseau ?

---

[223] Article 417, alinéa 3 du code français des douanes.

[224] Cass. Crim. 30 janvier 1989, Bull. crim. N° 33, p. 97 ; Cass. Crim. 10 février 1992, Bull. crim. N° 62, p. 150.

[225] La jurisprudence a décidé de ce point de vue que « *la présomption d'importation en contrebande édictée par l'article 49 du code des douanes est une présomption simple qui admet la preuve contraire* », Cass. Crim. 24 septembre 1998, Pourvoi N° J 9781793, arrêt inédit.

[226] Son pendant en droit sénégalais est l'article 388 du code des douanes.

[227] L'article 389 du code des douanes du Sénégal reprend les mêmes dispositions.

[228] Cet article ne trouve aucun correspondant dans le droit douanier sénégalais.

[229] À l'image de l'article 420, l'article 421 ne trouve pas d'équivalent en droit sénégalais.

[230] Le même cas se reproduit ici avec l'article 422 qui n'est pas reproduit en droit sénégalais. Cela est dû certainement au fait que les importations d'animaux domestiques et sauvages, sont fortuites. La seule exception notable se trouve dans les importations massives de moutons des pays limitrophes lors des fêtes de Tabaski.

[231] Cass. Crim. 24 septembre 1998, Bull. crim. N° 265, p. 684 ; Cass. Crim. 14 novembre 1996, Bull. crim, n°410, p.1189.

Au bilan, il apparaît manifestement que l'infraction de contrebande, telle que définie et réprimée dans le monde physique et matérialisé, ne peut être envisagée de la même manière dans l'univers digitalisé du commerce électronique. D'autant qu'il est impossible de tracer l'itinéraire qui va constituer une route légale que les données numériques vont emprunter sous peine de sanction.

Il en est de même de l'infraction d'importation ou d'exportation sans déclaration.

II- Le décalage entre le délit d'importation ou d'exportation sans déclaration et l'univers dématérialisé

Ce délit entre dans le cadre global des infractions portant sur les formalités douanières. L'infraction consiste, au sens premier, à importer ou à exporter des marchandises sans accomplir préalablement les formalités de la déclaration en détail ou sous le couvert d'une déclaration en détail non-applicable[232], à soustraire ou à substituer des marchandises sous douane[233] et enfin à ne pas déposer dans les délais impartis, les déclarations complémentaires[234]. De fait, la déclaration en détail revêt une importance décisive, au regard de la procédure d'importation ou d'exportation. Elle peut être appréhendée comme l'acte par lequel l'importateur ou l'exportateur assigne un régime douanier à la marchandise et s'engage, sous les peines de droit, à se conformer aux dispositions qui régissent ce régime. Donc, c'est la principale source d'information de la douane sur la propriété de la marchandise ainsi que sur son mode de transport et sa destination. D'où, la sévérité du législateur français et sénégalais pour les importations ou exportations sans déclaration.

Par ailleurs, il est à souligner que l'infraction d'importation ou d'exportation sans déclaration ne se présente pas sous une seule forme. Ainsi, une distinction a été opérée entre le délit proprement dit, d'une part, des situations qui lui sont assimilées, d'autre part. En ce qui concerne le premier cas, il s'agit, en l'occurrence, des importations ou exportations de marchandises qui n'ont pas fait l'objet d'une déclaration en détail, de soustractions ou substitutions de marchandises sous douane

---

[232] Article 423, alinéa 1 du code français des douanes repris par l'article 390, alinéa 1 du code des douanes du Sénégal.
[233] Article 423, alinéa 2 du code des douanes français repris par l'article 390, alinéa 2 du code des douanes du Sénégal.
[234] Article 423, alinéa 3 du code des douanes français repris par l'article 390, alinéa 3 du code des douanes du Sénégal.

ou de défaut de dépôt de déclaration complémentaire dans les délais impartis, situations déjà évoquées plus haut[235].

En ce qui concerne le second cas, relatif aux délits assimilés, le législateur intègre diverses situations parfois sans aucun rapport, a priori, avec une absence de déclaration. En parcourant les différents cas d'assimilation, il semble que ce qui est pris en compte, c'est la situation juridique des marchandises[236], le mode de transport[237], le lieu de découverte des marchandises[238] ainsi que l'intention délictueuse[239]. Dans cet ordre d'idées, ont été considérées comme faisant l'objet d'importations ou d'exportations, les marchandises déclarées pour l'exportation temporaire ou pour l'obtention d'un passavant de circulation dans le rayon en cas de non-représentation ou de différence entre lesdites marchandises et celles présentées au départ[240]. Il est, également, loisible d'énumérer dans la catégorie des assimilations la découverte de certaines marchandises à bord des navires suivant le lieu où se trouvent celles-ci[241]. Toujours, dans le cadre de cette assimilation, on peut citer certaines fausses déclarations dont la finalité est soit d'éluder l'application des mesures de prohibition[242] soit d'obtenir un remboursement, une exonération, un droit réduit ou un avantage quelconque, attachés à l'importation ou à l'exportation[243]. On intègre dans cette rubrique les fausses déclarations portant sur l'assiette, la désignation erronée du destinataire ou de l'expéditeur réel, à condition qu'elles soient commises à l'aide de documents faux, inexacts, incomplets ou non-applicables[244]. En dernier lieu, il faut souligner qu'il existe des situations qui ont été assimilées au délit d'importation ou

---

[235] Article 423, du code des douanes français et 390 du code sénégalais des douanes.

[236] Articles 424, alinéa 1, 2 et 3, 426, 427 et 428 du code français des douanes et 393, 394 et 395 du code sénégalais des douanes

[237] Articles 424, alinéa 2 et article 427, alinéa 3 du code français des douanes et les articles 391, alinéa 1 et 3, et 395, alinéa 2 du code sénégalais des douanes

[238] Il faut noter, à cet égard, que le code français des douanes est plus complet que celui du Sénégal, en ce sens que son article 424, alinéa 4 prévoit la situation des « *marchandises trouvées dans les zones franches* » que ne mentionne nullement sont pendant en droit sénégalais, l'article 393.

[239] Articles 425 et 427 du code français des douanes, articles 392, 393 et 394 du code sénégalais des douanes. Cass. Crim. 6 mai 1996, Bull. crim., N° 185, p. 537.

[240] Cass. Crim. 20 juin 1996, Bull crim., N° 267, p. 802.

[241] Cass. Crim. 19 octobre 1995, Bull. crim. N° 316, p. 873.

[242] Cass. Crim. 11 juin 1990, Bull crim. N° 238, p. 611.

[243] Cass. Crim. 13 mars 1997, Bull. crim n°104, p. 342 ; Cass. Crim., 19 novembre 1998, Bull. crim. N° 310, p. 888 ; Cass Crim., 19 juin 1997, Bull. crim. N° 249, p. 822.

[244] Cass. Crim. 31 mars 1999, Bull. Crim n°67, p. 170.

d'exportation sans déclaration sans pourtant, a priori, présenter un quelconque rapport avec une absence de déclaration. C'est le cas, notamment, de l'immatriculation d'automobiles, de motocyclettes ou d'aéronefs sans accomplissement préalable de formalités douanières[245], de même que le détournement de produits pétroliers d'une destination privilégiée au point de vue fiscal[246].

Le commerce dématérialisé bouleverse également les règles classiques de ce délit singulier. La situation qui se présente ici ne diffère pas du cas de la contrebande. Les nouvelles technologies changent complètement la perspective en supplantant la civilisation du physique et du palpable par celle du virtuel et de l'immatériel. Dans cet esprit, il en découle une certaine difficulté aussi bien au niveau de la constatation de l'infraction d'importation ou d'exportation sans déclaration proprement dite qu'au niveau des cas assimilés à cette infraction qui pourtant sont sans rapport, a priori, avec une absence de déclaration. Le monde virtuel, dématérialisé et ouvert de l'Internet n'offre pas vraiment la possibilité de tenir compte de la situation juridique des marchandises, du mode de transport, du lieu de découverte ou de l'intention délictueuse, pour en déduire conséquemment l'existence d'une importation ou exportation sans déclaration. Ce qui est en vigueur dans cet univers virtuel, ce sont plutôt des notions comme celle de bande passante, de routeur, de serveur, d'adresse IP[247], etc.

La conséquence, qui en résulte, entre autres, est la difficulté d'appréhender certaines infractions pourtant banales dans les échanges classiques. Il en est ainsi de l'infraction d'importation ou d'exportation sans déclaration. Dans ce cas précis, en effet, la déclaration en détail qui est une formalité obligatoire et dont le non-respect est sanctionné, perd toute cette rigueur. De fait, il est quasiment impossible d'opérer un contrôle rigoureux des données numérisées et conséquemment, exiger le respect de certaines formalités à l'image de la déclaration en détail. Cette traçabilité ne peut être totalement effective dans le cas du commerce électronique. Le service des douanes peut, dans cette dynamique, assurer un contrôle plus rigoureux des envois postaux qui ont tendance à augmenter suite au développement du commerce électronique[248], mais

---

[245] Cass. Crim. 15 février 1988, Bull. crim. N° 72, p. 189.

[246] Cass. Crim. 7 juin 2000, Bull. crim n°216, p. 641; Cass. Crim. 19 octobre 1995, Bull. crim. N°316, p. 641.

[247] Internet Protocol

[248] Interview de Jacques David, E-commerce : 350 000 colis par mois passent par la poste, in Le Monde de l'Informatique, n°902, 29 juin 2001, p. 16.

pour autant l'infraction d'importation ou d'exportation sans déclaration peut être difficilement constatée et par voie de conséquence sanctionnée dans le monde de l'Internet.

Par ailleurs, la difficulté ne touche pas seulement les infractions liées à la circulation des marchandises. La constatation de certaines infractions, sans rapport évident avec cette mobilité des biens, est perturbée par l'irruption des échanges dématérialisés.

SECTION II : L'INAPPLICABILITÉ DES RÈGLES CLASSIQUES DE LA RESPONSABILITÉ

Établir une responsabilité revient à imputer les conséquences dommageables d'un acte à une personne. En vérité, la responsabilité repose sur un système devant arbitrer entre deux intérêts en conflit. Tantôt, le juste milieu doit être établi entre les intérêts de l'auteur du dommage et ceux de sa victime. Tantôt, c'est l'équilibre entre les intérêts de l'auteur du dommage et ceux de la société qu'il faut préserver. La première situation renvoie à la responsabilité civile qui vise essentiellement la réparation d'un dommage. En revanche, la seconde situation renvoie à la responsabilité pénale dont la finalité première est la punition du coupable[249]. Ainsi, si le premier système juridique ne met en cause que le patrimoine du responsable, le second au contraire, soulève un ensemble de difficultés relatives à la culpabilité des personnes que le législateur souhaite faire tomber sous le coup des sanctions pénales[250].

La mise en œuvre de ce double système de responsabilité se révèle délicate dans l'univers dématérialisé, contrairement au monde physique et matériel, qui préside aux échanges classiques de marchandises. Il convient, dès lors, d'examiner les manifestations de cette dysharmonie au niveau de la responsabilité civile (Paragraphe I) et de la responsabilité pénale (Paragraphe II).

Paragraphe I- L'inadéquation des règles de la responsabilité civile

La responsabilité civile tend à la réparation d'un dommage, et en tant que telle, profite à la victime. En matière douanière, la responsabilité civile n'est engagée qu'à l'égard du Trésor public. Elle englobe la

---

[249] Cass. Crim. 28 avril 1986, Bull. crim. N°142, p. 746.

[250] Cass. Crim. 8 décembre 1998, Bull. crim. N° 367, p. 957 ; Cass. Crim. 2 février 1987, Bull. crim. N° 52, p. 991 ; Cass. Crim. 30 mai 1994, Bull. crim. N° 209, p. 492 ; MAZEAUD, H. et A. TUNK (1965), *Traité théorique et pratique de la responsabilité civile délictuelle et contractuelle*, Paris, Montchrestien, 6ème édition.

responsabilité du fait d'autrui, la responsabilité des propriétaires de marchandises[251] et la responsabilité des cautions[252]. La responsabilité du fait des choses n'est prise en compte par le droit douanier que dans très peu de cas. La responsabilité peut s'étendre à des personnes pouvant être a priori étrangères à la commission de l'infraction, mais qui sont intéressées à la suite de certains engagements. Ces engagements sont matérialisés au plan pratique par la signature. Or, celle-ci soulève d'énormes difficultés en matière de commerce électronique, notamment en ce qui concerne sa validité et son efficacité. En outre, si l'imputabilité de la responsabilité ne soulève pas beaucoup de problèmes dans sa mise en œuvre dans le droit classique de la responsabilité, au contraire, l'imputation se révèle d'application difficile dans le cas du commerce électronique, fondamentalement marqué par la dématérialisation[253].

Le droit de la responsabilité classique ne peut guère s'appliquer dans l'univers virtuel dans les mêmes formes ni selon les mêmes manifestations que dans le monde physique. L'application du droit de la responsabilité au monde numérique implique nécessairement un ensemble de mutations des règles qui définissent et encadrent la responsabilité civile, mais également celles qui organisent la responsabilité pénale. Cela d'autant plus que la réalité de l'univers dématérialisé est telle qu'il existe un foisonnement d'acteurs intervenant en différents endroits, empêchant tout cloisonnement étanche des rôles spécifiques[254]. Comment mettre en œuvre la responsabilité de ces acteurs ? Doit-on se limiter à la responsabilité de l'internaute en cas de préjudice causé au Trésor public ? Ou au contraire doit-on étendre cette responsabilité aux autres intervenants dans le réseau des réseaux ?

---

[251] Article 404 du code des douanes français et article 373 du code des douanes du Sénégal.

[252] Article 405 du code français des douanes et article 374 du code des douanes du Sénégal.

[253](1996, déc), « Responsabilité civile et Internet », *Lamy Droit de l'informatique*.

[254] À ce propos, MANAR, Cédric (2013), précise dans son ouvrage « Droit du commerce électronique », *LGDJ*, qu' « *Exercer une activité en ligne suppose d'abord de recourir à un ensemble d'intermédiaires : plateformes spécialisées, hébergeurs, prestataires de services de cloud computing, régies publicitaires, sociétés d'enregistrement de noms de domaine... Après la mise en lumière de leur importance, vitale, pour le commerce électronique, est étudié le régime particulier de responsabilité de ces intermédiaires. Celui-ci constitue la fondation d'ensemble du commerce électronique : sans la protection aménagée en leur faveur, c'est l'ensemble des activités menées en ligne qui serait affecté* ».

Pour bien mesurer l'ampleur des difficultés, il convient de distinguer la responsabilité civile des fournisseurs de contenant (I) et celle des fournisseurs de contenus (II).

I- Les difficultés d'engagement de la responsabilité civile des fournisseurs de contenant

Cette catégorie regroupe notamment le transporteur ou opérateur de télécommunication, le fournisseur d'hébergement et le fournisseur d'accès. Ces notions inconnues du droit classique se retrouvent au cœur de la réalisation des transactions numériques. En vérité, une question lancinante relative à l'applicabilité du droit de façon générale par rapport à ces nouvelles catégories juridiques se pose. Peut-on retenir la responsabilité de l'opérateur de télécommunication, de l'hébergeur ou du fournisseur d'accès du seul fait de leurs activités ou faut-il leur appliquer le principe de la solidarité de plein droit dans l'optique de garantir les intérêts du Trésor public[255] ?

Le transporteur ou opérateur de télécommunication est un maillon essentiel dans le dispositif permettant de réaliser le commerce électronique. À l'analyse, il apparaît que la plupart des acteurs des échanges dématérialisés sont liés par des relations contractuelles à un opérateur de télécommunication[256]. Pour autant, peut-on engager la responsabilité de cet opérateur de télécommunication lorsque le contenu de l'information cause un préjudice ?

Il convient de se demander si, en application du droit douanier, la responsabilité solidaire de l'opérateur public peut être retenue, car il assure malgré tout le transport de l'information incriminée. Cette solidarité n'est applicable d'office, habituellement qu'en matière commerciale[257]. En matière douanière, tous ceux qui sont concernés par la réparation d'une infraction sont solidaires pour le paiement des pénalités encourues[258]. L'application de cette règle se fait de plein

---

[255] VIVANT, Michel (1999), « La responsabilité des intermédiaires de l'Internet », *JCP*, G, I, 180, spéc. N°8; CA Paris, 10 février 1999, JCP, G, 1999, II, 10101, note Frédéric OLIVIER et Eric BARBRY.

[256] TGI, Nanterre, 8 décembre 1999, *Gazette du Palais*, 11-12 février 2000, p. 2, note Hubert BITAN http//www.droit-technologie.org.

[257] Cass. Crim. 14 novembre 1996, Bull. crim. N°410, p. 1189 ; Cass. Crim., 3 juin 1991, Bull. crim. N° 233, p. 595 ; Cass. Crim. 30 octobre 1997, Bull. crim. N° 364, p. 1222.

[258] Article 406 du code français des douanes et 375 du code des douanes du Sénégal.

droit[259] et constitue, en tant que telle, une garantie de recouvrement[260]. Doit-on, dès lors, en garantie de paiement des intérêts du Trésor public, retenir systématiquement la responsabilité de l'opérateur public ? Ou, alors, faut-il évaluer cette responsabilité au regard de son degré d'implication dans l'opération litigieuse ? En somme, faut-il exonérer le transporteur public de toute responsabilité, ou engager systématiquement sa responsabilité civile en application des dispositions douanières en la matière ou enfin mettre en place des critères à partir desquels cette responsabilité serait engagée ?

Peut-on appliquer le principe de la solidarité de plein droit au fournisseur d'accès dans l'optique de garantir les intérêts du Trésor public [261]?

Le fournisseur d'accès[262] permet au cybercommerçant d'avoir accès au réseau[263]. Il n'est donc pas, en principe, celui qui fournit l'information, il ne fait que la relayer[264]. Peut-on, à ce titre, retenir de plein droit sa responsabilité solidairement au cybercommerçant pour le paiement des pénalités encourues[265] ? Il est vrai que la solidarité est la règle en matière douanière, mais, pour autant, doit-on l'appliquer au fournisseur d'accès dont l'activité principale consiste simplement à connecter les internautes [266]? En définitive, le « provider » est-il concerné par la réparation d'une infraction douanière lors d'une transaction électronique

---

259 Cass. Crim. 29 octobre 1998, Bull.crim. N° 283, p. 814 ; Cass. Crim. 16 mai 1988, Bull.crim. N° 211, p. 551 ; Cass. Crim. 18 février 1991, Bull.crim. N° 82, p. 205 ; Cass. Crim. 10 mai 1990, Bull.crim. N° 181, p. 459.

260 « *Tout le contentieux douanier est ainsi caractérisé par une réaction préventive contre l'impunité dont les fraudeurs pourraient bénéficier s'ils étaient soumis aux règles de droit commun* », Cour de cassation, Chambre pénale, Arrêt n°12 du 1er février 1994, note Mamadou Badio CAMARA.

261 En pratique, la fonction essentielle de ce prestataire de service consiste à fournir au public, à travers des contrats d'abonnement, un service de connexion à Internet, à mettre en place des sites miroirs, ainsi que des serveurs Proxy ; F. SUPUIS-TOUBOUL et Alii , Responsabilité civile et Internet, JCP, éd. E, 1997, I, n°640, spéc.n°13.

262 SPACENSKY-RIFF, Vanina (1999, avril), « Promotion d'un site web et risques encourus », *Légipresse,* II, p.34.

263 Cf. supra, n° 56 à 58.

264 ADER, B. (97, juin), « La loi de 1881 à l'épreuve d'Internet », *Légipresse* II, n°142, p.68.

265 Lamy Droit de l'informatique, août –sept. 1996, le statut des fournisseurs d'accès à Internet, Lamy, Droit de l'informatique, oct. 96, Contrats Kiosque micro fournisseur d'accès à Internet.

266 Lamy, Droit de l'informatique, oct. 96, Un point sur la responsabilité civile et pénale des producteurs et diffuseurs d'informations électroniques.

du seul fait qu'il a assuré la connexion de l'auteur de l'infraction au « world wide web » ?

Ces questions ne sont, en vérité, que la traduction d'un certain désarroi du droit de façon générale et particulièrement le droit douanier face à l'émergence de cette nouvelle forme d'échanges avec des acteurs et des opérateurs atypiques.

Peut-on retenir la responsabilité solidaire[267] des hébergeurs au simple motif de stockage d'informations dont ils ignorent totalement le contenu, même pour garantir les intérêts du Trésor public[268]?

Aux termes de l'article 373 du code des douanes du Sénégal « *les propriétaires des marchandises sont civilement responsables du fait de leurs employés en ce qui concerne les droits, confiscations, amendes et dépens*[269] ».

La détermination de la relation employeur et employé ne suscite pas de difficultés majeures dans le cadre de l'exercice de l'activité économique traditionnelle d'échanges. Il suffit de se reporter à la prestation de travail pour être édifié. À défaut, le juge se devra d'identifier un ensemble de faisceaux d'indices qui tendent à prouver l'existence d'un lien de subordination en contrepartie d'une rémunération, pour qualifier la relation de contrat de travail. En revanche, la difficulté apparaît avec les contrats de travail conclus dans le cadre du fonctionnement normal de l'Internet. Peut-on assimiler les fournisseurs de contenant à des employeurs et conséquemment engager leur responsabilité civile, solidairement aux usagers ? Doit-on étendre le principe d'exonération de responsabilité aux autres fournisseurs de contenant que sont les fournisseurs d'accès à l'Internet, les hébergeurs de site Web et enfin dans une certaine mesure les fournisseurs d'outils de recherche et d'hyperliens[270] ? Faut-il spécifier des cas où l'exonération de

---

[267] BOURGEOS, C. et A. LIVORY (1999/3), « Éléments de réflexion sur la responsabilité du fournisseur d'hébergement », *Droit de l'informatique et des télécoms*, p. 116

[268] La jurisprudence française pose le principe d'une véritable responsabilité de l'hébergeur qui a selon l'ordonnance de référé rendue par le TGI de Pris, le 9 juin 1998 « *l'obligation de veiller à la bonne moralité de ceux qu'il héberge.* » cf. http://www.eridia.com/cbalise/actu_250199.cfm.

[269] Son pendant en droit français est l'article 404 du code des douanes.

[270] BOURDONCLE, François et Patrice BERTIN (2000, février), « Un moteur de recherche comment ça marche ? » *La recherche*, p.69 ; MANARA, Cédric (1999), « Navigation sur Internet : la pratique du référencement d'informations », Dalloz Affaires, Chronique, p. 1274 ; CURTELIN, Christophe (1999/3), « L'utilisation des liens hypertextes, des frames ou des méta-tags sur des sites commerciaux », *Droit de l'informatique et des Télécoms*,

responsabilité de principe doit être de rigueur, par exemple, toutes les fois que le prestataire s'est contenté de son simple rôle technique et qu'il n'a, aucunement, contribué à déterminer le contenu du site litigieux[271] ? Mais également, faut-il préciser des situations dans lesquelles la responsabilité doit être retenue ?

Ces questions font sentir la nécessité de préciser davantage les conditions d'engagement de la responsabilité des prestataires techniques. Le risque immédiat est de voir ceux-ci se comporter en véritables censeurs de l'Internet pour éviter que leur responsabilité ne soit engagée.

II- Les difficultés dans l'imputation de la responsabilité civile aux fournisseurs de contenus

En ce qui concerne les fournisseurs de contenus, il s'agit essentiellement du fournisseur de services et de l'internaute. Le fournisseur de services est l'émetteur d'un flux informationnel. Sa responsabilité peut-elle être engagée ?

Quant à l'internaute, il peut revêtir une double casquette au niveau du réseau. Il peut être soit un consommateur passif, soit un fournisseur de contenus informationnels. Toute analogie avec les médias traditionnels dont les acteurs, les émetteurs d'informations sont identifiés et le plus souvent autorisés, doit être écartée, car l'Internet fait de chaque utilisateur un émetteur potentiel d'informations et par conséquent un responsable potentiel. En ce qui concerne la première hypothèse dans laquelle l'internaute est vue en sa qualité de consommateur d'informations, quel régime de responsabilité lui appliquer ? D'un autre côté également, il convient de se demander, dans la seconde hypothèse qui concerne la situation où l'internaute devient auteur du contenu informationnel quel régime de responsabilité lui appliquer ? Dans quelle situation sa responsabilité civile devra être engagée ? Quelles sont les causes exonératoires de responsabilité à son endroit ?

---

p.6 ; ROJINSKY, Cyril (2000, janvier), « Un clic de trop, le droit menace-t-il les hyperliens ? » *Expertises*, p.340 ; STAUB, Sylvain (1998, novembre et février 1999), « Les incidences juridiques des liens hypertextes », p.20.

[271] C'est ainsi que la Cour d'appel de Paris a estimé à bon droit qu'en offrant, comme en l'espèce, d'héberger et en hébergeant de façon anonyme, sur le site attern.org qu'il a créé et qu'il gère, toute personne en fait la demande aux fins de mise à disposition du public de signes ou de signaux, d'écrits de toute nature qui n'ont pas le caractère de correspondances privées, LACAMBRE, Valentin excède manifestement le rôle technique d'un simple transmetteur d'informations. Cf. CA. Paris, 10 février 1999, http://www.legalis.net .

Paragraphe II- L'inadéquation des règles de la responsabilité pénale

La responsabilité pénale tend à la punition du coupable. Elle frappe ce dernier dans sa personne ou dans ses biens. La personne ayant commis l'infraction peut subir des peines d'emprisonnement en plus des sanctions pénales pour la réparation de l'infraction. Encore faut-il que cette personne puisse correctement être identifiée[272].

La détermination du responsable de l'infraction pénale ne suscite pas de difficultés majeures dans le cadre du droit pénal douanier classique. À cet égard, le droit douanier procède à une énumération exhaustive de toutes les personnes dont la responsabilité pénale peut être retenue à quelque titre que cela puisse être. Cette identification est parfois très aisée. Dans les cas où il peut subsister quelques difficultés, le droit douanier a recours à des présomptions ou à des notions qui ont un champ d'application extrêmement étendu telle que celle d'intéressé à la fraude[273]. En revanche, la dématérialisation consubstantielle au commerce électronique pose quelques difficultés dans l'identification du responsable de l'infraction pénale, notamment douanière. Le droit douanier classique désigne avec exactitude un certain nombre de personnes dont la responsabilité pénale peut être retenue dans la sanction d'une infraction. À cet égard, ce droit prévoit trois catégories juridiques. Il s'agit des auteurs, des complices et des intéressés à la fraude, notion exclusive au droit douanier qui traduit son caractère exorbitant[274].

Il convient alors de voir, dans ce qui suit, d'une part, les difficultés dans la détermination de la responsabilité des fournisseurs de contenant (I), et d'autre part, les incertitudes dans la mise en œuvre de la responsabilité des fournisseurs de contenus (II).

I- Les difficultés dans l'imputation de la responsabilité pénale aux fournisseurs de contenant

Les fournisseurs de contenant peuvent-ils être considérés comme complices, auteurs ou intéressés à la fraude ?

---

[272] PARISIEN, Serge et Pierre TRUDEL (1996), *L'identification et la certification dans le commerce électronique*, Cowansville, les Éditions Yvon BLAIS INC. p.45 et s.

[273] La responsabilité pénale découlant d'une fausse déclaration en douane incombe à tout participant à l'accomplissement de cette formalité qu'il ait été ou non agréé en douane à titre personnel. Cf. Cass. Crim. 10 février 1992, Bull. crim. N°62, p. 150.

[274] Cass. Crim. 18 décembre 1986, Bull. crim. N° 380, p. 994; Cass. Crim. 6 août 1996, Bull. crim. n°304, p. 917; Cass. Crim. 2 avril 1998, Bull. crim. N° 128, p. 346; Cass. Crim. 1er octobre 1998, Bull. crim. n° 245 p. 709.

Au sens de la norme douanière, le système de responsabilité des auteurs repose sur la notion d'auteur apparent. Celle-ci intègre un ensemble de personnes dont la responsabilité est retenue en raison de leur participation, leur situation ou rôle[275] dans la réalisation d'une infraction douanière[276]. Stricto sensu, l'auteur d'une infraction douanière est celui qui commet l'acte matériel ou qui s'abstient d'exécuter une obligation légale. C'est le cas par exemple du détenteur qui est réputé responsable de la fraude aux termes de l'article 363 du code sénégalais des douanes[277]. C'est celui qui détient matériellement les marchandises litigieuses, qu'il en soit ou non propriétaire[278]. Si une telle conception ne soulève apparemment pas de difficultés majeures quant à son applicabilité dans le cadre du commerce traditionnel, il n'en va pas de même pour le commerce électronique via l'Internet. On peut légitimement se demander qui, a priori, est le détenteur dans un échange de données numérisées par le biais de pages web. Peut-on assimiler l'opérateur de télécommunication à un détenteur dans le processus d'échanges ?

Quid du fournisseur d'hébergement et du fournisseur d'accès ? Surtout qu'il importe peu que le détenteur n'ait pas la propriété des marchandises encore moins la possession civile ou qu'il soit détenteur par simple obligeance ou à son insu. L'article 392, tantôt cité, ne nous éclaire que faiblement sur la question. Il pose à travers son alinéa 2[279] les conditions d'exclusion de la responsabilité du transporteur public en tant que détenteur. Doit-on assimiler cette situation à celle du transporteur public, dont la prestation consiste à assurer le transport de l'information dans les échanges numérisés et considérer que ces conditions s'appliquent également pour une exonération de responsabilité de ce dernier ?

Autant de questions d'actualité sur lesquelles aussi bien le code français que sénégalais des douanes sont restés muets, et qui se posent pourtant avec acuité avec le développement très marqué du commerce électronique.

---

[275] Cf. articles 363 à 368 du code des douanes du Sénégal.

[276] Cass. Crim. 23 janvier 1997, Bull. crim. N° 33, p. 96 ; Cass. Crim. 12 novembre 1986, Bull. crim. N° 333, p. 852.

[277] Son pendant en droit français est l'article 392, alinéa 1 du code des douanes.

[278] Cass. Crim. 3 février 1981, JCP, E, 1981, I, 1001 ; Cass. Crim. 29 mai 1997, Bull. crim. N° 214, p 699 ; Cass. Crim. 9 octobre 1997, Bull. crim. N° 330, p. 1093.

[279] L'article 363, alinéa 2, du code sénégalais des douanes reprend les mêmes dispositions.

Toujours dans la détermination de la personne responsable pénalement des infractions en ligne, on peut se demander, compte tenu du rôle que jouent les fournisseurs de contenant qui mettent en place l'infrastructure nécessaire à la mise en œuvre des échanges dématérialisés et qui assurent dans une certaine mesure la direction de ces échanges, si on peut procéder à des assimilations par rapport à des situations existant dans le droit pénal douanier traditionnel. Dès lors, des questions ne manquent pas de se poser. Peut-on, donc, assimiler la situation de ces fournisseurs de contenants à celle des capitaines de navires et commandants d'aéronefs dont les rôles présentent une certaine similitude dans le contrôle des opérations et retenir conséquemment leur responsabilité au titre des articles 364[280] et 365[281] du code des douanes du Sénégal ?

Également, d'un autre point de vue, il faut souligner que les fournisseurs de contenants sont amenés dans leurs tâches réciproques, à être les intermédiaires entre les différents autres acteurs du Net. Pour autant, peut-on les assimiler à des commissionnaires au sens de l'article 367 du code des douanes du Sénégal[282] et engager conséquemment leur responsabilité ?

Par ailleurs, il est légitime de se demander dans la même mouvance si le fournisseur de contenant ne peut pas être considéré comme un complice au sens du Code de procédure pénal sénégalais[283]. À travers ces articles, le complice est appréhendé comme la personne qui sciemment, par aide ou assistance, facilite la préparation d'une infraction ou contribue à ce qu'elle soit commise. Compte tenu de la position stratégique des fournisseurs de contenants, qui, selon le cas, assurent le transport de l'information dans les échanges numérisés, permettent, à titre gratuit ou onéreux, le stockage direct et permanent pour la mise à la disposition du public de signaux, d'écrits, d'images de sens ou de messages de toutes natures accessibles par ces services ou l'accès à l'Internet, il importe de se demander s'il faut d'office relever leur responsabilité comme complice ou, est-ce l'élément intentionnel qui est nécessaire ?

[280] Son équivalent en droit français est l'article 393 du code des douanes.

[281] L'article 394 du code français des douanes est libellé en termes identiques.

[282] Ces dispositions sont identiques à celles contenues dans l'article 396 du code français des douanes.

[283] Articles 121-6 et 121-7 du Code pénal français.

Enfin, la notion particulière au droit douanier d'intéressé à la fraude permet-elle de retenir à coup sûr la responsabilité des fournisseurs de contenants ? L'hypothèse est d'autant plus envisageable que l'article 370 du code sénégalais des douanes qui régit la question de l'intéressé à la fraude est libellé en des termes très larges qui permettent d'inclure dans cette catégorie plusieurs acteurs[284]. En effet, l'article prévoit, à côté des situations constitutives d'intérêt à la fraude, celles qui peuvent être réputées comme tel. Peut-on ranger les fournisseurs de contenants dans la première rubrique ? Est-ce que, c'est la seconde rubrique qui convient le mieux, qui met en œuvre la responsabilité, au titre d'intéressé à la fraude, à partir de son statut (entrepreneurs, assureurs, assurés, bailleurs de fonds, propriétaire de marchandises), de son action ou enfin de son intention ? Peut-on ranger les fournisseurs de contenant dans l'une de ces situations ? Ou faire déduire leur intérêt à la fraude du caractère stratégique de leur intervention dans le processus d'échanges numérisés ?

II- Les incertitudes dans la mise en œuvre de la responsabilité pénale des fournisseurs de contenus

En ce qui concerne la responsabilité pénale des fournisseurs de contenus, elle concerne particulièrement le fournisseur de services et l'internaute. Le fournisseur de services est l'émetteur d'un flux informationnel. En réalité, le rôle que le fournisseur de services est susceptible de remplir dans le processus d'échanges informationnels dans le cadre des échanges dématérialisés est très complexe. En effet, le fournisseur de services peut assumer diverses fonctions et être non seulement producteur d'informations, diffuseur d'informations, mais également propriétaire du serveur, fournisseur d'accès[285]. À quel titre sa responsabilité peut-elle être engagée ? Il est évident que lorsque le fournisseur de service se comporte comme un producteur d'informations, on peut envisager l'hypothèse de le considérer comme un auteur. Pour autant les qualifications de complice et d'intéressé à la fraude peuvent-elles être retenues ? La qualification d'auteur est-elle bien pertinente dans ce cas ?

En définitive, quelle politique pénale douanière mettre en place pour sanctionner les violations de la loi douanière dans le cadre du commerce

---

[284] Dans le cadre français, c'est l'article 399 du code des douanes qui régit la question.

[285] Cass. Crim. 17 novembre 1992, JCP, 1993, édition G, IV, 598 ; TGI Nanterre, 8 décembre 1999, http://www.juriscom.net ; THOUMYRE Lionel, et Thibault VERBIEST, (1999, 25 février), « Le mannequin et l'hébergeur », juriscom.net, http://www.juriscom.net .

électronique ? Doit-on être plus sévère quand le fournisseur de service est producteur ou diffuseur d'informations ? Quelle solution retenir quand il est simplement diffuseur d'informations ?, doit-on le considérer comme auteur, complice ou intéressé à la fraude ?

Le second acteur, considéré comme un fournisseur de contenus, est l'internaute. À l'image du fournisseur de services, ce dernier peut observer une double attitude dans le processus d'échanges informationnels. D'une part, il peut jouer un rôle passif en se comportant comme un consommateur passif ou à l'opposé, jouer un rôle réellement actif, celui de fournisseur de contenus informationnels, d'autre part. Dans quelle situation sa responsabilité est engagée comme auteur, complice ou intéressé à la fraude ?

TITRE II

L'APPORT DE LA DÉMATÉRIALISATION AU TRAITEMENT DOUANIER DES ÉCHANGES COMMERCIAUX

Dans la plupart des pays, le dédouanement repose actuellement sur un réseau informatique qui assure la réalisation des opérations du commerce extérieur. Pour encourager le recours aux technologies de l'information,[286] l'Organisation mondiale des douanes met à la disposition des États, des instruments pour l'implémentation et l'encadrement de leurs solutions informatiques[287]. Il est vrai que le niveau d'utilisation des technologies de l'information dans les procédures douanières varie cependant en fonction des États. Pour certains pays, c'est juste l'automatisation de certaines procédures, qui se traduit par une coexistence entre des formalités effectuées de façon manuelle avec des procédures dématérialisées. Dans ce système, le papier subsiste à des étapes du processus de dédouanement et n'est plus de mises pour d'autres. Pour d'autres pays, en revanche, c'est la dématérialisation intégrale des procédures douanières, caractérisée par l'absence de tout document papier dans le processus. La collecte et le routage des documents numérisés se font de façon électronique, de même que le contrôle effectué par l'administration des douanes et les visas en vue de l'enlèvement.

Quel que soit le niveau d'appropriation des technologies de l'information par les États, il reste que la dématérialisation ou l'absence de papiers et de procédure physique qu'elle induit, constitue un avantage non-négligeable dans le traitement douanier des opérations du commerce extérieur. Ces réseaux informatiques assurent une connexion des différents acteurs qui interviennent dans le processus de dédouanement. Ainsi, chacun, en ce qui le concerne, intervient dans le réseau informatique pour effectuer les tâches qui lui sont dévolues. Ce faisant, la dématérialisation des systèmes informatisés est d'un grand apport pour l'amélioration des procédures de dédouanement. En effet, elle permet de les simplifier davantage (CHAPITRE I) et contribue à la rationalisation du contrôle douanier (CHAPITRE II).

---

[286] Le recours aux technologies est une constante qu'on retrouve notamment dans tous les instruments juridiques de l'OMD, notamment la Convention de Kyoto révisée, le Cadre des normes SAFE.

[287] Cf. Guide de l'OMD pour le guichet unique, http://www.wcoomd.org.

CHAPITRE I

LA SIMPLIFICATION DES PROCÉDURES DOUANIÈRES

L'administration des douanes a défini un ensemble de règles procédurales obligatoires dont la finalité est d'encadrer les marchandises d'origine étrangère, depuis leur entrée dans le territoire douanier, jusqu'à leur utilisation finale (mise à la consommation, régime suspensif ou transit). Ces règles de procédure orientent de bout en bout la chaîne de dédouanement. Le maître-mot qui préside actuellement à la mise en œuvre des procédures douanières est la simplification[288]. La simplification est, à côté de la sécurisation des échanges internationaux, l'une des variantes de la nécessaire dynamique pour l'effectivité et, au-delà, l'accroissement du commerce mondial. La simplification consiste pour le service des douanes à réduire à leur plus simple expression les péripéties de son intervention de façon à ne pas entraver substantiellement le commerce international de marchandises. Dans cet esprit, la simplification est une modalité particulière dans cet ensemble global que constitue la facilitation des échanges, dont la mise en œuvre intégrale contribue sensiblement à limiter l'action douanière dans les transactions commerciales au niveau mondial.

La dématérialisation est un facteur déterminant pour la simplification des procédures douanières. En effet, elle a permis au service des douanes d'assouplir les procédures classiques (SECTION I), mais également a favorisé la mise en œuvre des procédures simplifiées (SECTION II).

SECTION I : L'ASSOUPLISSEMENT DES PROCÉDURES DOUANIÈRES CLASSIQUES

La dématérialisation des formalités a beaucoup contribué à l'assouplissement de procédures douanières. Les réseaux informatiques ont introduit un changement de perspective très positif dans ce dispositif

[288] Facilitation du commerce, 10 juillet 2003, http:// www.strategic.ic.gc.ca; L'Organisation mondiale des douanes fait de la facilitation des échanges, un impératif que les États membres se doivent de réaliser. Après avoir été introduite dans les négociations depuis la Conférence ministérielle de Singapour en 1996, la question de facilitation des échanges est devenue obligatoire depuis la Conférence ministérielle de Bali, en 2013.

de dédouanement en rendant certaines formalités jadis obligatoires, facultatives pour certaines, inutiles pour d'autres. Cette simplification se retrouve aussi bien au niveau des formalités à l'importation (Paragraphe I), que des formalités à l'exportation (Paragraphe II).

Paragraphe I : L'allègement des formalités à l'importation

Les marchandises introduites sur le territoire douanier national doivent être conduites sans délai par la personne qui a procédé à cette importation au plus proche bureau ou poste des douanes, en utilisant le cas échéant la voie déterminée par la loi douanière et selon des modalités qu'elle a fixées afin qu'elle puisse les prendre en charge. Ces règles qui encadrent les marchandises à partir de son passage du cordon douanier sont connues sous le terme technique de police douanière. À cette première succède une autre qualifiée d'attente de dédouanement.

La virtualité qu'induisent les systèmes informatisés permet de simplifier les formalités de la police douanière (I) et de l'attente de dédouanement (II).

I- La simplification de la police douanière

L'objet principal de la police douanière est d'amener les transporteurs des marchandises à les faire passer par les bureaux de douane aux fins de les y déclarer, en vue de permettre l'examen, par les agents de douane, du respect de la législation portant sur les échanges de façon générale. Ce faisant, elle comporte deux étapes majeures. Il s'agit de la conduite (A) et de la mise en douane (B).

A- La conduite en douane

La conduite en douane correspond techniquement à l'étape où les marchandises sont acheminées à un bureau des douanes. Les biens faisant l'objet d'une opération d'importation doivent être présentés au service des douanes aux fins de contrôle. Le droit positif douanier fait peser sur l'importateur l'obligation de conduire et de présenter ses marchandises à un bureau de douane. Cette obligation découle, en droit sénégalais des articles 70 et 71 pour le transport par voie maritime, 77 pour le transport par voie terrestre et 79 pour le transport par voie aérienne[289]. Elle prend naissance à partir du moment où la marchandise franchit la frontière, cela pour éviter qu'elle ne soit frauduleusement versée sur le marché intérieur juste après son introduction dans le territoire douanier. À cet effet, la

[289] Leurs pendants en droit français sont les articles 69 et 70 pour le transport par voie maritime, 75 pour le transport par voie terrestre et 78 pour le transport par voie aérienne.

norme douanière a prévu un ensemble de règles procédurales destinées à orienter l'importateur pour acheminer, sans grand encombre, les marchandises aux lieux où elles doivent subir un contrôle[290]. Compte tenu de l'importance de cette étape initiale dans le processus de dédouanement, le droit processuel douanier a prévu un ensemble de dispositifs normatifs très stricts destinés à accompagner la chaîne de dédouanement, particulièrement cette première phase dans le dédouanement. Cet ensemble de règles d'encadrement, du reste très rigide, s'applique en fonction du mode de transport utilisé.

En cas d'importation par voie maritime, les marchandises, qui constituent la cargaison d'un navire, doivent être inscrites sur un document appelé manifeste ou état général du chargement du navire. Ce manifeste est daté et signé par le capitaine du navire et est établi avant l'arrivée du navire dans la zone maritime du rayon. Il doit, notamment, préciser la nature des marchandises, leur espèce, le nombre, les marques, les numéros des colis, enfin le lieu de chargement et de destination[291]. Le législateur est conscient de l'importance de ce document dans la chaîne du dédouanement. C'est pourquoi, il a prévu un ensemble de règles tatillonnes qui encadrent son établissement[292]. Le droit processuel douanier fait obligation de mentionner dans le manifeste, les marchandises prohibées par la loi tarifaire ou à titre absolu sous leur véritable domination par nature et espèce, en justifiant la prohibition quant à l'espèce ou la qualité des marchandises[293].

En vérité, l'opération de conduite en douane revêt, à plus d'un titre, un caractère inquisitoire tant elle comporte des formalités très pointues dont le respect est obligatoire sous peine de sanctions. Dans cet esprit, même

---

[290] Compte tenu de l'importance de cette étape dans le processus de dédouanement, mais surtout de sa délicatesse les législateurs français et sénégalais ont prévu un ensemble de règles très tatillonnes pour encadrer entièrement toutes les opérations devant intervenir dans cette phase.

[291] Aux termes de l'article 68 du code des douanes français « *les marchandises arrivant par mer doivent être inscrites sur le manifeste ou état général du chargement du navire. Ce document doit être signé par le capitaine; il doit mentionner l'espèce et le nombre des colis, leurs marques et numéros, la nature des marchandises et les lieux de chargement. Il est interdit de présenter comme unité, dans le manifeste, plusieurs colis fermés réunis de quelque manière que ce soit. Les marchandises prohibées doivent être portées au manifeste sous leur véritable dénomination, par nature et espèce* » ; L'article 62 du code des douanes du Sénégal reprend les mêmes dispositions.

[292] Cf. Les articles 68 du code français des douanes et 62 du code des douanes du Sénégal.

[293] Voir article 68 pour la France et 62 pour le Sénégal, op.cit.

les marchandises de pacotilles appartenant aux membres de l'équipage ainsi que les provisions de bord doivent être reprises dans des manifestes spéciaux, précise l'article 68 du code des douanes du Sénégal[294]. De même, en ce qui concerne le phénomène de la conteneurisation, obligation est faite de faire ressortir pour chaque conteneur le nombre de colis et la nature des marchandises ou bien mentionner la référence aux documents d'expédition dont une copie sera jointe au manifeste. Par ailleurs, il pèse sur le capitaine du navire l'obligation de détenir par-devers lui, le manifeste dès l'entrée du navire dans la zone maritime du rayon des douanes[295]. Cependant, cette obligation ne revêt pas, en tant que telle, un caractère rigide, son application varie en fonction de la capacité du navire en cause. Ainsi, dans la pratique, l'obligation de détention ne concerne que les navires de moins de 10 tonneaux de jauge par mètre. En effet, pour ces types de bateaux, le faible tirant d'eau permet un accostage en dehors des ports, d'où une possibilité de débarquement frauduleux. L'application rigoureuse de l'obligation de détention de manifeste est, justement, pour annihiler tout risque de fraude. Mais, pour les autres bâtiments, il est admis que le manifeste puisse parvenir directement par la voie choisie par l'armateur.

La contribution des systèmes informatiques de collecte des données est d'une importance non négligeable pour le respect de cette formalité. Ces systèmes permettent au commandant de bord d'un navire de transmettre, en un temps record, toutes les informations pertinentes à l'administration des douanes. Celle-ci peut, désormais, anticiper dans le traitement des marchandises à bord, bien avant l'arrivée du navire. Ce qui constitue un avantage certain, en termes de gain de temps de prévisibilité, etc. D'un autre point de vue, ces systèmes informatisés contribuent à rendre cette procédure plus flexible dans bien des cas. Il n'est plus besoin d'instituer des règles de procédures contraignantes, car les agents des douanes disposent au niveau de leurs terminaux de toutes les informations que le capitaine de navire a bien voulu leur transmettre à l'avance. Le contrôle exercé par la douane à l'arrivée du navire est plus souple du fait qu'elle a eu les informations nécessaires bien avant.

Cependant, il arrive des situations où, malgré l'envoi anticipé des informations pertinentes, le contrôle douanier est strict à l'arrivée, comme c'était le cas bien avant l'irruption des réseaux informatiques. Cet état de fait correspond aux situations de fraude ou de soupçon de

---

[294] Article 72 du code français des douanes.
[295] Cf. article 70 du code des douanes du Sénégal.

dissimulation d'informations ou de disposition de renseignements alarmants. Cela étant, les agents des douanes qui montent à bord peuvent effectuer rapidement les contrôles nécessaires, puisque disposant de toutes les informations avant l'arrivée du navire. Ainsi, dès la présentation de l'original du manifeste, à la première réquisition, ceux-ci peuvent rapidement confronter les informations contenues dans ce document avec celles qu'ils détiennent et ensuite apposer le visa NE VARIETUR[296]. Ce visa interdit de faire toute adjonction ou soustraction ultérieure de marchandises.

En ce qui concerne le transport aérien, il est à rappeler que les aéronefs qui effectuent un trafic international doivent, pour franchir la frontière, suivre la route aérienne que les règles générales de la sécurité aérienne imposent[297]. La conduite en douane des marchandises importées par voie aérienne signifie que le convoyeur suive la route aérienne, se pose sur une aire d'atterrissage douanière et, enfin, reprenne sur un manifeste signé par le commandant de bord, l'ensemble des marchandises transportées[298]. La route aérienne est établie en fonction des conditions météorologiques, de la densité du trafic aérien ainsi que des mesures de prohibition de survol de certaines zones pour raison de sécurité. Ensuite, l'aéronef ne doit atterrir que dans un aéroport douanier, sauf cas de force majeure dûment justifiée. La notion d'aéroport douanier s'entend ici comme tout aéroport dans lequel il y a une présence permanente (aéroport douanier permanent) ou temporaire (aéroport douanier intermittent) du service des douanes. Les déchargements et jets de marchandises en cours de route sont en principe

[296] L'article 63 du code des douanes du Sénégal présente à cet égard une innovation importante en distinguant bien le manifeste sur support papier du manifeste électronique. Ainsi, le capitaine d'un navire arrivé dans la zone maritime du rayon des douanes doit, à la première réquisition du service des douanes :

a) Si le manifeste est en support papier :

1. soumettre l'original du manifeste au visa « ne varietur » des agents des douanes qui se rendent à bord ;

2. leur remettre une copie du manifeste.

b) Si le manifeste est en version électronique :

1. mettre les agents des douanes en mesure de consulter utilement le manifeste électronique ;

2. soumettre si possible, le manifeste électronique au visa des agents des douanes qui se rendent à bord.

[297] Articles 78 du code français des douanes et 79 du code sénégalais des douanes.

[298] Articles 79 du code français des douanes et 80 du code sénégalais des douanes.

interdits[299]. Ici également, à l'image de ce qui se passe dans le cas du transport maritime, les marchandises doivent être inscrites sur un manifeste signé par le commandant de bord[300]. Ce titre peut, dans certaines situations, être supplanté par la déclaration générale prévue par la Convention de Chicago[301] qui est un document afférent à l'aéronef lui-même[302].

En ce qui concerne le transport par voie terrestre, il faut souligner qu'il est fait obligation à tout transporteur de conduire sans délais les marchandises au bureau ou au poste de douane le plus proche, par la route la plus directe[303]. Dans la pratique, les bureaux et postes ne sont pas toujours situés à proximité immédiate de la frontière. En outre, plusieurs routes peuvent parfois y accéder. Mais, dans l'optique de canaliser le trafic et d'en faciliter la surveillance, il est prévu une route légale que les transporteurs doivent emprunter pour se rendre au bureau ou poste de douane. Cette route légale est, en principe, définie par les autorités administratives[304]. Il existe des situations où celle-ci est déterminée de plein droit[305].

---

[299] Les dispositions de l'article 81 du code français des douanes à cet égard sont sans appel, « *Sont interdits tous déchargements et jets de marchandises en cours de route. Toutefois, le commandant de l'aéronef a le droit de faire jeter en cours de route le lest, le courrier postal dans les lieux officiellement désignés, ainsi que les marchandises chargées dont le jet est indispensable au salut de l'aéronef.* » ; L'article 81 du code sénégalais des douanes prévoit les mêmes dispositions.

[300] Article 79 du code français des douanes et 80 du code des douanes du Sénégal.

[301] Cette Convention a défini un modèle type de manifeste. Les pays signataires de la Convention, doivent mentionner toutes les informations utiles dans le modèle type. En revanche, pour les pays non signataires de la Convention, le manifeste des marchandises transportées par air est identique à celui d'usage pour le transport maritime.

[302] La Convention de Chicago sur l'Aviation civile internationale a vu le jour le 07 décembre 1944. Elle détermine le cadre général de la réglementation applicable dans le transport aérien. Sa finalité première reste la promotion de la navigation aérienne entre les États signataires en minimisant les retards injustifiés des aéronefs. C'est justement dans cet esprit que la Convention préconise que dans les cas où la déclaration générale de la cargaison n'est pas établie, la simple copie conforme du manifeste des marchandises suffit. Ce faisant la production de la déclaration générale n'est plus une exigence incontournable.

[303] Articles 75 du code français des douanes et 77 du code sénégalais des douanes.

[304] En France, aux termes de l'article 75 du code des douanes précédemment cité, il appartient au Préfet de définir par voie d'arrêté la route légale. Au Sénégal, l'article 77 du code des douanes confère cette prérogative au ministre des Finances, qui pour ce faire, agit également par voie d'arrêté.

[305] C'est, notamment, le cas des voies ferrées, des canaux et rivières qui mènent directement au bureau ou poste de douane le plus proche. Dans cette hypothèse, en effet,

Par ailleurs, la nécessité de respecter la route légale implique deux conséquences majeures. D'une part, les agents des douanes ont le droit d'exiger la présentation des titres de transport sous le couvert desquels les marchandises circulent entre la frontière et le premier bureau ou poste de douane[306]. D'autre part, ces derniers, bien qu'ils puissent parfaitement s'assurer de la direction effective des marchandises, pour autant ils ne doivent pas inutilement entraver la circulation des marchandises.

De ce point de vue, l'apport des systèmes informatisés dans le sens de la simplification du dédouanement est très intéressant. En effet, ces nouveaux outils permettent aux agents des douanes de disposer, sur simple consultation de leur écran d'ordinateur, des informations pertinentes relativement au chargement. Cela permet d'éviter certains contrôles inutiles. Ce faisant, la mise en place des systèmes informatiques a beaucoup contribué à effacer certaines rigidités et certains obstacles d'ordre matériel qui rendaient la procédure de dédouanement très complexe. Il s'y ajoute que le dispositif informatique s'adapte parfaitement aux différentes distinctions établies en fonction du mode de transport. Ainsi, le recours aux nouvelles technologies contribue à rendre moins rigides et moins péremptoires les règles de procédure douanière, notamment celles relatives à la conduite en douane[307]. Ce qui constitue un avantage non négligeable dans le sens de la facilitation et de la simplification compte tenu du caractère crucial de cette étape dans le processus du dédouanement.

Cet important apport de l'informatique se retrouve également au niveau de la mise en douane.

B- La mise en douane

L'opération de mise en douane correspond au moment de la prise en charge effective des marchandises par le service des douanes. Ce faisant, elle constitue naturellement la suite de la conduite en douane. Elle est également une formalité impérative à l'image de la première étape. Dès leur arrivée sur le point d'introduction dans le territoire douanier, que ce soit un bureau ou un poste des douanes, les marchandises importées font

---

cet itinéraire est considéré d'office comme étant la « route légale ». En suite logique à l'existence de cette « route légale », l'introduction dans les concessions et bâtiments de marchandises, qui ne sont pas préalablement conduites au bureau ou poste de douane en empruntant celle-ci, est interdite sous peine de sanctions. De même, les marchandises ne peuvent franchir les bureaux et postes de douane sans autorisation préalable

[306] Articles 77 du code français des douanes et 78 du code des douanes du Sénégal.

[307] FAGOT, Pierre-Yves, « Commerce électronique et droit douanier », *op.cit.,* p. 492.

l'objet de mesures tendant à éviter qu'elles échappent à la surveillance du service et soient frauduleusement versées sur le marché intérieur sans avoir été dédouanées. Les mesures, dans le cadre de la mise en douane, ont pour finalité la prise en charge effective des marchandises.

L'obligation de mise en douane résulte de la combinaison des articles 70, 74 et 80[308] du code des douanes du Sénégal. Le code pose le principe selon lequel « *toutes les marchandises importées arrivant au bureau ou poste des douanes, de prime abord, doivent faire l'objet du dépôt d'une déclaration sommaire quel que soit le mode de transport, qu'elles soient ou non destinées à être placées sous un régime douanier à leur arrivée au bureau ou poste des douanes.* »

Ici aussi, une distinction doit être faite en fonction des formes de transport. Cette spécification est importante quant aux formalités applicables. Dans cet esprit, l'article 70 de ce même code des douanes, précise que « *dans les vingt-quatre heures de l'arrivée du navire dans le port, le capitaine doit déposer au bureau de douane*[309] », la déclaration sommaire. C'est le manifeste de la cargaison qui constitue la déclaration sommaire en matière de transport maritime. La production de ce manifeste doit être effectuée auprès du service des douanes, impérativement 24 heures après l'arrivée du navire même s'il est sur lest[310].

Le souci évident, à ce niveau, est d'éviter les débarquements frauduleux de colis non repris sur le manifeste et de permettre aux services du contrôle douanier d'avoir déjà un aperçu du contenu du navire. Le législateur est très pointilleux à ce niveau particulier de la procédure douanière au point qu'il l'a réglementée dans ses moindres détails. Certaines précisions sont apportées sur la personne susceptible de déposer la déclaration sommaire auprès du service des douanes. Il s'agit de l'armateur du navire, du commis succursaliste représentant l'armateur dans le port ou enfin du consignataire de la cargaison. En outre, la déclaration sommaire doit emprunter des formes précises. Ainsi, ne peuvent faire valoir de déclaration sommaire que le manifeste de

---

[308] Leurs pendants en droit français sont les articles 72, 77 et 80 du code des douanes.

[309] Article 72 du code français des douanes.

[310] Le délai de 24 heures édicté par l'article 72 en France et 70 au Sénégal pour le dépôt du manifeste, ne court pas les dimanches et les jours fériés. Il est même admis que la déclaration sommaire soit déposée dès la réouverture du dit Bureau lorsque le délai expire pendant la fermeture du Bureau ou Poste de douane.

cargaison, les manifestes spéciaux, les chartes-parties,[311] mais aussi tout autre document que l'administration des douanes estime nécessaire pour une bonne mise en œuvre de la réglementation douanière.

En ce qui concerne le transport aérien, la déclaration sommaire doit être déposée auprès du service des douanes dès l'arrivée de l'aéronef ou dès l'ouverture du bureau des douanes si l'appareil est arrivé avant la reprise du service au niveau de l'office de douane[312]. Cette déclaration, bien qu'obligatoire, n'est pas uniforme. Dans le cas du transport aérien, la déclaration sommaire comprend le manifeste des marchandises et les manifestes spéciaux des provisions de bord ainsi que les marchandises de pacotille déchargées. Il reste, en définitive, à souligner que le manifeste peut être remplacé par une copie de la déclaration générale.

Enfin, en ce qui concerne le transport terrestre, l'obligation de déposer la déclaration sommaire subsiste toujours. Le conducteur de véhicule doit mettre à la disposition des agents des douanes, une feuille de route faisant office de déclaration sommaire dès son arrivée au bureau ou poste des douanes[313]. Cette feuille de route doit préciser la nature des marchandises. De ce point de vue, le droit douanier sénégalais prévoit une particularité qui n'existe pas en droit français. En effet, l'alinéa 2 de l'article 78 précise que, « *la déclaration sommaire n'est exigée que si les marchandises ne sont pas déclarées en détail* » dans ce cas particulier de transport terrestre[314]. Il reste à souligner que c'est un exemplaire du titre de transit qui tient lieu de déclaration sommaire lorsque les marchandises arrivent sous un régime de transit.

L'apport des systèmes informatiques et plus généralement des technologies de l'information, est inestimable à ce stade dans le sens de la facilitation et de la simplification des procédures douanières. Dans le commerce traditionnel, pour l'essentiel, le service des douanes n'a accès à la déclaration sommaire que lorsque le moyen de transport en cause (avion, véhicule, train, navire) arrive au bureau ou poste de douane. C'est donc, à partir de l'arrivée des marchandises dans l'enceinte douanière que commence leur examen. La situation que permettent les nouvelles technologies de collecte, de routage et de traitement des documents, est

[311] La charte-partie est un contrat de louage total ou partiel du navire entre l'affréteur et le fréteur.
[312] Article 80 du code français des douanes et article 80 du code des douanes du Sénégal.
[313] Article 77 du code français des douanes et 78, alinéa 1 du code sénégalais des douanes.
[314] L'article 77 qui traite de la question en droit français reste muet sur ce point.

singulièrement différente. Elles autorisent le service des douanes à anticiper dans la réalisation de l'opération commerciale. Il est possible, pour le bureau des douanes, d'exiger l'envoi des documents bien avant la livraison des biens. Cela est surtout évident dans le cas des systèmes de collecte électronique des données ou des systèmes automatisés de dédouanement. Dans cette hypothèse, en effet, le service des douanes peut exiger l'envoi en ligne des documents afférents à une transaction bien avant toute livraison, peu importe la situation géographique de celui qui détient les documents. Ce qui lui permettra de jouer son rôle en temps réel.

Toujours dans cet esprit, il faut souligner l'apport considérable que les technologies de l'information peuvent apporter au traitement du commerce traditionnel sur un autre plan. Par le biais de l'Internet, le service des douanes peut recevoir, bien avant l'arrivée du moyen de transport, toutes les informations relatives à son chargement. Ce qui est non négligeable dans la prise en charge effective des marchandises. L'introduction des nouvelles technologies dans le processus classique de prise en charge douanière des marchandises est plus que souhaitable. Cela contribue pour une large part à assouplir les formalités préalables de réception au niveau douanier des marchandises qui perdent de leur rigueur d'antan en devenant optionnel.

L'amélioration des procédures douanières par les outils technologiques de façon générale se ressent également au niveau de l'étape suivante de l'attente de dédouanement.

II- L'amélioration de la gestion de l'attente de dédouanement

Il s'agira ici de voir d'abord le régime des magasins et aires de dédouanement (MAD) (A) pour ensuite étudier la contribution du phénomène électronique à une meilleure gestion de ces magasins et aires de dédouanement (B).

A- Le régime des magasins et aires de dédouanement

Le processus de dédouanement ne se déroule pas en un laps de temps. En effet, entre l'arrivée des marchandises et leur destination finale, il peut s'écouler une certaine durée pendant laquelle les marchandises en souffrance peuvent être détournées. Or, la responsabilité du transporteur à l'égard de l'administration des douanes cesse lorsqu'il a rempli toutes ses obligations en présentant les marchandises à un bureau ou poste des douanes après dépôt de la déclaration sommaire. Dès lors, il subsiste un risque sérieux de rupture de la chaîne de responsabilités, qui est une garantie essentielle pour les intérêts du Trésor public, car la responsabilité du déclarant ne peut être engagée qu'à partir du dépôt de la déclaration en détail. Pour éviter une telle rupture de la chaîne de garanties du Trésor, les magasins et aires de dédouanement et les terminaux conteneurs (TC) ont été institués[315].

Ainsi, pour ne pas retarder inutilement le débarquement et la reconnaissance des cargaisons, la douane peut autoriser après le dépôt de la déclaration sommaire, l'entrée provisoire des marchandises dans les magasins et aires de dédouanement de même que les terminaux conteneurs[316]. À partir de cet instant précis, l'importateur pourra, en toute lucidité, assigner aux marchandises le régime douanier conforme à ses activités ou aux buts qu'il poursuit. C'est à ce niveau que l'institution des magasins et aires de dédouanement et des terminaux conteneurs se trouve pleinement justifiée, car le destinataire des marchandises n'est pas, le plus souvent, en mesure, dans des brefs délais, d'assigner aux biens une destination douanière définitive (absence de documents, difficultés de décisions pour le choix d'un régime spécifique, situation instable du marché, difficultés liées à l'acheteur, etc.). Le service des douanes maintient une certaine linéarité dans la chaîne des garanties, par le biais de la substitution de la responsabilité du transporteur par celle de l'exploitant, en attendant que celle du déclarant soit engagée[317]. Ce faisant, le régime des magasins et aires de dédouanement et des terminaux conteneurs permet d'assurer le stockage de marchandises avant le dépôt de la déclaration en détail sans pour autant mettre en péril les intérêts du Trésor public.

---

[315] L'article 82 bis, alinéa 1 du code des douanes français introduit la possibilité de mettre les marchandises dans un magasin ou aire de dédouanement en précisant que « *Sauf dispositions spéciales contraires, les marchandises conduites en douane ... peuvent être constituées en magasins ou en aires de dédouanement…* » Cette possibilité est également prévue en droit sénégalais, notamment grâce à l'article 101, alinéa 1 du code des douanes.

[316] Aux termes de l'alinéa 1 de l'article 82 ter du code des douanes français, « *L'admission des marchandises dans les magasins ou sur les aires de dédouanement est subordonnée au dépôt par l'exploitant d'une déclaration sommaire ou d'un document en tenant lieu.* » ; L'article 102, alinéa 1 du code des douanes du Sénégal contient les mêmes dispositions.

[317] Sur ce point le même article 82 ter du code français tantôt cité précise dans son alinéa 2 que l'admission des marchandises dans les magasins ou aires de dédouanement *« a pour effet de placer les marchandises sous la responsabilité de l'exploitant vis-à-vis de l'administration des douanes.»* La situation est identique en droit sénégalais où l'article 64 alinéa 2 admet le même effet vis-à-vis de l'exploitant.

Le magasin de dédouanement est un local clos et couvert dont les issues sont fermées à clef. Dans la pratique, les clés sont établies en double dont l'une est détenue par le service des douanes et l'autre par l'exploitant. Le magasin de dédouanement doit répondre à certaines normes de construction pour empêcher toute possibilité de substitutions frauduleuses de biens[318].

En revanche, les aires de dédouanement sont des emplacements anonymes simplement délimités en surface (parties du quai, de terre-plein). Leur finalité est, souvent, la réception de marchandises pondéreuses ou encombrantes ou celles dont la présence en magasin peut être préjudiciable aux autres produits qui y sont installés[319].

Les normes douanières instaurent un ensemble de règles pour bien cerner ces établissements, compte tenu de leur importance stratégique. Ainsi, le droit douanier fixe de façon tatillonne les conditions de création, d'exploitation d'un magasin et aire de dédouanement[320]. La mise sur pied d'un magasin nécessite l'existence d'un accord d'établissement préalable du Directeur général des douanes dont l'objet est de permettre à l'administration des douanes une bonne appréciation des emplacements choisis, des travaux et constructions projetés[321], etc. Les MAD ne peuvent pas être gérés par n'importe qui[322].

---

[318] De ce point de vue, l'article 82 bis, alinéa 2 et 3 du code français des douanes, ainsi que l'article 101, alinéa 2 et 3 du code sénégalais des douanes fixent des conditions précises nécessaires pour la création des Magasins et Aires de Dédouanement.

[319] Les Magasins et Aires de Dédouanement peuvent être qualifiés de banals ou de particuliers. Ils sont dits banals lorsqu'ils sont ouverts à tout détenteur de marchandises éligibles au régime. Dans ce cas, l'exploitant prend, à l'égard de la Douane, la responsabilité des marchandises qui y sont apportées par des tiers détenteurs. Les MAD sont dits particuliers lorsque l'exploitant est lui même propriétaire des marchandises pour lesquelles il s'engage personnellement vis-à-vis de la douane.

[320] Dans cet esprit, l'accord d'établissement indique le caractère banal ou particulier du magasin. En outre, il doit également apporter des précisions quant à l'établissement lui-même. En ce qui concerne, justement, l'établissement, l'exploitant doit donner des indications sur des éléments comme la superficie, la sécurité des locaux, notamment les systèmes de clôture et d'ouverture et, enfin, la logistique et l'aménagement.

[321] Voir articles 82 bis, alinéa 2 du code français des douanes et l'article 101 alinéa 2 du code des douanes du Sénégal, tantôt cités.

[322] Le droit douanier prend en compte le fait que les marchandises qui sont placées dans ces établissements d'un genre particulier sont encore sous sujétion douanière. Il est donc important d'instaurer un système de filtrage assez poussé pour permettre l'exploitation très correcte des MAD sans dommage pour le Trésor public. C'est ce qui explique que la priorité soit accordée aux structures comme les Chambres de Commerce, Ports autonomes, Communes et autres Collectivités locales dans la gestion de ces

En tout état de cause, l'exploitant d'un MAD doit remplir certaines conditions préalables. Il doit souscrire essentiellement une soumission cautionnée en vertu de laquelle il s'engage sous les peines de droit à se conformer aux conditions d'exploitation déterminées par le service des douanes, du MAD[323]. L'exploitant des MAD est soumis à des conditions rigoureuses constituées par des prohibitions et des obligations[324]. Il est tenu de respecter scrupuleusement les engagements pris dans le contrat de base dénommé accord d'établissement[325].

Bien qu'ayant en charge la gestion du MAD, il ne peut faire entrer n'importe quelle marchandise dans l'établissement. Il doit produire une déclaration sommaire ou tout autre document pouvant servir de manifeste avant toute introduction de marchandises dans les MAD[326]. L'enregistrement de la déclaration sommaire équivaut à une autorisation de mise en MAD et engage dès lors la responsabilité de l'exploitant vis-à-vis de l'administration des douanes.

Lorsque l'intérêt du service l'exige, il est procédé à l'écore[327] soit au débarquement, soit à l'entrée en magasin soit après déchargement complet et allotissement[328]. Également, le délai de séjour des marchandises dans les magasins et aires de dédouanement varie en

---

établissements. Mais, en cas de carence ou dysfonctionnement très marqué de ces derniers dans leur installation ou dans les modalités pratiques de fonctionnement ou simplement si l'importance et la nature du trafic le justifient, la possibilité peut être donnée à toute personne morale du droit privé d'exploiter un MAD.

[323] Article 82 quinquies du code français des douanes et 104 du code sénégalais des douanes.

[324] Ainsi, défense est faite à ce dernier de transformer ou d'aménager, sans accord préalable de la douane, le magasin. Également, il lui est strictement interdit de manipuler ou tout simplement de déplacer les marchandises sans toujours l'accord du service des douanes.

[325] À ce titre, le service des douanes exerce une surveillance permanente pour vérifier si les clauses de cet accord sont respectées, particulièrement celles relatives à la rémunération pour les déplacements des agents de douane qui exercent ce travail de contrôle en dehors des heures indiquées de travail, à l'aménagement et à l'entretien du matériel et de locaux. En outre, l'exploitant doit assurer le fonctionnement régulier des magasins et est tenu de représenter les marchandises en nature, quantité, et qualité identiques à celles prises en charge à l'entrée conformément aux déclarations sommaires, à toute réquisition du service des douanes.

[326] Cette déclaration sommaire est similaire à celle exigée pour la mise en douane des marchandises.

[327] Terme couramment utilisé en douane pour désigner la visite physique intégrale, partielle ou ciblée des marchandises

[328] Le transport des marchandises, depuis le navire ou l'aéronef, s'effectue sous escorte ou sous la surveillance générale du service.

fonction du moyen de transport ayant servi à déplacer les marchandises[329]. La surveillance du service des douanes s'exerce de façon constante sur les marchandises à l'intérieur du MAD[330].

Au total, il apparaît, à travers l'étude des mécanismes qui régissent les MAD, que ceux-ci sont soumis à des règles rigoureuses pour prévenir toute tentative de fraude. L'objectif est, certes, louable, mais en définitive la rigidité des procédures d'entrée et de sortie des marchandises dans les MAD constitue une entrave à l'exercice des échanges. Cette inflexibilité a fini par freiner toute l'importance décisive que peuvent revêtir les MAD dans le processus du commerce international.

B- L'amélioration dans la gestion des magasins et aires de dédouanement

Les systèmes informatiques de stockage des données, de routage et de collecte ont sensiblement contribué à une meilleure gestion des magasins et aires de dédouanement. En effet, ces techniques permettent d'effectuer des opérations en temps réel. Ce qui fait que la marchandise peut être rapidement traitée et ainsi entrer rapidement sans dommage dans les magasins et aires de dédouanement. Cette célérité dans le traitement est d'une importance capitale surtout si l'on est en face de marchandises pondéreuses. Pour ce faire, il suffit de router les informations, aussi bien sur le commerçant que celles portant sur les marchandises, nécessaires à l'admission de celles-ci dans les magasins et aires de dédouanement, aux services compétents. Ces derniers, après un examen rapide du contenu de ces informations, les retournent auprès du service des douanes intéressé avec un avis favorable ou défavorable. En cas d'avis favorable, le commerçant est informé dans un temps très bref de l'autorisation qui est lui accordée de mettre ses marchandises dans un magasin ou aire de dédouanement en attendant de lui assigner un régime douanier. De même, si l'avis est défavorable, il en prend conscience suffisamment tôt pour prendre une décision appropriée. En tout état de cause, quelle que

---

[329] La période de séjour est de 40 jours au plus, lorsque les marchandises sont transportées par mer. Il est de 16 jours au maximum si les marchandises sont transportées par d'autres moyens. En ce qui concerne la computation de ce délai, il faut souligner que le délai ne commence à courir qu'à partir de la date d'enregistrement de la déclaration sommaire en MAD.

[330] Ainsi, tout allotissement ou déplacement de celles-ci se fait sous le contrôle du service. De même, toute opération sur celles-ci est soumise à l'autorisation préalable et s'effectue en présence du service des douanes, sauf quelques manipulations, limitativement énumérées. Enfin, ces marchandises ne peuvent sortir des MAD qu'après dédouanement ou autorisation de la douane sauf quelques exceptions.

soit la décision prise, il est averti suffisamment tôt pour prendre les options nécessaires dans un sens ou dans l'autre.

D'un autre point de vue, ces nouvelles technologies offrent la possibilité de stocker un ensemble de données pertinentes sur les marchandises effectivement admises dans les magasins et aires de dédouanement, sur la personnalité du commerçant intéressé, sur les dates d'entrée et éventuellement les délais de sortie des marchandises, bref de tout un ensemble d'informations qui sont utiles pour une bonne gestion du stock de marchandises disponibles, mais également de bien cerner les activités du commerçant. C'est dire que le phénomène informatique aide considérablement le service des douanes dans le sens d'une meilleure gestion des magasins et aires de dédouanement. Ce qui constitue un avantage non négligeable dans le sens de la facilitation et de la simplification des procédures douanières.

Dans l'énumération des éléments positifs de la participation des réseaux informatiques à la bonne gestion des magasins et aires de dédouanement, on peut souligner la réduction de l'intermédiation. L'accès aux données stockées dans ces systèmes informatiques se fait de façon directe et sans aucune structure médiate. Le partenaire de la douane n'a pas besoin de se déplacer pour avoir certaines informations relatives aux opérations portant sur les magasins et aires de dédouanement, il lui suffit de consulter son terminal pour être édifié sur la question. Le maître-mot, qui caractérise fondamentalement les dispositifs informatiques, est la désintermédiation. Cela ne veut aucunement dire qu'il n'existe pas de points d'appui à partir desquels les échanges de données s'effectuent. Le serveur, le routeur sont, dans une certaine mesure, des points d'ancrage qui permettent de rendre effective la mise en œuvre des systèmes informatiques.

Mais, il faut préciser que la nature virtuelle de ces échanges de données, empêche d'autres acteurs, bien qu'étant des relais en tant que plateforme, d'intervenir d'une manière ou d'une autre dans l'attente de dédouanement. Ainsi les acteurs, antérieurement désignés, sont des courroies de transmission et non des structures de stockage en attendant le dédouanement, à l'image des magasins et aires de dédouanement. Il en découle un accès facile et sans conditions du partenaire de la douane à la plateforme informatique, qui abrite les opérations en vue de l'attente de dédouanement.

Par ailleurs, le même constat peut être reconduit pour le cas des Terminaux Conteneurs qui ne sont rien d'autre que des MAD situés hors de l'enceinte du port et destinés à recevoir des marchandises importées par voie maritime. Ces Terminaux Conteneurs sont régis par les mêmes règles de constitution et d'exploitation que les magasins et aires de dédouanement.

Dès lors, le phénomène informatique et technologique, de façon générale, contribue beaucoup à la facilitation et à la simplification des procédures douanières en contribuant sensiblement à l'amélioration de la phase préalable, dénommée l'attente de dédouanement des marchandises. Cette situation se retrouve également au niveau de l'exportation.

Paragraphe II- L'allègement du contrôle à l'exportation

L'exportation est la procédure inverse à l'importation. Dans ce cas d'espèce, les marchandises quittent le territoire national vers d'autres destinations à l'étranger. À l'heure de la mondialisation, les États mettent un accent particulier sur l'exportation afin de peser d'un poids certain dans le commerce mondial. L'objectif étant de parvenir à une balance commerciale excédentaire. C'est ce qui explique que la procédure d'exportation est partout très souple pour permettre aux opérateurs économiques nationaux de commercer librement avec les partenaires commerciaux situés dans divers horizons.

Les systèmes informatiques ont beaucoup contribué à la fiabilité des données statistiques en matière de commerce extérieur. En effet, ces outils permettent de disposer en temps réel de la quintessence de toutes les opérations d'exportation. Ce qui est non négligeable pour un État dans l'optique de la maîtrise des grands équilibres macro-économiques. L'informatique se révèle, en définitive comme un outil moderne de bonne gestion pour les États. C'est ce qui justifie que de grandes organisations internationales, à l'image de l'Organisation mondiale des douanes, recommandent fortement le recours systématique des États aux nouvelles technologies dans la gestion des opérations d'importation comme d'exportation.

La contribution des réseaux informatiques, à ce niveau, dans le sens de l'allègement des procédures, est importante. Ainsi, les instruments électroniques permettent de réduire sensiblement le contrôle douanier. Pour ce faire, ils participent à une diminution sensible de l'intervention douanière (I), en même temps qu'ils permettent une meilleure gestion des magasins et aires de dédouanement à l'exportation (II).

I- La réduction de l'intervention douanière

L'infrastructure informatique existante favorise la mise en œuvre, dans sa plus simple expression, de l'action de contrôle du service des douanes. Il faut préciser que, traditionnellement, l'administration des douanes joue plutôt un rôle d'homologation et de certification des opérations d'exportation des marchandises, surtout à des fins de statistique pour le commerce extérieur. La fiscalité de porte n'est perçue dans les opérations d'exportation que dans de très rares cas. De même, contrairement à l'étape de l'importation, la conduite et la mise en douane ne conservent pas cette rigueur.

L'article 83 du code français des douanes précise que « *Les marchandises destinées à être exportées doivent être conduites à un bureau de douane ou dans les lieux désignés par le service des douanes. Sur les frontières terrestres, il est interdit aux transporteurs de prendre un chemin tendant à contourner ou à éviter les bureaux de douane*[331]. » Au niveau de l'exportation, il n'y a donc pas cette lourdeur et cet ensemble d'exigences. Ici, les règles ne posent comme exigence majeure que de ne pas emprunter de chemins qui contournent ou qui permettent d'éviter les bureaux et postes de douanes.

Sans doute cette flexibilité peut être aisément expliquée par la volonté des États de promouvoir l'exportation des produits nationaux. Le service des douanes authentifie plutôt les documents présentés par l'opérateur économique, pour montrer que le produit provient bien d'un pays déterminé, avant qu'il n'exerce un contrôle effectif sur les documents. Cela s'explique surtout par le fait que désormais dans la plupart des législations douanières, il n'est plus prévu de droits et taxes à l'exportation[332].

De ce point de vue, le phénomène informatique permet d'accompagner cet élan de souplesse et de flexibilité en vigueur dans les opérations d'exportation. En effet, par le biais de la collecte et du routage de données informatiques, l'exportateur peut envoyer les documents nécessaires au service des douanes dans un délai très bref. Celui-ci, à la réception des documents peut rapidement valider et homologuer les

[331] Son pendant en droit sénégalais est l'article 90 qui va au-delà de la loi française en ajoutant qu' *« il est interdit à tout navire ou à toute embarcation de pratiquer à la sortie des passes ou cours d'eau différents de ceux qui doivent être obligatoirement empruntés à l'entrée ».*

[332] Mieux, dans certains cas, l'État encourage les exportations par le biais des subventions, des primes et des abattements fiscaux.

documents pour lesquels cette formalité est nécessaire. Ici, se pose d'une certaine façon, la question de la certification. Il faut donc que le service des douanes se dote d'un procédé de certification valable et fiable afin que la confiance des opérateurs économiques ne soit pas rompue. Point n'est besoin, à ce niveau, de se doter d'un service de paiement en ligne, puisque les opérations d'exportation, si elles ne sont pas subventionnées, ne nécessitent pas, pour la plupart des cas, le paiement de droits et taxes.

La mise en œuvre de ce procédé de collecte et de routage de données, donc d'échange réduit, aboutit à une réduction considérable de l'intervention du service des douanes. Ce dernier n'exerce qu'un contrôle très souple pour s'assurer de l'identité des opérateurs économiques en cause et surtout des données statistiques pour l'établissement de la balance commerciale. Mais, pour que ce système informatique d'échange de données soit véritablement efficace, il faut mettre en place un mécanisme devant permettre l'authentification et la certification en ligne, notamment l'attestation d'exportation, l'engagement de change et le certificat d'origine.

À cet égard, les technologies de l'information peuvent jouer un rôle important. Ainsi, l'opérateur économique pourrait envoyer l'ensemble des dossiers d'exportation en ligne que le service des douanes pourrait lui retourner toujours par le même canal, après vérification et certification. Cette opération d'échange de documents peut se faire dans un temps très rapide puisqu'elle ne nécessite point le déplacement physique des acteurs avec tout ce que cela comporte comme lourdeur et ralentissement de la procédure.

Désormais, avec les procédures dématérialisées, le service des douanes peut, en effet, se contenter d'authentifier et de certifier en ligne les dossiers d'exportation des opérateurs économiques locaux.

Du reste, les systèmes informatiques ont considérablement amélioré la gestion des magasins et aires d'exportation.

II- L'amélioration de la gestion des magasins et aires d'exportation

Les magasins et aires d'exportation sont encadrés par des règles précises (A). Les systèmes informatiques ont un grand impact sur la gestion de ces magasins et aires d'exportation (B).

A- Le régime des magasins et aires d'exportation

À l'image des MAD, les magasins et aires d'exportation sont soumis à des conditions rigoureuses. Ainsi, ne peuvent entrer dans les MAE que deux types de marchandises clairement identifiées. Il s'agit, d'une part des marchandises d'origine étrangère, déjà débarquées et qui restent en attente du moyen de transport devant les réacheminer directement à l'étranger. D'autre part, sont concernées les marchandises ayant rempli toutes les formalités liées à la déclaration en détail d'exportation ou de réexportation et qui sont en attente d'être chargées à bord des moyens de transport devant les mener à l'étranger.

Les normes qui guident l'établissement et l'exploitation des Magasins et Aires d'Exploitation sont à peu près identiques à celles des MAD. Ainsi, la production d'une déclaration en détail d'exportation ou de réexportation, portant toutes les mentions portées par le service de visite, lors des opérations de vérification, est nécessaire au moment de l'entrée des marchandises en Magasin et Aires d'Exportation. Dans le cas particulier du transit, les marchandises arrivent en droiture de l'étranger sous le couvert d'une déclaration sommaire en attendant leur réexpédition à l'étranger. Dès l'enregistrement de cette déclaration sommaire, la responsabilité de l'exploitant est engagée.

Il faut noter que les règles qui encadrent l'exploitation des magasins et aires d'exportation sont moins contraignantes que celles qui organisent les MAD pour l'exploitant. L'exploitant du MAE peut ne pas être tenu de souscrire une soumission cautionnée pour les marchandises non soumises à des droits et taxes à l'exportation. Il reste à souligner, en dernier lieu, que la sortie des marchandises en MAE ne peut se faire que sur autorisation expresse du service des douanes, sauf le cas exceptionnel de constitution d'office en dépôt.

B- L'impact des procédures dématérialisées dans la gestion des MAE

Les systèmes informatiques de gestion des données en cours dans de nombreux pays ont permis une amélioration sensible de la gestion des magasins et aires d'exportation. Ces outils permettent de stocker dans un endroit unique un ensemble d'informations relatives à des opérations d'exportation. Ils autorisent le service des douanes, mais également des acteurs du commerce international, à avoir accès à une quantité de renseignements disponibles en temps réel sur des opérations. La disponibilité de ces informations est importante pour la douane, car elle lui permet d'agir en surveillant les opérations, d'être en retrait et de laisser les opérateurs économiques mener leurs opérations. Ainsi, par le biais du ciblage, l'administration des douanes peut déterminer avec une grande précision l'opportunité de son action ou de son inaction. Ce qui constitue, à bien des égards, une avancée dans la gestion des opérations d'exportation et plus généralement du commerce mondial.

De tout temps, le service des douanes a été plus considéré comme une entrave au commerce mondial qu'un facilitateur de ce commerce. Cela s'expliquait aisément du fait de la fréquence des actions de cette administration dans le contrôle des transactions internationales. Aujourd'hui, le recours aux techniques et aux technologies électroniques a permis de réduire considérablement l'intervention de l'administration des douanes dans le commerce mondial, mais en outre il est incontestable que ces techniques et technologies ont contribué à donner une certaine qualité à l'action de la douane sur cet aspect.

L'introduction des outils et instruments électroniques permet de simplifier dans une très large mesure les procédures, déjà souples, qui organisent l'exportation des marchandises. Cela cadre parfaitement avec les objectifs des États et communautés économiques du monde qui, pour l'essentiel, visent à encourager, au maximum, les exportations. Dans cet esprit, les outils informatiques permettent d'atteindre ces objectifs avoués des États et communautés économiques, en contribuant pour une large part, à la simplification des procédures douanières.

En marge de l'assouplissement du contrôle douanier, l'automatisation du dédouanement contribue également à la simplification des formalités douanières.

SECTION II : LA MISE EN ŒUVRE DES PROCÉDURES SIMPLIFIÉES

Les nouvelles technologies inaugurent une ère nouvelle dans le processus classique de dédouanement. L'introduction de l'outil informatique aboutit à une très forte simplification des procédures douanières. Désormais, le dédouanement est automatisé et tient compte de la situation de l'usager.

La dématérialisation des formalités renforce cette tendance. Mieux, la procédure de dédouanement dans les échanges traditionnels comme ceux effectués en ligne repose de plus en plus sur la virtualisation. On assiste naturellement à un recours systématique à l'informatique pour procéder au dédouanement des marchandises. Ce qui, en soi, constitue un atout majeur pour le droit douanier, particulièrement les procédures douanières.

Ainsi, des procédures qualifiées de simplifiées sont mises en place, qui tiennent mieux compte de la situation économique, surtout financière des personnes physiques et morales qui procèdent au dédouanement. Les acteurs économiques, notamment les entreprises n'évoluent pas dans le même secteur, n'ont pas la même stratégie et les mêmes besoins. Pour coller au mieux à la réalité des sociétés, la douane a élaboré des procédures individualisées à celles-ci dénommées procédures simplifiées. La dématérialisation permet de mieux implanter ces procédures par la réduction de l'intermédiation (Paragraphe I) et la personnalisation des procédures douanières (Paragraphe II).

Paragraphe I- La réduction du rôle de l'intermédiaire

Le système classique de dédouanement fait intervenir un acteur clé pour l'accomplissement des formalités douanières. Il s'agit du commissionnaire en douane. Ce dernier est le relais entre l'importateur et le service des douanes. C'est un maillon essentiel dans la chaîne de dédouanement. En vérité, le commissionnaire en douane est le véritable interlocuteur de l'administration des douanes. Le commissionnaire en douane est un opérateur économique qui assure une profession libérale à part entière et qui est en permanence, en situation de partenariat avec l'administration des douanes et l'ensemble des intervenants de la chaîne logistique du commerce extérieur. Étant le dernier maillon à intervenir, il se substitue en général à tous les intervenants de la chaîne logistique pour éclairer les opérateurs économiques sur toute la procédure d'import et export, de dédouanement et de transport. En pratique, il s'agit d'un technicien, maîtrisant parfaitement les procédures douanières, qui supporte deux obligations dans l'opération de dédouanement. D'une part, il s'engage auprès du client, en l'occurrence l'importateur, le destinataire ou le propriétaire des marchandises, à assurer la gestion et le suivi de l'opération de dédouanement. D'autre part, il s'engage à l'égard du service des douanes à réaliser correctement, sous peine de droits, le dédouanement des marchandises. Il est donc l'interlocuteur privilégié de la douane en même temps qu'il agit pour le compte de l'importateur, du destinataire ou du propriétaire des marchandises.

Le recours à un commissionnaire en douane est facultatif dans certaines situations et obligatoire en principe pour tout opérateur économique désireux d'importer des marchandises dans le contexte sénégalais[333]. Cependant, il existe des situations où certaines personnes

[333] Sauf les personnes physiques et morales disposant de leurs propres crédits d'enlèvement. Dans le relevé des conclusions de la réunion des ministres chargés du commerce des États membres de l'UEMOA sur la politique commerciale commune, tenue à Ouagadougou, le 15 novembre 2013, l'un des éléments majeurs retenus est de « *rendre facultatif le recours aux commissionnaires en douane agréés* ».

physiques ou morales, titulaires d'un crédit d'enlèvement ou certaines administrations[334] ou institutions comme les ambassades peuvent déclarer pour elles-mêmes. Le recours à un commissionnaire en douane n'est pas obligatoire lorsque le montant des marchandises à déclarer n'atteint pas une certaine valeur.

L'obligation de recourir aux services d'un commissionnaire en douane, qui engage sa responsabilité solidairement à son client, est un système intéressant pour la douane, car, ainsi, elle est toujours assurée de rentrer dans ses droits, car même si l'importateur n'est pas solvable, elle a toujours le loisir de se retourner contre le commissionnaire en douane. Cette perspective est, de plus en plus, relativisée par les systèmes informatisés, à travers l'institution des procédures simplifiées. En effet, dans le cas particulier des procédures simplifiées, les opérations de dédouanement sont fondamentalement marquées par le phénomène de la désintermédiation. Cela signifie que les relations à travers les réseaux sont directes. Elles peuvent se tisser sans entremise aucune si ce n'est technique (serveurs, routeurs, adresses IP, etc....), ce qui peut comporter plusieurs avantages dans le traitement des échanges. C'est ce que, sans doute, a compris le législateur communautaire européen en modifiant l'alinéa 3 de l'article 95 du code des douanes, qui était un peu rigide sur ce point[335]. Le schéma classique est trop restrictif et n'autorise pas, dans une certaine mesure, les déclarations levées par un particulier, excluant du coup les déclarations faites par voie électronique. Les déclarations manuelles sont uniquement effectuées par des professionnels et à quelques rares exceptions, par des personnes physiques ou morales qui disposent d'un crédit d'enlèvement. Le premier changement a été introduit par l'article 26 de la loi de finances rectificative pour 1997[336] qui a complété cet article, en considérant également comme déclarant *« la personne qui fait la déclaration en douane en son nom propre ou celle au nom de laquelle une déclaration en douane est faite »*. L'arrêté du 22 décembre 1998[337], reprenant les dispositions de l'article 64 du code des douanes communautaires, habilite à déclarer en détail « *toute personne en mesure de présenter ou de faire présenter au service des douanes compétent la marchandise en cause ainsi que tous les documents exigibles* ».

---

[334] Il en est ainsi de l'administration publique, de l'Armée, etc.

[335] L'alinéa disposait simplement que les déclarations en détails « *doivent être signées par le déclarant* ».

[336] N° 97-1239 du 29 décembre 1997.

[337] Journal officiel du 27 décembre 1998.

Ce qui fait qu'à la suite de ces différentes réformes, en France le commissionnaire agréé en douane, accomplit les formalités douanières selon le mode de la représentation directe ou en représentation indirecte. Dans le premier cas, le prestataire de service agit pour le compte et au nom d'autrui. Dans ce cas, sa responsabilité est limitée et la signature qu'il appose sur la déclaration en douane est faite au nom et pour le compte du donneur d'ordre. Ce dernier a la qualité de déclarant et il est seul débiteur des droits et taxes vis-à-vis de l'administration.

La différence entre ces deux systèmes réside surtout au niveau des effets vis-à-vis de la dette douanière. Dans le premier cas, le représentant s'efface devant celui au nom de qui il a effectué les formalités douanières, de sorte que seul ce dernier supporte les droits dus. La distinction des deux modes de représentation en douane est prise en compte pour ce qui concerne la responsabilité des opérateurs au regard de la dette douanière. Dans le système de représentation directe, le commissionnaire en douane engage sa responsabilité à titre principal ou solidairement avec son client vis-à-vis de la douane. Un tel mécanisme constitue un moyen efficace de l'administration des douanes pour préserver les intérêts du Trésor. En revanche, dans le second cas, l'obligation du représenté se double de celle du représentant. Le prestataire opère pour le compte d'autrui, mais en son nom propre. Lorsqu'il signe une déclaration en douane, il est à ce moment-là solidaire de son donneur d'ordre concernant le paiement des droits et taxes dus à l'administration. Son numéro d'agrément figure sur ses déclarations de douane. Le mandat qu'il reçoit du donneur d'ordre ne le rend responsable que de ses fautes propres. Il est, comme le commissionnaire de transport, tenu à un devoir de conseil.

La disposition communautaire précitée prévoit que les États membres peuvent réserver l'un ou l'autre de ces modes de représentation aux professionnels du dédouanement. En application de cette norme communautaire, il a été aménagé le système de représentation. À cet effet, la représentation directe est réservée uniquement aux commissionnaires en douane. Ce faisant, la représentation indirecte est ainsi libérée.

L'Accord sur la facilitation des échanges, qui est un des principaux résultats de la 9ème Conférence ministérielle de l'Organisation mondiale du commerce, tenue à Bali en Indonésie en décembre 2013, change la règle en matière de recours aux commissionnaires en douane. En effet, au point 6 portant sur le recours aux courtiers en douane de l'article 10 relatif aux formalités se rapportant à l'importation, à l'exportation et au transit, il a été prohibé tout recours obligatoire à ces acteurs pour effectuer les formalités douanières. Le point 6.1 précise que « *sans préjudice des importantes préoccupations de politique générale de certains membres qui maintiennent actuellement un rôle spécial pour les courtiers en douane, à compter de l'entrée en vigueur du présent accord, les Membres n'introduiront pas de recours obligatoire à des courtiers en douane* ». Pour obliger les États à suivre scrupuleusement cette prescription et laisser la possibilité d'exercer une surveillance sur les actes et décisions pris par les États sur la question du recours aux commissionnaires en douane, le point 6.2 apporte d'autres précisions. Ainsi, il est indiqué dans ce point que « *chaque membre notifiera au comité et publiera ses mesures concernant le recours à des courtiers en douane. Toutes modifications ultérieures de ces mesures seront notifiées et publiées dans les moindres délais.* »

L'Accord sur la facilitation des échanges est contraignant non seulement pour les services des douanes des pays membres de l'OMC, mais également pour les autres services aux frontières[338].

Les procédures simplifiées autorisent également une certaine personnalisation du dédouanement.

Paragraphe II- La personnalisation de la procédure

La relativisation du rôle de l'intermédiaire en douane permet au service de tenir davantage compte des particularités des usagers, surtout des personnes morales. Certaines entreprises nécessitent, pour leur développement, la mise en œuvre de procédures de dédouanement sur mesure. Ces entreprises, agissant dans un domaine fortement concurrentiel ou qui produisent des biens particuliers ou pour d'autres raisons, se caractérisent par une certaine spécificité, qui doit être prise en compte par la douane.

Cependant, dans certains systèmes classiques de dédouanement, comme c'est le cas de celui du Sénégal, l'importateur, hormis les rares cas tantôt décrits, est obligé d'avoir un représentant. Il ne peut traiter directement avec le service des douanes. Une telle disposition peut présenter des avantages, mais a surtout l'inconvénient d'empêcher une relation directe entre l'opérateur économique et la douane et surtout de renchérir les coûts finaux, même si les intérêts du Trésor public sont toujours protégés.

---

[338] Cf. http://www.wto.org ou http://www.wcoomd.org.

En admettant la possibilité d'agir lui-même ou de se faire représenter, le législateur européen donne un panel de choix intéressant pour les opérateurs économiques. Mais, il donne, surtout, un sens aux déclarations faites par voie électronique. Il ne sert à rien d'admettre la possibilité d'une déclaration faite par voie électronique sans donner cette possibilité à tout opérateur économique et en la réservant à des professionnels. L'amélioration de ce système de la déclaration électronique pourra permettre, sans doute, dans un proche avenir, à l'opérateur économique de recevoir sans aucun intermédiaire les documents afférents aux produits du cybervendeur auprès de qui il peut effectuer un paiement électronique. Ce dernier aura la possibilité d'envoyer directement en ligne tous les documents relatifs à la transaction, à l'administration des douanes concernée, bien avant la réalisation de l'opération. Celle-ci pourra même procéder au dédouanement avant la réception effective des produits.

La différence essentielle par rapport au processus classique de dédouanement des marchandises réside dans le fait que la présence d'un intermédiaire entre l'usager et le service des douanes n'est plus une nécessité impérieuse. Dans le commerce en ligne, en effet, l'opérateur économique peut se connecter directement au terminal de la douane pour mettre les informations pertinentes à la disposition de celle-ci. Du coup, l'administration des douanes dispose d'une certaine marge de manœuvre qui lui permet de définir un régime douanier spécifique à certaines structures de production. Les avantages sont nombreux pour une économie nationale ou communautaire en termes de préservation de l'emploi, d'amélioration de la productivité et du « cash-flow[339] » des entreprises.

Il est vrai que, dans ce cas, l'avantage de la solvabilité qu'offre la présence du commissionnaire en douane dans le commerce classique n'existe plus, mais les transactions y gagnent en célérité et en souplesse. Ce qui, en définitive, coïncide avec l'esprit global de facilitation et de sécurisation du commerce en cours au sein des instances mondiales.

---

[339] Il s'agit de *la portion liquide de la capacité d'autofinancement obtenue dans l'année et qui ne sert pas à acheter de nouveaux éléments d'actif et à rembourser les échéances normales d'emprunts.* http://fr.wikipedia.org.

CHAPITRE II

LA RATIONALISATION DU CONTRÔLE DOUANIER

Le contrôle des opérations d'importation et d'exportation est la mission de base du service des douanes à partir de laquelle il est possible d'induire toutes les autres (fiscale, économique). Le contrôle douanier est souvent considéré comme l'étape précédant le contentieux. Il peut être défini comme un ensemble d'investigations menées par l'administration des douanes auprès des opérateurs ou de leurs représentants, en vue de s'assurer du respect de la législation et de la réglementation douanière dans la conduite des opérations diverses.

Compte tenu des répercussions néfastes susceptibles d'être engendrées par la fraude, l'administration des douanes a mis en place une certaine organisation, marquée par une série de contrôles. Cette tâche de contrôle se matérialise par la vérification physique des marchandises lors de leur passage au cordon douanier soit à l'entrée, soit à la sortie. À cet effet, il existe un ensemble de règles de fond et de forme que les biens, faisant l'objet du commerce international doivent satisfaire avant leur introduction ou leur sortie dans un pays ou dans une communauté économique donnée. Pour concilier les intérêts du trésor public, ceux de l'entreprise et plus globalement ceux de l'usager du service public, le contrôle douanier est passé d'une étape où il était systématique à une approche de contrôle sélective. Les formes de contrôle sont contingentes et varient en fonction de la nature des marchandises, du contexte économique et politique de même que du lieu où il s'effectue. En tout état de cause, pour quelque forme qu'il puisse revêtir, il reste que, l'objectif partagé par la plupart des États du globe, est la réduction des contrôles douaniers à leur plus simple expression, mais également un contrôle efficient des échanges.

Les différentes étapes de contrôle, qui interviennent au niveau du circuit de dédouanement, sont répertoriées en quatre formes : le contrôle immédiat, différé, a posteriori et l'enquête ponctuelle. Le contrôle immédiat est exercé par les unités de première ligne et intervient au cours du processus de dédouanement. Quant au contrôle différé, il consiste en l'examen des documents, au vu des déclarations en douane et de leurs pièces jointes, après mainlevée des marchandises. En revanche, les contrôles a posteriori sont effectués par la suite, dans les écritures commerciales et les pièces comptables des opérateurs du commerce extérieur. Enfin, le procédé de l'enquête consiste en un contrôle ponctuel qui peut concerner un ou plusieurs aspects de l'activité de l'entreprise.

Schématiquement, le contrôle effectué par la douane peut être divisé en deux moments, le contrôle immédiat et le contrôle après dédouanement regroupant le contrôle différé et celui a posteriori, qui intervient après enlèvement des marchandises. Les réseaux informatiques, par la dématérialisation qu'ils induisent, rendent plus efficaces les contrôles effectués par l'administration des douanes. Que ce soit le contrôle immédiat (SECTION I) ou celui réalisé après le dédouanement (SECTION II).

SECTION I : L'AMÉLIORATION DU CONTRÔLE IMMÉDIAT

Le contrôle immédiat s'exerce après dépôt de la déclaration en douane. Il prend deux formes : d'abord, l'étude documentaire qui s'applique dans tous les cas de figure, quel que soit le régime douanier de l'opération et la nature de l'option de sélectivité choisie. Ensuite, la vérification physique des marchandises, lorsque celle-ci est prescrite par le système de la sélectivité automatique.

L'outil informatique permet d'améliorer substantiellement cette phase cruciale du dédouanement, en favorisant l'anticipation par l'accès à l'information en temps réel (Paragraphe I), mais également l'unité de contrôle douanier (Paragraphe II) et enfin l'amélioration dans le calcul du risque (Paragraphe III).

Paragraphe I- L'accès à l'information en temps réel

Le contrôle des opérations commerciales est devenu plus difficile du fait d'un environnement contraignant marqué par, d'une part, la multiplicité des acteurs du commerce international et, d'autre part, la nature des produits échangés, qui peuvent avoir plusieurs usages ou quelques fois même être immatériels. Cette complexité est d'autant plus aiguë que la célérité et la facilitation sont devenues des exigences des milieux d'affaires. Face à cette situation, la disponibilité de l'information est un facteur important. Au niveau du système douanier, cette information revêt aujourd'hui une importance décisive. En effet, le respect de l'impératif de facilitation et de simplification des procédures douanières de contrôle au niveau international a conduit la plupart des États du monde à utiliser le ciblage comme principal système de contrôle. Dans cette optique, la pratique de la visite intégrale est de plus en plus délaissée au profit d'une certaine forme de contrôle, orientée en fonction de nombreux paramètres. À l'évidence, un contrôle complet cause souvent des dommages sur les marchandises, objet de la visite et occasionne des retards préjudiciables à l'opérateur économique dans la livraison des biens. D'où, l'impérieuse nécessité d'un contrôle ciblé ou, tout au moins, à l'épreuve des marchandises en circulation.

Le ciblage ne peut pas être bien appliqué si l'information n'est pas disponible. Le renseignement est l'élément capital pour bien orienter le contrôle. Autrement, c'est un contrôle à l'aveuglette qui est effectué, ne pouvant déboucher logiquement sur rien de tangible. C'est à ce niveau que l'apport des systèmes informatiques est décisif. Les réseaux informatisés permettent de disposer de toutes les informations utiles en temps réel. Ainsi, grâce à ce médium d'un genre particulier, le service des douanes, le cas échéant, la Police et la Gendarmerie disposent de toutes les informations nécessaires, en temps réel, pour traquer les fraudeurs, délinquants et autres malfaiteurs. Il suffit de consulter son terminal pour avoir les informations nécessaires relativement à l'importateur ou aux biens.

L'immédiateté qu'induit la mise en place des systèmes informatisés est capitale pour permettre aux forces de l'ordre d'exercer leur mission de protection de la société et pour la préservation de certaines valeurs morales, éthiques, etc. Cette disponibilité de l'information est importante pour suivre avec précision le mouvement des trafics frauduleux internationaux. L'Internet peut ainsi être vu comme un instrument comportant un double visage, hideux d'un côté et radieux de l'autre. Grâce à l'immédiateté, l'inter-connectivité et la rapidité du flux informationnel, il constitue un terreau fertile pour les criminels de tout genre qui profitent de ces avantages pour accomplir leur forfait. En même temps, il se présente comme un puissant instrument informationnel, très efficace pour faire face à la criminalité transnationale organisée.

Paragraphe II : L'unité de contrôle

L'unité peut être notée dans le temps que prend le contrôle (I), mais également dans le domaine du contrôle (II).

I- L'unité temporelle

De façon classique, le contrôle exercé par l'administration des douanes, à l'occasion des mouvements internationaux de marchandises, occupe une séquence temporelle assez large.

C'est de ce point de vue que l'apport des techniques informatiques est important, pour l'activité commerciale, en général. Elles permettent un regroupement du contrôle dans le temps. Ainsi, le vérificateur peut exercer un contrôle complet de toutes les informations nécessaires pour le dédouanement. Les services des enquêtes peuvent, en même temps que le vérificateur, procéder au contrôle des éléments utiles au dédouanement. Cela est, sans doute, rendu possible par l'inter-connectivité des réseaux informatiques.

Les avantages pouvant découler de ce double contrôle simultané peuvent être appréciés à différents niveaux. Aussi, du côté de l'opérateur économique, l'institution du contrôle unique simultané lui permet de se débarrasser de la hantise d'un contrôle postérieur, avec toutes les conséquences qui peuvent en découler. Mais également, ce système assure une plus grande sécurité dans le mouvement régulier des marchandises au niveau international[340]. En effet, ce double contrôle simultané permet éventuellement de déceler, en tout cas mieux que dans le système simultané classique, les risques de fraude et autres atteintes à la sécurité collective (terrorisme, drogue, etc.).

Les outils informatiques permettent également de réaliser une unité matérielle du contrôle.

II- L'unité matérielle du contrôle

La procédure classique de dédouanement obéit à des étapes précises dans la phase qui suit l'établissement de la déclaration en détail. Ainsi, un premier niveau de contrôle est exercé au niveau des sections, dit contrôle de recevabilité. C'est une vérification sur pièce aux fins d'examiner la totalité des documents exigibles. Ensuite, un second niveau de contrôle est exercé par les services de la visite. C'est un contrôle sur pièce et éventuellement sur place.

On constate donc un éparpillement du contrôle, qui n'est pas pour assurer une grande sécurité des transactions internationales. L'automatisation du dédouanement permet de concentrer le circuit du dédouanement en un pôle unique. Les nouvelles technologies permettent justement d'absoudre ce distinguo classique entre services des écritures et

[340] Cette importance des réseaux informatiques et des nouvelles technologies dans la simplification des procédures douanières et des techniques de contrôle a été relevée dans la Communication de la Commission au Conseil, au Parlement européen et au Comité économique et social européen, du 24 avril 2003, « *un environnement simple et sans support papier pour la douane et le commerce* », Journal officiel C 96 du 21 avril 2004.

services de la visite dans les bureaux de dédouanement. Désormais, grâce à l'inter-connectivité des réseaux, un contrôle unique peut être exercé. Les modalités de ce contrôle varient en fonction de la nature du commerce. Dans le cas du commerce électronique, le contrôle peut être seulement en ligne et sur pièce. Dans le cas du commerce physique, un contrôle unique peut être exercé sur les données intellectuelles, qui ne peut aucunement empêcher un contrôle sur place, au besoin.

En définitive, les outils et techniques électroniques permettent d'exercer un contrôle unique sur le contenu même de la déclaration, qui n'entrave en rien l'efficacité du contrôle.

Paragraphe III- L'amélioration dans le calcul du risque

Pour atteindre l'efficacité souhaitée dans les actions de contrôle, l'approche sélective, basée sur l'analyse du risque spécifique, est souvent privilégiée par la plupart des administrations des douanes[341]. C'est à la suite d'un calcul minutieux du degré de risque que comporte une transaction qu'un ciblage pertinent peut être mené. Le contrôle douanier sélectif des marchandises a permis une rentabilité meilleure à travers le ciblage optimal des manœuvres frauduleuses touchant la législation et la réglementation douanière et commerciale en vigueur. Reste que, dans ce système d'information de l'administration, la sélection et le ciblage des opérations à haut risque se font sur la base d'une évaluation objective. Celle-ci intègre, aussi bien les risques réels que potentiels et tient compte surtout du bon comportement des partenaires à travers les transactions commerciales réalisées antérieurement.

L'opération est traitée en fonction du risque de fraude qu'elle comporte. Le seuil de risque est déterminé à partir de la confrontation de différents paramètres. Ces éléments de référence sont aussi divers que variés et peuvent reposer sur la fréquence de la fraude, le contexte économique et social, le lieu d'origine, etc. En tout état de cause, la détermination de ce risque est effectuée à la suite d'un ensemble de paramètres qui sont combinés pour aboutir à la fixation d'une échelle de risque. C'est le niveau de risque fixé qui oriente l'action de celui qui a en charge la vérification d'une opération donnée. Ainsi, plus le risque est élevé, plus l'agent doit accentuer le contrôle pour déceler toute fraude

[341] La Convention de Kyoto révisée (CKR), élaborée par l'Organisation mondiale des Douanes, principale convention douanière en matière de facilitation des échanges, engage dans son annexe générale, qui est contraignante, les parties contractantes à une application des techniques de gestion des risques et contrôle par audit.

éventuelle. Les systèmes informatisés permettent de disposer d'un ensemble d'informations et d'évaluer correctement le risque de fraude. Ici encore, c'est l'information qui est l'élément essentiel à partir duquel le taux de risque est déterminé.

Le recours aux technologies de l'information permet de réduire substantiellement le personnel utilisé dans le cadre des contrôles. En effet, le nombre d'agents dédiés au contrôle est insuffisant dans la plupart des pays[342]. Cela est lié à la baisse générale des effectifs de la fonction publique. En même temps, la fraude et les différents trafics évoluent et surtout empruntent tous les jours des formes nouvelles. Dès lors, la problématique du contrôle devient de plus en plus complexe. Il s'y ajoute que, malgré l'accroissement substantiel du volume des opérations commerciales au niveau mondial, l'option des administrations douanières est de moins contrôler, mais mieux contrôler avec cette dynamique actuelle de partenariat avec l'entreprise et de facilitation des échanges [343]. Les contraintes sont particulièrement marquées pour les pays en développement. En effet, ceux-ci sont confrontés à la fois, à l'augmentation des flux commerciaux et aux exigences des opérateurs privés, et aux pressions de leurs autorités pour sécuriser leurs recettes. Pour faire face à ces impératifs contradictoires et assurer sa mission de contrôle, la douane recourt de plus en plus aux outils informatiques et développe des techniques et des méthodes nouvelles basées sur le contrôle non intrusif, le ciblage et surtout la mise en place d'un système, parfois complexe, mais pratique de gestion du risque. À cet égard, pour évaluer le risque et limiter efficacement les contrôles, les douanes recourent de plus en plus au data mining et aux techniques de scoring contribuant sensiblement à la modernisation des administrations[344]. Le scoring consiste à mettre en place un système d'aide à la décision pour sélectionner efficacement les opérations à contrôler. Tandis que le data mining désigne l'ensemble des techniques et méthodes dans les domaines des statistiques, des mathématiques et de l'informatique qui permettent de sortir d'un grand volume de données, des connaissances précises sur des éléments inconnus auparavant. Cette technique permet d'analyser et

---

[342] Le Sénégal ne fait pas exception à la règle et réduit régulièrement le nombre d'agents dédiés au contrôle immédiat. Pour le contrôle a posteriori, un effort louable d'amélioration des effectifs a été fait récemment.

[343] GEOURJON, Anne-Marie et Al, *Contrôler moins pour contrôler mieux : l'utilisation du data mining pour la gestion du risque en douane,* CERDI, Études et Documents, E 2012, http://www.cerdi.org.

[344] GEOURJON, Anne-Marie et Al, « Contrôler moins pour contrôler mieux », *Op.cit.*

d'interpréter des données volumineuses, contenues dans une ou plusieurs bases de données afin de dégager des tendances. Le data mining permet de créer des catégories statistiques composées d'éléments similaires afin de proposer des hypothèses. Ainsi, le recours au data mining dans l'élaboration des systèmes d'analyse et de gestion du risque pourrait permettre d'engager un processus irréversible de réalisation d'objectifs importants au plan de la modernisation des administrations : la segmentation des opérateurs, l'introduction de contrats de performance, etc.

SECTION II : L'AMÉLIORATION DU CONTRÔLE APRÈS DÉDOUANEMENT

Le contrôle après dédouanement regroupe toutes les vérifications effectuées par l'administration des douanes après mainlevée des marchandises. Il s'agit notamment du contrôle différé et du contrôle a posteriori. Le contrôle différé consiste en l'examen des documents, au vu des déclarations en douane et de leurs pièces jointes, après mainlevée des marchandises. Il a pour but de s'assurer de la bonne application du tarif et de la réglementation et consiste à procéder sur place, aux contrôles qui n'ont pas été effectués au bureau ou poste des douanes, ou simplement à réexaminer des déclarations déjà contrôlées. Le contrôle différé constitue une phase complémentaire dans le processus de dédouanement. Ce contrôle est effectué indépendamment du résultat du contrôle sélectif, et demeure essentiellement documentaire. La mécanisation du système de sélectivité pour le contrôle différé, actuellement en cours de réalisation, est de nature à uniformiser les règles de comportement et de l'exercice de ce contrôle.

En revanche, les contrôles a posteriori sont effectués, par la suite, dans les écritures commerciales et les pièces comptables des opérateurs du commerce extérieur. Ils ont pour but d'approfondir, par des interventions chez les opérateurs du commerce extérieur, le contrôle de certaines opérations, de certains trafics, et même de tout ou une partie de l'activité du commerce extérieur de l'entreprise contrôlée. Les contrôles *a posteriori* s'exercent au siège de la société ou au lieu de son principal établissement. Toutefois, en cas de nécessité et à l'initiative de l'administration, ils peuvent s'effectuer dans les locaux des personnes physiques ou morales directement ou indirectement liées au contribuable soumis au contrôle.

L'objectif recherché, à travers ce procédé de contrôle, est de relever les lacunes de nature réglementaire non décelées lors des étapes précédentes de contrôle et de s'assurer de la pertinence des contrôles immédiats et différés.

La dématérialisation des procédures et documents de commerce extérieur permet une concentration et un meilleur ciblage du contrôle exercé par le service des douanes, par la centralisation des données numérisées (Paragraphe I), leur disponibilité (Paragraphe II) et l'archivage électronique (Paragraphe III).

Paragraphe I- La centralisation des données numérisées

Les systèmes informatisés favorisent le regroupement de l'ensemble des informations relatives à un opérateur économique donné ou à des opérations précises, en un endroit unique. Toutes ces informations sont centralisées dans le réseau informatique. La tâche du vérificateur des douanes est alors très aisée. Il lui suffit de consulter son terminal pour disposer des informations pertinentes.

Il reste à préciser que toute information n'est pas accessible à tout le monde. En effet, l'information est normalement compartimentée dans le réseau informatique. Chaque autorité douanière, en fonction de ses responsabilités et de son grade, a accès à un certain nombre relatif d'informations. De la même manière, l'accès à l'information est régi par le statut du requérant. Ainsi, selon que l'on soit membre de l'administration douanière ou opérateur privé, on a une interface différente.

Par conséquent, les informations sont centralisées au sein des réseaux informatiques, mais l'accès à ces données est fortement réglementé. Ce qu'il faut retenir, et qui nous intéresse ici, c'est que les informations nécessaires à toute opération de contrôle se trouvent dans un même habitacle.

Les réseaux informatiques assurent, en marge de la centralisation de l'information, une disponibilité de celle-ci.

Paragraphe II- La disponibilité des données numérisées

L'accès aux données relatives à une opération d'importation ou d'exportation est devenu très aisé avec les systèmes informatiques. Il suffit d'un clic de souris pour que l'agent, qui doit effectuer le contrôle, visualise tous les éléments d'appréciation qui doivent être pris en compte dans le processus de dédouanement. L'efficacité de l'Administration des douanes dans la réalisation de ses tâches de contrôle varie beaucoup en fonction de la qualité de son réseau informatique, mais aussi de la qualité des informations contenues de ce système.

Actuellement, les services qui ont en charge la gestion des systèmes informatiques jouent un rôle stratégique dans le dispositif organisationnel douanier. Au Sénégal, le service qui gère le système informatique a été érigé, en 2000, au rang de Direction pour permettre une bonne prise en charge du système informatique douanier[345].

Dans le même registre, l'Organisation mondiale des douanes recommande aux États, le recours aux nouvelles technologies, pour permettre aux administrations, entre autres, de gérer au mieux l'accès et la conservation des données[346].

En fait, bien avant la mise en place des systèmes, l'accès et la conservation des données relatives aux opérateurs économiques ou aux opérations d'échange se réalisaient dans des conditions difficiles. Tout était consigné dans des documents écrits. L'agent vérificateur était obligé de rechercher souvent dans des piles de documents en beaucoup de temps. Dans bien des cas, le document recherché n'est pas trouvé ou est dans un état qui ne permet pas une bonne exploitation.

Les systèmes informatiques permettent justement de pallier cette carence. En effet, les données utiles au dédouanement et au contrôle douanier sont stockées au niveau du réseau. Le vérificateur consulte juste la machine pour disposer des informations nécessaires. Ce qui constitue une avancée certaine dans le sens du renforcement de l'efficacité du contrôle exercé par le service des douanes. Mais, pour bien prendre en charge le phénomène du commerce en ligne, les règles douanières doivent évoluer.

Paragraphe III- L'archivage électronique

Le développement des technologies de l'information a profondément modifié les méthodes de travail en facilitant et en accélérant considérablement la production, le partage et le stockage d'informations numériques. Ces avantages naturels de l'archivage électronique facilitent le contrôle après dédouanement, réalisé après que les marchandises aient

[345] Arrêté n°8381 /MEF/DGD du 25 août 2000 portant organisation de la Direction générale des douanes du Sénégal.

[346] La Convention de Kyoto révisée (CKR) prévoit notamment les principes essentiels pour des régimes douaniers simplifiés et harmonisés : prévisibilité, transparence, application selon les procédures prévues, utilisation maximale de la technologie de l'information et recours aux techniques douanières modernes.

été enlevées et se trouvent généralement, cédées, utilisées ou consommées, le cas échéant.

L'archivage des documents électroniques renvoie à l'idée de pérennité de l'information avec la possibilité de la restituer intègre et fidèle, c'est-à-dire identique en tout point à celle de son origine. Il s'inscrit dans une gestion « efficiente » des données numériques par la prise en compte du cycle de vie de l'information ainsi que de la conservation pérenne des données à forte valeur juridique, stratégique et/ou patrimoniale qui sont souvent la seule trace de l'activité de l'administration[347]. Leur perte constituerait à la fois un risque juridique et un risque majeur pour la continuité des activités. L'archivage numérique est donc un processus dynamique qui commence dès la création des documents.

La notion d'« archivage électronique » introduit, par conséquent, celle de « gouvernance des données numériques ». Cette opération vise à conserver des informations ayant une valeur probatoire ou des effets juridiques et concerne toutes les personnes juridiques sans exception, qu'elles soient physiques, morales, privées ou publiques. Ce faisant, la conservation porte sur des documents servant de pièces justificatives dans le cadre de contrôles administratifs et permet également la production d'actes juridiques valant preuve en cas de litige.

Toutefois, les données numériques sont par nature très vulnérables, car elles sont facilement manipulables et falsifiables. C'est pourquoi l'archivage électronique est devenu un véritable enjeu pour les directions des systèmes d'information.

Pour les commissionnaires en douane agréés, déclarants en douane, la problématique qui se pose est celle de la conservation des données électroniques dans des conditions qui puissent en garantir l'intégrité et la confidentialité. D'autant plus que l'article 123, alinéa 2 du code des douanes du Sénégal fait obligation à toute personne physique ou morale qui accomplit pour autrui des opérations de douane « *de conserver les répertoires ainsi que les correspondances et documents relatifs à ses opérations douanières pendant trois ans à compter de la date d'enregistrement des déclarations de douane correspondantes* [348]». Dans une perspective de dématérialisation forte de ces procédures et formalités du commerce extérieur, il va sans dire que cette dynamique va être

[347]DUNBERRY, Éric (2002), L'archivage des documents électroniques in de l'ouvrage collectif sous la direction de Vincent GAUTRAIS, « Droit du commerce électronique », Éditions Thémis, p.87.

[348] Article 92 du code des douanes français.

totalement changée au Sénégal. À cet égard, l'article 37 de la loi n° 2008-08 du 25 janvier 2008 sur les transactions électroniques dispose que « *La conservation des documents sous forme électronique doit se faire pendant une période de dix (10) ans et dans les conditions suivantes :*

1) l'information que contient le message de données doit être accessible, lisible et intelligible pour être consultée ultérieurement ;

2) le message de données doit être conservé sous la forme sous laquelle il a été créé, envoyé ou reçu, ou sous une forme dont on peut démontrer qu'elle n'est susceptible ni de modification ni d'altération dans son contenu et que le document transmis et celui conservé sont strictement identiques ;

3) les informations qui permettent de déterminer l'origine et la destination du message de données, ainsi que les indications de date et d'heure de l'envoi ou de la réception, doivent être conservées si elles existent[349]. »

Si la loi vise la conservation des documents électroniques, elle ne traite pas des formes et des modalités d'archivage. L'archivage des documents est une obligation qui incombe à l'opérateur, qui devrait disposer, à cet effet, d'une autonomie du mode d'archivage. Jusqu'ici, la douane stockait du papier. Avec le dédouanement électronique, l'administration dispose toujours de l'original, l'opérateur n'ayant seulement qu'une copie.

Cependant, l'autonomie dans l'archivage devrait être donnée à l'opérateur qui effectuera une opération libre dans la mesure où l'opérateur peut archiver chez lui ou chez un tiers (même à l'étranger). S'agissant du « tiers archiveur », un contrat doit être établi, listant les besoins de l'opérateur (durée, utilisation des données, contrôles des procédures d'archivage et d'accès, contrôle de l'intégrité).

Enfin, le caractère « réversible » de l'archivage doit aussi être envisagé : si le tiers archiveur disparaît (cas d'une fermeture par exemple), il faut prévoir les modalités de récupération et de stockage des archives et donc penser le cas échéant à ré-internaliser cette fonction.

Toutefois, l'administration des douanes devrait procéder à la définition de standard technique. Sur ce dernier point, les exigences de la loi sur les transactions électroniques sont théoriques, car inaccessibles en

[349] C'est ce délai que prévoit l'alinéa 3 de l'article 123 du code des douanes du Sénégal qui précise que « *La conservation des documents sous forme électronique doit se faire pendant une période de dix (10) ans* ».

pratique : il faudra donc adopter des normes qui y dérogeront. Le législateur a posé certains aménagements qui méritent attention dans la mesure où ils peuvent avoir des incidences sur l'archivage électronique. Le texte impose à la preuve littérale sous forme électronique que l'intégrité de l'acte, dans tout son cycle de vie, c'est-à-dire de son établissement à sa conservation, soit garantie. La conservation devra préserver les fonctions essentielles de l'acte : identification et intégrité, c'est-à-dire qu'elle devra porter à la fois sur le document signé lui-même ainsi que sur les éléments permettant sa vérification (certificat électronique et liste de révocation des certificats). En tout état de cause, l'archivage électronique doit être considéré comme une conservation active.

De même que pour l'intelligibilité, il est nécessaire d'entendre l'archivage électronique comme une conservation « active » à même de garantir la restitution de l'identification de l'auteur et de l'intégrité de l'écrit électronique. À défaut d'une adaptation des moyens d'archivage électronique aux évolutions technologiques, la sécurité et la durabilité (au sens « détection de toute altération ou modification ultérieure de l'acte ») exigées de la conservation électronique pour garantir la force probante de l'écrit électronique, risqueraient d'être amoindries.

En conséquence, il serait souhaitable que le service d'archivage proposé offre une conservation active des documents électroniques permettant de changer de support pendant la période de temps de conservation qui peut être plus ou moins longue selon les documents.

Des difficultés sont également rencontrées dans le cadre de l'identification de la version validée d'un document et relativement à l'accès à l'information pertinente, nécessaire à la prise de décision. D'autre part, le support et le contenu de l'information ne sont plus indissociables, ce qui entraîne des conséquences majeures. En effet, l'affichage d'une information numérique est le résultat d'une harmonie entre systèmes logiciels, systèmes matériels, systèmes d'exploitation et périphériques. Ils sont tous soumis à des rythmes différents et de plus en plus rapides, qui entraînent un risque d'obsolescence technologique. Des stratégies de pérennisation, étayées par les nombreuses normes existantes dans le domaine, doivent, par conséquent, être anticipées et mises en œuvre, dès lors que les durées de conservation sont de 10 ans.

Chapitre III

Le cloud computing, une nouvelle ère pour la douane et le commerce ?

Le « cloud computing » pourrait provoquer une vraie révolution dans le secteur informatique. Pour beaucoup d'acteurs, il implique un changement complet de modèle économique. Jusqu'à présent, c'est la vente - de logiciels et de matériel - qui prévalait. Avec cette technique, c'est la location qui s'impose. Des positions concurrentielles pourraient dès lors être remises en cause. Pour autant, cette nouvelle technique, préfigure-t-elle une nouvelle ère pour la douane et le commerce ?

Le *« cloud computing »*, littéralement *« l'informatique dans les nuages »*, est une notion apparue assez récemment, mais dont les prémices remontent à quelques années, notamment à la technologie des grilles de calcul, utilisée pour l'évaluation scientifique[350].

Rupture technologique ou simple effet de mode ?

En tout état de cause, le « cloud computing » n'est plus un concept brumeux, il a déjà connu ses premières applications. La solution « cloud » propose de mutualiser les systèmes de traitement et de stockage, afin de répondre à tous les besoins informatiques sous forme de services. C'est un ensemble de prestations informatiques, accessibles via Internet, qui peuvent aller du simple stockage de données jusqu'à l'externalisation de pans entiers de l'infrastructure informatique. Plus précisément, il peut être défini comme le *« mode de traitement des données d'un client, dont l'exploitation s'effectue par l'Internet, sous la forme de services fournis par un prestataire. L'informatique en nuage est une forme particulière de gérance de l'informatique, dans laquelle l'emplacement et le fonctionnement du nuage ne sont pas portés à la connaissance des clients*[351]. »

[350] Certains spécialistes contestent la nouveauté du concept. Dans un rapport, des analystes du cabinet Accenture notent que la "virtualisation", qui consiste à mutualiser sur un même serveur des applications tournant sur des machines différentes, et qui est à la base du "cloud computing", remonte aux années 1960.

[351] Le Journal officiel de la République française du 6 juin 2010.

Pour les entreprises, le *« cloud computing »* consiste à externaliser les ressources numériques qu'elles stockent. Ces ressources - serveurs offrant des capacités de calcul, du stockage, logiciels de messagerie électronique, de paie - sont mises à disposition par des sociétés tierces et accessibles, grâce à un système d'identification, via un ordinateur et une connexion à Internet. En simplifiant, il s'agit d'externaliser complètement son informatique. La puissance de calcul, les capacités de stockage et les applications sont proposées sous forme de « services », généralement en location. Les serveurs et les unités de stockage se trouvent « quelque part » dans le monde, peu importe le lieu. L'utilisateur n'a plus à s'en préoccuper, à condition d'avoir pleinement confiance en son prestataire.

Il ressort de ces acceptions que la technique du « cloud computing » nécessite trois conditions cumulatives : Internet, une externalisation et une incertitude quant à l'emplacement et au fonctionnement du service.

Par ailleurs, il existe des « cloud computing » publics qui constituent des services partagés auxquels toute personne peut accéder à l'aide d'une connexion Internet, sur une base d'utilisation sans abonnement. Il y a aussi des « cloud » privés dont l'accès peut être limité à une seule entreprise ou à une partie de celle-ci. En définitive, la seule spécificité du « cloud computing » est constituée par l'incertitude quant à l'emplacement et au fonctionnement du nuage.

L'apparente facilité de cette offre en explique le développement pour les particuliers (messagerie électronique, stockage de photos, etc.) et les entreprises (applications, logiciels professionnels, archivage de données...). Compte tenu des avantages certains liés à cette technique, sa mise en œuvre par le service des douanes contribuerait à une amélioration notable du traitement des échanges commerciaux. Cependant, la concentration de données dans le « nuage » pourrait générer de nouveaux risques, notamment pour la Douane et les opérateurs économiques.

Paragraphe I- Une amélioration de l'action douanière

Le « cloud computing » est basé sur une offre de service dynamique et modulable qui elle-même, repose sur le fait que l'information est stockée et accessible dans n'importe quel point du nuage et non nécessairement sur un serveur parfaitement identifié. Par conséquent, à la différence des solutions précédentes d'externalisation, le « cloud » induit une dispersion de l'information.

Le recours à cette technique pourrait permettre de renforcer l'interopérabilité entre la Douane et ses partenaires (I) et contribuer à l'amélioration du contrôle (I).

I. Le renforcement de l'interopérabilité entre la douane et ses partenaires

Le dédouanement repose, dans les administrations des douanes modernes, sur un réseau informatique qui assure l'essentiel des opérations d'amont en aval. Ce réseau assure, dans certains pays, une connexion des différents acteurs qui interviennent dans le processus de dédouanement.

Avec le « cloud », les applications n'ont plus besoin d'être déployées sur chaque poste utilisateur. La mise à jour des applications se fait en un seul endroit. Les administrations des douanes ne sont plus, désormais, dans l'obligation de disposer d'une capacité importante de stockage en interne. Les applications et les données sont stockées sur des serveurs extérieurs. Les applications et les données sont disponibles sur l'Internet donc, pouvant être « attaquées » à partir de n'importe quel périphérique (ordinateur portable, Smartphone…). L'accès aux mêmes informations par tous les acteurs du commerce extérieur, à partir de la même application et en temps réel, permet une nouvelle forme de collaboration entre la douane et ses partenaires. Ainsi, par exemple plusieurs pôles peuvent travailler simultanément sur un même programme. Les modifications apportées par les différents acteurs apparaissent en temps réel sur chaque écran. Les usagers peuvent accéder à différents services et prestations de la douane dans des délais plus rapides que ceux traditionnellement en vigueur. Les opérateurs économiques, les commissionnaires en douane agréés pourront bénéficier des applications logicielles dans leur version optimale. Il en découle des bénéfices, au plan financier, pour la douane et pour les autres acteurs intervenant dans l'encadrement du commerce extérieur. Les investissements en termes de matériel et de logiciel informatique sont réduits. L'intérêt du *« cloud »,* de ce point de vue, est évident. Au lieu d'acheter des serveurs et des logiciels, qui ne sont pas totalement utilisés, la douane, de concert avec quelques partenaires, peut les louer et alors, ne payer que pour l'usage qu'elle en fait. Elle peut aussi, en quelques minutes, accéder à des capacités de stockage et de calcul supplémentaires, auxquelles elle n'aurait pu prétendre si elle devait les acheter seule.

II. L'amélioration du contrôle douanier

Le principal atout sécuritaire du « cloud » est potentiellement une centralisation des mesures et audits de sécurité. Les services « cloud » se fondent, avant tout, sur la centralisation des données dans ce nuage composé de serveurs. Ce faisant, leur adoption permet aussi de centraliser le stockage de données qui, avant, étaient dispersées sur un grand nombre de matériels ou de périphériques portables. Ainsi, les fournisseurs de solutions « cloud » garantiront généralement des niveaux de sécurité bien supérieurs à ceux des méthodes informatiques plus traditionnelles. Cela sert également à réduire considérablement le risque de perte ou de vol de données. En outre, il permet de partager des infrastructures, des technologies (applications et services basés sur le web) et de diminuer les dépenses et la consommation énergétique. De ce point de vue, la solution « cloud » favorise un regroupement ou plutôt une rationalisation du contrôle douanier. De façon classique, le contrôle exercé par l'administration des douanes, à l'occasion des mouvements internationaux de marchandises, occupe une séquence temporelle assez large, qui sera substantiellement réduite avec l'adoption de ce système. Cette technique permet de concentrer le circuit du dédouanement en un pôle unique de dédouanement. Par conséquent, le schisme établi entre le contrôle dit immédiat et le contrôle a posteriori perd de sa pertinence. Un contrôle unique et simultané suffit. Cependant ces avantages s'accompagnent de nouvelles menaces.

Paragraphe II- Des risques pour la douane et pour les opérateurs économiques

Le recours au « cloud computing » peut susciter un certain nombre d'interrogations.

Que fait le fournisseur de solution « cloud » avec les données fournies ?

Que deviennent les données et les applications si le fournisseur tombe en faillite ?

Quid de l'utilisation de ces outils, avec des partenaires installés dans des pays très éloignés et disposant d'un ordre juridique radicalement différent ?

Ces questions revêtent un cachet particulier en matière douanière, où les données sont souvent très sensibles et relèvent de la souveraineté intrinsèque des États.

Ces interrogations permettent de mettre en perspective un ensemble de risques, pour la Douane et pour les opérateurs économiques, occasionnés par l'adoption de la technique de « *l'informatique dans les nuages* ». Ces risques sont relatifs notamment à la confidentialité et la sécurité des données (I), au traitement des données à caractère personnel (II), à la propriété intellectuelle (III) et enfin à la souveraineté des États (IV).

I. Les risques liés à la confidentialité et la sécurité des données

Le recours à une solution de type « cloud » soulève immédiatement des questions sur la confidentialité, la sécurité et la disponibilité des moyens informatiques.

Quid des données stratégiques de la douane ou de celles d'une entreprise, dès lors qu'elles sont stockées par une société tierce ?

L'accès aux données et aux applications est réalisé entre le client et la multiplicité des serveurs distants. Leur mutualisation et la délocalisation de ceux-ci, multiplient donc les risques. L'accès aux services induira des connexions sécurisées et une authentification des utilisateurs, posant alors le problème de la gestion des identifiants et celui des responsabilités (accès non autorisé, perte ou vol d'identifiants, etc.).

Pour les mêmes raisons, on peut noter également un risque de perte de données qu'il faut évaluer et anticiper dans le cadre de procédures de sauvegarde adaptées (stockage dans des espaces privés, en local, en environnement public, etc.) De même, il existe également des risques, au regard de la confidentialité des données (fuites), compte tenu du nombre de serveurs et la délocalisation de ceux-ci.

II. Les risques liés au traitement des données à caractère personnel

La mise en place de services de « cloud computing » fait naître un certain nombre de risques par rapport aux données à caractère personnel. Ces risques sont aggravés en cas de transferts transfrontaliers de données.

Les dispositions législatives et réglementaires relatives au traitement des données à caractère personnel imposent au traitant un ensemble d'obligations, et notamment des formalités déclaratives, des astreintes en matière de collecte et de durée de conservation. En outre, il est tenu de mettre en œuvre des mesures de sécurité proportionnées à la nature des données. Ce qui signifie que les inexécutions potentielles pourront entraîner la mise en jeu de sa responsabilité, dans le cadre de procédures administratives ou pénales, et naturellement générer un risque d'atteinte à son image et sa réputation.

III. Les risques liés à la propriété intellectuelle

La propriété intellectuelle des créations de l'établissement, intégrées dans le système d'information hébergé dans le « cloud », représente également une question délicate. Les créations peuvent être de différentes natures, notamment des logiciels, des éléments protégés par les droits d'auteur, par le droit des marques, des brevets, par la protection intuitu personae des bases de données ou le savoir-faire.

IV. Les risques liés à la souveraineté des États

Les données hébergées par un serveur relèvent de la législation du pays où se trouve physiquement ce serveur. Que se passe-t-il dans un « cloud » constitué de plusieurs centres de données, répartis dans différents pays ?

La question ne présente pas seulement un intérêt théorique. Un pays comme le Luxembourg impose de conserver certaines données dans un serveur situé sur son sol. D'autres pays ont des législations restrictives sur le chiffrement.

La localisation des données pourra déterminer le droit applicable au patrimoine informationnel de l'entreprise, sachant que les données hébergées sur des serveurs informatiques peuvent être transférées dans un pays ou un autre, voire dans plusieurs pays, en fonction des choix techniques du prestataire. Les procédures administratives ou judiciaires étrangères peuvent être méconnues, différentes, voire contradictoires avec les procédures nationales.

Deuxième partie

L'adaptation du droit douanier au commerce électronique

« Ubi Societas Ubi Jus » dit l'adage. Il existe dans chaque société des normes appelées à régir la relation sociale. La règle de droit est présente dans tout lieu où se déploient des interactions humaines. La nature, le contenu ainsi que les caractères spécifiques de cette règle de droit sont contingents et varient en fonction du cadre dans lequel elle intervient. Ainsi, tout corpus de règles juridiques obéit à des rationalités, selon le mot du professeur Pierre TRUDEL, se déclinant en principes, valeurs et intérêts qui en sous-tendent la légitimité[352].

Le cybermonde procède à une mutation des rationalités en consacrant l'aspect transnational, mais surtout la dématérialisation comme clé de voûte de tout un système normatif. Les nouveaux environnements électroniques induisent un changement de perspectives, de visions, de façons de faire, de concevoir le monde et les problèmes qui se posent. Les équilibres établis par les règles de droit classiques sont rompus avec les technologies de l'information. D'où, la nécessité urgente d'établissement de nouvelles normes, mieux adaptées au monde virtuel.

Par ailleurs, compte tenu de la relativité de la notion de frontière, de la décentralisation et de la rapidité de l'information, qu'induisent les nouvelles technologies, une démarche législative purement nationale est illusoire. Il est nécessaire d'établir des normes à un niveau international en partant de certains principes communs aux États. Le cyberespace, tel qu'il est configuré, ne pourra être gouverné que par les règles spécifiques s'appliquant à une communauté particulière gravitant dans le « lieu sans lieu » de la cybernétique. La prise en compte du commerce électronique, pour être efficace, doit passer par deux étapes précises. Il s'agit d'un réaménagement matériel des règles douanières qui ont vocation à s'appliquer dans un territoire déterminé, mais également de la mise en

352 TRUDEL, Pierre, « Quel droit et quelle régulation dans le cyberespace ? », *Op.cit.*, p. 196.

œuvre, au niveau international d'accords sur certains aspects. Ainsi, l'adaptation du droit douanier au commerce électronique et à la dématérialisation passe par l'établissement d'accords internationaux (TITRE I) et par la refonte de l'architecture du droit douanier (TITRE II).

TITRE I

LA NÉCESSITÉ D'ACCORDS INTERNATIONAUX EN MATIÈRE DOUANIÈRE

Les règles internationales actuelles en matière douanière ne permettent pas encore de bien prendre en charge le commerce électronique, notamment sous la forme directe et plus généralement les activités développées à partir des réseaux informatiques[353]. La détermination d'une règle internationale appelée à régir le cyberespace n'est pas aisée et passe par la réponse à de nombreuses questions. Peut-on instituer une règle internationale régissant tous les aspects du cyberespace ?, ou au contraire faut-il pour chaque domaine particulier (propriété intellectuelle, protection des données personnelles, etc.) trouver un accord international ? Quels seraient les mécanismes de la mise en œuvre de cet accord international ? Quelles institutions internationales en assureraient l'exécution ? À qui cet accord international s'appliquerait-il, a priori ?

La réponse à cet ensemble d'interpellations n'est pas facile tant il existe différentes approches, différentes sensibilités à l'égard du phénomène des technologies de l'information et en particulier de l'Internet. Mais, il est possible d'affirmer qu'une approche commune à un niveau mondial, symbolisée par l'adoption d'un instrument international unique, servant de base au droit du cyberespace n'est pas envisageable. En effet, on peut dire à la suite de Mme Elisabeth LONGWORTH que « *si les analystes ont pu envisager assez facilement d'adapter diverses lois existantes aux systèmes électroniques dans le cadre des réseaux mondiaux, il est beaucoup plus malaisé d'imaginer une stratégie qui supposerait d'adopter une approche mondiale unifiée*

[353] Le Professeur Mireille DELMAS-MARTY (1994), note qu' « *à l'échelle planétaire, l'espace normatif n'est encore que très faiblement ordonné. D'où l'intérêt de combiner conformité et comptabilité pour s'efforcer d'organiser la diversité des systèmes et en imposer l'impossible unité, car la recherche d'un ordre planétaire unifié risquerait d'aboutir à un ordre totalitaire, imposant l'hégémonie d'une culture, d'un État ou d'une région sur les autres* », in Pour un droit commun, Le Seuil, Paris, p.267.

de la construction du droit et s'adapterait au dynamisme des relations dans le cyberespace[354] ».

Il en découle la nécessité de mettre en place plusieurs instruments internationaux, en fonction des domaines d'études particulières (signature électronique et preuve, fiscalité, lutte contre la fraude, etc.). Ces règles, à caractère international vont ainsi être considérées comme une partie intégrante de ce qu'il est convenu d'appeler droit des technologies de l'information et, dans une certaine mesure, droit du cyberespace[355]. En matière douanière, ces accords internationaux ont une importance particulière, notamment dans deux domaines que sont la fiscalité et la lutte contre la fraude. Dès lors, il convient de voir les contours que devraient revêtir les modalités de la taxation du commerce électronique (CHAPITRE I), mais également la lutte contre la fraude en ligne (CHAPITRE II).

---

[354] Elisabeth LONGWORTH, Opportunité d'un cadre juridique applicable au cyberespace, y compris dans une perspective néo-zélandaise, Les dimensions internationales du droit du cyberespace, Collections droit du cyberespace, Éditions UNESCO, p.13 et s.

[355] HUET, J. (1997), « Aspects juridiques du commerce électronique : approche internationale », *P.A.*, http://www.petites-affiches.presse.fr

CHAPITRE I

LE COMMERCE ÉLECTRONIQUE : QUELLE FISCALITÉ ?

La partie fiscale du droit douanier, dont la particularité évidente est de regrouper l'ensemble des dispositions d'essence fiscale, est fortement bouleversée par les technologies de l'information, notamment l'Internet, compte tenu de la dématérialisation et de l'exterritorialité. Le fondement traditionnel de la perception des droits de porte est l'idée de traversée matérielle des frontières physiques. Or, les échanges en ligne s'opèrent indifféremment des frontières étatiques[356]. Il en résulte une impossibilité objective pour les catégories juridiques classiques de la norme douanière, en particulier celles à vocation fiscale, de saisir totalement le commerce électronique.

Doit-on pratiquer le laisser-faire pour le commerce électronique, notamment par Internet ou au contraire le soumettre à la fiscalité ?

La réponse apportée par les différents ordres juridiques n'a pas été la même en ce qui concerne le principe même de soumettre l'Internet à la fiscalité en général et celle de porte, notamment[357]. Or, si le développement du commerce électronique nécessite une certaine régulation, les normes ne devraient pas, en elles-mêmes constituer des obstacles au commerce, ni une entrave à l'élaboration, au transfert et à la diffusion dans des conditions de concurrence des technologies en rapport avec l'infrastructure mondiale de l'information[358].

En définitive, un ensemble de questions qui renvoient à deux idées majeures, pierre angulaire d'un éventuel régime fiscal douanier du commerce électronique. Il s'agit d'une part, du problème de l'opportunité de soumettre le commerce électronique à la fiscalité de façon générale et à l'impôt douanier en particulier. Se pose également la question, non moins lancinante de la définition d'une orientation claire à imprimer à la

[356] Cf. supra, n° 46 et s.

[357] Maurice COZIAN, Précis de fiscalité, Litec, 1996-97, p.54 ; D. CASTAGNEDE, S.TOLLEDANO, La fiscalité internationale, PUF, 1990, p.52.

[358] HUET, Jérôme (1996, septembre), « Le commerce électronique », *Gaz. Pal.* p. 1068-1071.

matérialisation des règles fiscales adaptées et efficaces au commerce électronique, d'autre part.

Le défi de l'Internet interpelle surtout la capacité des États à mettre en œuvre un système fiscal permettant une correcte imposition des échanges de flux numérisés. Toute la difficulté réside au niveau du caractère dématérialisé et international de ces transactions numérisées[359].

À première vue, il est tentant de recourir à la législation fiscale en vigueur, pour ne surtout pas créer une situation de discrimination de principe entre le commerce électronique et les autres formes de commerce. Cependant, les spécificités des transactions en ligne sont telles que les catégories juridiques classiques du droit fiscal en général et de la fiscalité de porte, en particulier se révèlent d'application difficile. Il est même fort à craindre que l'application du droit positif fiscal n'aboutisse à transformer le cyberespace en un gigantesque marché d'évasion fiscale. Cela ne fait que confirmer la nécessité d'une définition d'un régime fiscal spécifique pour le commerce électronique[360]. La fiscalité à appliquer à l'Internet se doit, avant tout, d'être consensuelle et de revêtir une dimension internationale pour épouser au mieux l'esprit qui prévaut dans cet espace de liberté.

Si le droit fiscal est applicable en principe à l'Internet, toute la fiscalité n'a pas vocation à s'y appliquer. En effet, les opérations effectuées sur le réseau n'entrent dans le champ d'application que de certains impôts. En ce qui concerne la fiscalité applicable, elle devrait, pour être viable, passer nécessairement par une combinaison entre la taxation et l'exonération, voire dans certains cas l'exemption. Dans cet esprit, il serait judicieux d'appliquer une fiscalité à deux temps au commerce en ligne. Cela passe par l'application partielle des droits de douane au commerce électronique (SECTION I) et la mise en œuvre intégrale des autres droits indirects liquidés par la Douane (SECTION II).

SECTION I : L'APPLICATION PARTIELLE DES DROITS DE DOUANE AU COMMERCE ÉLECTRONIQUE

Le commerce électronique peut être direct ou indirect. La première forme de commerce électronique pose des difficultés quant à son assujettissement aux droits de douane. C'est pourquoi elle doit être exonérée de tout droit de douane (Paragraphe I). En revanche, le

---

[359] VERES, A., Commerce électronique, une fiscalité à inventer, *op. cit.* p. 12.

[360] MORGAN, J., et AL II, (1997, nov.), "Internet tax, Don't be afraid of the internet": *International Tax Review*, p. 27.

commerce électronique indirect pose moins de difficultés. Il convient alors de le soumettre aux droits de douane en y apportant, toutefois, des aménagements (Paragraphe II).

Paragraphe I : L'affranchissement du commerce électronique direct des droits de douane

La notion de commerce électronique direct correspond plus, avec l'expression échange en ligne. En effet, cette forme spécifique de commerce se déroule entièrement dans le réseau. Il s'agit là, à proprement parler, d'échange virtuel, entièrement dématérialisé et transnational. C'est ce double caractère : transnational et dématérialisé, qui pose des difficultés quant à son assujettissement à la fiscalité de porte. En même temps, il faut souligner que cette forme de commerce électronique est un formidable instrument qui permet un transfert de technologies à moindre coût, justifiant une exonération totale de toute taxation. Dès lors, il serait souhaitable que le commerce électronique direct soit affranchi de la fiscalité de porte. Il s'agit de voir le fondement de l'exonération (I) avant d'étudier les différentes formes d'exonération existantes (II).

I. Le fondement de l'exonération

La base de l'exonération du commerce électronique pourrait être trouvée dans les difficultés matérielles de taxation de ce commerce (A), mais aussi dans le fait qu'elle induit des avantages en matière de transfert de technologies (B).

A- La difficulté de la traçabilité des données numérisées

Le commerce en ligne direct se déroule entièrement dans le cyberespace. Le cyberacheteur procède à la commande de biens numérisés qui lui sont livrés à travers les nouveaux outils des technologies de l'information, notamment l'Internet. Il n'est pas aisé de bien suivre toutes les péripéties de la transaction, encore moins de l'évaluer pour disposer d'une base taxable. L'impôt douanier est assis sur des éléments que sont l'espèce, l'origine et la valeur. Le commerce électronique direct remet en cause ces catégories juridiques classiques à partir desquelles l'assiette fiscale est déterminée.

Mieux, il se pose même un problème de légalité d'une éventuelle taxe de porte sur le commerce électronique direct, tant il était difficile d'affirmer qu'il y a effectivement une importation. Ces difficultés résultent, en réalité, de l'impossibilité de suivre, à la trace, tout le chemin parcouru par les données numérisées. En effet, un internaute connecté au réseau mondial grâce à un ordinateur portable, qui effectue des transactions par ce biais, tout en étant mobile, ne laisse pratiquement aucune indication sur le lieu effectif de la transaction[361]. Il devient alors quasiment impossible pour le service des douanes, comme il procède habituellement dans le commerce traditionnel, de retracer entièrement toutes les péripéties de la transaction. Il convient alors de libérer le commerce électronique direct de toute imposition de porte d'autant qu'il recèle beaucoup d'atouts pour les pays pauvres[362].

B- L'objectif de combler le fossé numérique

Les technologies de l'information, surtout l'Internet, recèlent un potentiel considérable pour les pays en développement, qui sont désireux d'élargir leurs entreprises, de créer des emplois, d'améliorer les services sociaux et rapprocher divers groupes[363]. En particulier, elles présentent un intérêt considérable pour les petites entreprises soucieuses de trouver des clients et des partenaires dans le monde entier.

Ces technologies contribuent à réduire l'inégalité des revenus entre les pays industriels et les pays en développement. Aux habitants des régions pauvres et isolées comme à ceux qui vivent dans les endroits les plus cossus, l'Internet donne un accès égal à une vaste quantité de connaissances[364]. Autant d'atouts qui devraient justifier une utilisation généralisée et optimale des outils de l'information et de la communication à l'échelle mondiale[365]. En outre, l'Internet contribue largement à la préservation du patrimoine culturel des pays et des moyens de le faire découvrir, notamment par le biais des galeries d'art virtuelles et des cyber-bibliothèques qui regroupent des exemples tirés de la littérature orale et les sons de musiques traditionnelles.

---

[361] À ce propos, Michel DANET, Secrétaire général de l'OMD soutient que « *le fait d'imposer des droits sur des biens immatériels ne répond pas à une nécessité économique, car la douane devrait établir un système de contrôle qui aurait un coût supérieur à ce qu'il générerait en terme de recettes fiscales* » In l'Internet, un élargissement des marchés mondiaux, juin 2000, http://www.wcoomd.org .

[362] NDIAYE, Abdoulaye, « Développement du commerce électronique », *op. cit.* p.6 et s.

[363] ODINGA, Emile L.O. (2000, octobre), *Internet en Afrique, Juricongo,* http://www.jurisnet.com.

[364] GNING, El Hadj Mame (2000, avril mai), *Sénégal : téléphone sur Internet – La société nationale des télécommunications sur le qui vive, informations rapides,* http://www.jurisnet.com .

[365] HOUNDEGLE, Messan *La gratuité facilite l'accès aux nouvelles technologies,* http://www.unitar.org.

Au demeurant, les efforts à fournir doivent être immenses, tant le fossé numérique qui sépare les pays industriels des pays en développement est grand et ne cesse de se creuser[366]. Plus de la moitié des 300 millions d'utilisateurs de l'Internet se trouvent en Amérique du Nord. Observation frappante s'il en est, la ville de New York compterait plus d'utilisateurs que l'ensemble du continent africain[367]. En vérité, il existe un gouffre déjà profond qui sépare les pays les plus riches des plus pauvres de la planète. Les différences de niveau de développement entre les pays du Sud et ceux du Nord se sont traduites au niveau des technologies de l'information par ce que d'aucuns ont appelé la fracture numérique Nord/Sud[368]. Cette notion de fracture numérique ou fossé numérique selon la sensibilité, sert à désigner les disparités technologiques entre différents espaces territoriaux. Plus précisément, le terme désigne la séparation de la population en deux catégories sociales, l'une équipée de matériels informatiques lui permettant d'accéder à l'Internet et l'autre qui n'en dispose pas. De ce point de vue, l'Internet ne doit pas être vu automatiquement comme un facteur irréversible d'aggravation des inégalités[369].

À ce niveau, toute l'originalité des technologies de l'information est de permettre un véritable transfert de technologies, à un moindre coût[370]. Ainsi, une bonne exploitation des potentialités de l'Internet permettrait, sinon de combler le gap numérique, du moins de réduire amplement sa dimension. En effet, les technologies de l'information nivellent les structures économiques et sociales. Le cybercommerce entre entreprises crée de nouvelles structures commerciales qui permettent aux partenaires commerciaux de changer de fournisseurs, à peu de frais, étant donné que l'Internet augmente le choix et les options des fournisseurs et des consommateurs de façon exponentielle[371].

---

[366] *Le fossé numérique aux États-Unis,* http://www.dree.org/etatsunis.

[367] Les États-Unis représentent 4.9% de la population mondiale et comptent 43% des internautes du monde entier. Alors que le continent africain compte moins de 1% des internautes du monde pour une population représentant 43% des hommes de la planète.

[368] NDIAYE, Abdoulaye, I. N. E. DIAGNE, J. ROSTENNE, J. FINE (1999), « Le commerce électronique en Afrique », *CEAFDA*, p.18.

[369] Le fossé numérique : l'Internet facteur de nouvelles inégalités ? http://www.oui.net/equit/chroniques.

[370] GALL, Jean Pierre Le, (1985), « Fiscalité des transferts internationaux de technologie : nouvelles technologies, nouveaux modes de transfert », *JCP,* E, II, 14601.

[371] Al, M. (1997, 16 septembre), « Internet, le grand supermarché », *le Monde,* p.17.

Les réseaux informatiques, qui constituent la base de l'Internet, sont des outils, facteurs d'unité et sources d'économies d'échelle : toute information, qu'elle se traduise physiquement par un signal continu ou discontinu, peut s'exprimer sous une forme numérique binaire, c'est-à-dire par une suite de 0 et de 1. Ce qui augure d'une nouvelle ère, celle du tout- numérique devant déboucher sur une certaine rationalisation autour du langage binaire. En outre, l'Internet contribue à effacer les frontières, à supprimer les cloisonnements naturels ou artificiels, ceux que la géographie, la langue ou la politique imposent. Il fluidifie les relations sociales, substitue dans les organisations une vision plate, horizontale et globale à une vision hiérarchique, verticale, fragmentée. Il permet également aux parties contractantes d'échanger en temps réel des renseignements, des méthodes et des données sur le marché.

De ce point de vue, l'Internet peut apparaître, sous certains aspects, comme un instrument de libération d'une société. Conscient des enjeux technologiques, politiques, économiques et sociales de l'Internet, le Président de la République du Sénégal a proposé la mise en place d'un Fonds de Solidarité numérique pour réduire la fracture entre les pays du Nord et ceux du Sud lors du sommet mondial sur la société de l'information, tenu en décembre 2003, à Genève. Ce fonds mondial est géré par une structure autonome, dotée d'une capacité de réactivité suffisante pour intervenir dans le financement des besoins en formation, en équipements et en production de contenus divers et variés représentant toutes les sensibilités[372]. Ce Fonds de Solidarité numérique a fait l'objet de différentes appréciations. Ainsi, l'idée de ce fonds emporte l'adhésion sans réserve des pays du Sud, d'autant qu'il permet de lutter contre l'exclusion de la société de l'information[373]. En revanche, les pays du Nord, bien qu'acceptant la nécessité d'une solidarité numérique, préfèrent pour le financement se limiter aux différents fonds existant au niveau bilatéral ou multilatéral, en rejetant tout mécanisme nouveau de financement pour faire face au gap numérique entre pays du Nord et ceux du Sud[374]. En l'état actuel des choses, les contributions volontaires

---

[372] THIAM, Alassane, *Solidarité numérique : une initiative africaine transversale*, http://www.osiris.sn.

[373] GASSAMA, Khadialy, *Fonds de Solidarité numérique ou logique marchande ?* http://www.osiris.sn.

[374] Cette divergence de conception s'est ressentie lors du Sommet mondial sur la Société de l'Information tenue à Tunis du 14 au 19 novembre 2005. Il a, tout de même, été retenu que « *Les acteurs en présence sont nombreux puisque le processus SMSI est de type « multi partenarial » : États, organisations internationales, société civile, secteur*

devant permettre l'alimentation de ce fonds ne sont pas assez significatives[375].

En marge du gap numérique entre les pays du nord et ceux du Sud, il existe également un fossé numérique au sein même des États, particulièrement dans les pays du Sud. En effet, à l'intérieur de ces États, il y a souvent un décalage important entre les centres urbains, relativement informatisés et le monde rural qui, pour l'essentiel, ne dispose pas de la logistique nécessaire pour pratiquer le commerce en ligne. Or, de ce point de vue, affranchir le commerce électronique direct de la fiscalité de porte contribuerait sensiblement à réduire, à défaut d'éliminer totalement, le fossé numérique entre pays du Nord et ceux du Sud, mais aussi entre les villes et les campagnes. Cela d'autant que l'exonération permettrait de réduire sensiblement la faiblesse des infrastructures de télécommunications, qui est l'un des obstacles majeurs à une utilisation efficace des technologies de l'information en Afrique. En effet, une telle politique fiscale permettrait de rendre les coûts d'acquisition de ces outils moins onéreux. Par conséquent, ils seront plus accessibles à un plus grand nombre. Cela contribue à une banalisation progressive de ces nouveaux instruments et surtout à leur appropriation par les populations des pays du Sud. Dès lors, l'action combinée des pouvoirs publics et du secteur privé devrait converger vers la mise en œuvre d'un ensemble de structures et de procédés allant dans le sens du développement du commerce électronique[376].

Mais, vouloir fiscaliser le commerce électronique direct demande énormément d'investissements qui pouvaient judicieusement être orientés vers la mise en œuvre des infrastructures de base du commerce en ligne. Les ressources qui devraient servir à assujettir le commerce par Internet à la fiscalité de porte, chose qui n'est d'ailleurs pas garantie, pourraient être judicieusement utilisées pour le développement des technologies de l'information. Il est vrai que les recettes douanières alimentent pour l'essentiel les budgets des pays en développement[377]. La nécessité d'inverser cette tendance, dans le cadre d'une économie

---

privé sont autour de la table. Tous ont leur place et leur légitimité, tous ont potentiellement voix au chapitre sur tel ou tel thème, dans le respect de la spécificité et des responsabilités particulières de chacun. »

[375] TOP, Amadou, *Genève 2003 sur les traces de Cancun ?,* http://www.osiris.sn.

[376] Le Sénégal à l'heure de l'économie numérique : du projet de loi sur les transactions électroniques, Actes du séminaire, Informatique et libertés, *Op.cit.*, http://www.adie.sn.

[377] Au Sénégal, la douane a liquidité plus de 516 milliards de Fcfa de droits et taxes, en 2013 sur un budget de plus de 2.000 milliards de Fcfa.

mondialisée, est évidente. À cet effet, il serait intéressant de rapprocher les gains que les pays en développement tireraient du commerce électronique des manques à gagner, si ces pays renonçaient à certaines recettes douanières[378].

Dans ce nouveau système fiscal, si le commerce électronique direct devrait échapper à la fiscalité de porte, le commerce électronique indirect, en revanche, serait assujetti à l'impôt douanier.

II. Les formes d'exonération actuelles du commerce électronique

Deux formes d'exonération du commerce électronique et des technologies de l'information, de façon générale, ont été mises en œuvre. Cela, sur la base d'accords internationaux partiels, essentiellement ratifiés par les pays développés et constituant le programme de libéralisation des échanges internationaux dans le domaine des technologies de l'information et du commerce électronique. Il s'agit de l'Accord sur les Technologies de l'Information (ATI) (A) et l'accord dit « Duty Free Cyberspace » de l'Organisation mondiale du commerce (B).

A- L'exonération prévue par l'Accord sur les Technologies de l'Information.

L'Accord sur les Technologies de l'Information a été officiellement ratifié à la Conférence ministérielle de l'OMC de Singapour en décembre 1996. L'objectif était de favoriser, par la libéralisation, le commerce international de produits de la filière des technologies de l'information, considérés comme essentiels en matière de développement économique. Les pays signataires se sont engagés à éliminer tous les droits de douane sur les produits visés par l'accord de la date de leur engagement au 1er janvier 2000. Les produits concernés apparaissent sur une liste comprenant notamment les semi-conducteurs, les ordinateurs, les équipements informatiques et les équipements de télécommunication. Les pays signataires s'engagent à éliminer tous les droits de douane sur les importations de ces produits lorsqu'ils sont originaires d'un pays membre de l'OMC (même non-signataire de l'accord ATI). Plus de 10 ans après sa signature, cet accord porte sur des flux d'échanges de 1450 billions de dollars avec un taux de croissance annuel moyen de 8,5 %. Le nombre de pays signataires de l'accord est de plus de 70 (sur 150 adhérents à l'OMC), mais ils représentent 97 % des échanges de produits de la filière des technologies de l'information.

---

[378] Voir à ce niveau les propos de DANET, Michel (2000, juin), *dans, l'Internet, un élargissement des marchés mondiaux*, http://www.wcoomd.org .

L'accord engage les signataires uniquement sur la réduction des droits de douane, il n'y a pas d'engagements contraignants sur les barrières non-tarifaires aux échanges comme les quotas, normes ou achats publics protégés ; ceci, même si la déclaration prévoit leur examen dans le futur. L'ATI est en constante évolution puisque la liste des produits concernés est périodiquement élargie à de nouveaux. Des pays comme les États-Unis souhaiteraient que l'accord connaisse des développements plus importants. Ces évolutions sont regroupées sous le terme d'ATI II et incluraient notamment les barrières non-tarifaires aux échanges comme les normes qui sont les véritables obstacles aux échanges pour ces produits. Il apparaît également souhaitable que le nombre de pays signataires de l'accord augmente, avec notamment la ratification de grands pays émergents comme le Brésil ou le Mexique.

B- La mise en œuvre de l'exonération selon le *« Duty Free Cyberspace »*.

La proposition de constitution d'un « Duty Free Cyberspace » est une initiative des États-Unis soumise à l'OMC en 1998 et qui encourage les États à ne pas appliquer de droits de douane sur les échanges électroniques internationaux. La principale motivation affichée par les promoteurs de cette initiative est la nécessité de promouvoir cette forme d'échange. Le statut de ce moratoire temporaire est devenu incertain après l'échec de la conférence ministérielle de Seattle en 1999. Après des débats animés, notamment entre les États-Unis et l'Europe, la conférence ministérielle de l'OMC, à Doha, en 2001 a décidé de prolonger le moratoire qui sera donc rediscuté à la fin du cycle de négociation actuel.

Ce moratoire remet en cause le principe de neutralité technologique de la politique douanière pour les biens dits « numérisables », c'est-à-dire qui peuvent être livrés sous forme physique et sous forme électronique (musique, films…). L'absence de perception des droits de douane pour un mode particulier de livraison (électronique) alors que les mêmes produits livrés traditionnellement sont soumis au tarif douanier, entraîne un mécanisme de « détournement d'échanges » au bénéfice du commerce électronique. Ce mécanisme de discrimination est soutenable tant que le commerce électronique représente une part marginale du commerce mondial, mais il sera nécessaire de traiter cette question avec l'augmentation probable de cette forme d'échange.

Ces deux accords ont des conséquences sur les recettes douanières des États. Les pertes de recettes sont toutefois relativement limitées, car les droits de douane sont désormais très faibles en moyenne et représentent en général une part négligeable des recettes publiques dans les pays développés. En revanche, pour un certain nombre de pays en développement, les recettes fiscales de porte peuvent représenter une part significative des recettes de l'État et ces pays sont réticents à les signer.

Au-delà de la question des recettes douanières, le développement des échanges internationaux de biens numérisables pose un problème important de régulation des échanges. Les échanges internationaux de biens sont régis par les mécanismes du GATT (General Agreement on Tariff and Trade), proposés initialement en 1947 et repris dans l'accord fondateur de l'OMC sous la dénomination de GATT 1995. Cet accord de libéralisation est particulièrement contraignant dans la mesure où il repose sur le principe de non-discrimination (application de la clause de la nation la plus favorisée) et la mise en place de concessions tarifaires permettant la réduction des droits de douane. Ces obligations forment un ensemble que tout pays adhérent à l'OMC doit s'engager à respecter. Les échanges de services sont couverts par un autre accord dénommé GATS (General Agreement on Trade on Services). Cet accord de 1995 est beaucoup moins contraignant que l'accord GATT dans la mesure où il permet aux pays membres de l'OMC de maintenir des mesures incompatibles avec le GATS en demandant des exceptions.

La classification des biens pouvant être numérisés en marchandise ou en service n'est donc pas neutre pour leur processus de libéralisation et il n'existe pas de consensus sur ce point. Les pays européens considèrent que tous les échanges électroniques sont des échanges de services, donc, que les règles moins libérales du GATS doivent être utilisées. Pour leur part, les États-Unis distinguent d'une part les services délivrés sur Internet qui sont couverts par le GATS et d'autre part des biens numérisables qui peuvent être des marchandises et relèvent du GATT. L'Australie, par exemple, considère que les transactions de biens numérisables doivent être traitées comme des échanges de droits de propriété intellectuelle (logiciels et musique en particulier). L'achat d'un CD musical ou d'un logiciel sur CD-ROM ne porte pas légalement sur l'achat d'un support physique, mais sur l'achat d'une licence (limitée) d'utilisation. Dans le cas d'un logiciel, la licence est d'ailleurs souvent étendue à la possibilité, pendant une certaine période, de télécharger des améliorations ou actualisations.

Cet exemple montre que le commerce électronique conduit à s'interroger sur le processus même de la libéralisation des échanges, qui repose sur une distinction traditionnelle (entre biens et services) qui s'avère de moins en moins pertinente. Le commerce électronique, par ses caractéristiques, fait figure de laboratoire dans la libéralisation des échanges internationaux et dans la perte de contrôle des États, de leurs possibilités de protection et de taxation des échanges.

Paragraphe II- L'assujettissement du commerce électronique indirect aux droits de douane

La forme indirecte est l'autre variante du commerce électronique, à côté de celle directe. La particularité de cette forme d'échange est la combinaison d'une phase entièrement virtuelle à une autre, celle-là, physique. Ainsi, dans le processus de réalisation de ce commerce d'un genre particulier, la phase initiale correspondant à l'étude de marché et la commande, s'effectue via Internet. Tandis que la livraison, elle, est effectuée physiquement souvent à travers des envois postaux. En conséquence, il devient donc possible d'assujettir cette forme de commerce électronique sans risque de rencontrer les obstacles rédhibitoires, notés dans la tentative de fiscalisation du commerce électronique direct.

Ici, il existe bel et bien une traversée physique des frontières pouvant être décelée au moment de l'importation. Mais, le régime fiscal devra être spécifique, compte tenu de la nature particulière et de la contexture de ce commerce singulier. Cette singularité se manifestera par l'institution de la règle de minimis aux envois postaux (I), mais également dans le dédouanement des logiciels informatiques (II).

I- L'institution de la règle de minimis aux envois postaux

Le commerce électronique indirect favorise le développement des envois postaux. En effet, la partie visible dans les échanges électroniques indirects est la livraison physique par le biais des envois par voie postale, notamment les envois express.

Il est établi que la procédure simplifiée a été toujours appliquée aux envois postaux. Ainsi, en est-il de la fiche de dédouanement mise en place par le système informatique douanier sénégalais, dénommé GAINDE[379], dans le cadre des procédures simplifiées pour les envois ordinaires. Il convient d'élargir cette procédure à toutes les structures pouvant recevoir des envois postaux (postes, aéroports). Mais, fondamentalement, un accent particulier doit être mis sur les envois express pour accompagner le développement du commerce électronique,

---

[379] Gestion automatisée des informations douanières et des échanges.

notamment indirect. En effet, le maître-mot des envois express est l'idée de célérité et de rapidité. En conséquence, les procédures douanières doivent être formulées de façon à épouser au mieux cette dynamique de célérité dans les transactions. C'est ainsi que l'OMD a émis plusieurs directives et recommandations allant dans le sens de simplifier davantage les formalités applicables au dédouanement des envois express[380].

Cependant, l'institution d'une règle, dite de minimis, pourrait favoriser le développement des échanges électroniques indirects tout en préservant les intérêts du trésor public. Cette norme de minimis signifie qu'un montant variable est déterminé au-delà duquel le dédouanement est obligatoire. En revanche, si la valeur de l'envoi postal est inférieure à la valeur-plancher modulable de déclenchement, les produits sont alors exonérés de droits et taxes douaniers.

L'application de ce système flexible de dédouanement n'est que la reconduction des modalités de dédouanement des produits passant par les bureaux secondaires de dédouanement. En effet, ces derniers fixent souvent un barème au-delà duquel le dédouanement doit être effectué dans les grands bureaux comme c'est le cas des véhicules. Ce système peut être reproduit dans le dédouanement des envois postaux, appelé à atteindre une certaine dimension avec le développement du commerce électronique indirect.

La mise en œuvre de la règle de minimis dans le cadre du dédouanement des envois postaux devra être adaptée en fonction du type d'envoi. Il est possible de classer les envois en quatre variétés. Tout d'abord, les envois concernant simplement des documents. Il s'agit généralement des supports papier, en principe sans valeur commerciale, qui accompagnent les colis. Il est évident dans ce cas qu'il n'est point besoin de procéder à la liquidation de droits et taxes. Le dédouanement va consister en une déclaration orale portant sur l'ensemble des produits, suivie d'une mainlevée immédiate. Ensuite, l'envoi peut concerner des produits de faible valeur. Dans ce cas également, il serait judicieux d'accorder le bénéfice de la franchise de tous droits et taxes dans la perspective de facilitation et de simplification des procédures. En effet, le montant des droits et taxes est dérisoire en cas de liquidation, au point qu'elle ne présente qu'un intérêt minime pour le Trésor public. Cependant, l'administration des douanes peut exiger une déclaration écrite simplifiée pour enrayer les tentatives détournées de fraude. Cette

---

[380] Cf. http://www.wcoomd.org.

déclaration sera rédigée après un contrôle poussé portant sur l'exactitude des informations apposées sur l'envoi. En outre, les envois peuvent porter sur des biens taxables, mais de faible valeur. C'est à partir de ce moment que la règle de minimis va pleinement jouer. Dans ce cas particulier, le service des douanes peut déterminer un montant plancher à partir duquel la liquidation des droits et taxes est déclenchée. La fixation de cette valeur plancher devra prendre en compte beaucoup de paramètres comme l'origine, la nature des produits. En ce qui concerne le dédouanement en tant que tel, un double régime peut être institué. D'une part, un dédouanement formel devant s'appliquer après une vérification de tous les documents annexes et présentation de la déclaration avant arrivée des marchandises. D'autre part, un dédouanement conditionnel, mais devant s'accompagner de l'établissement d'une déclaration abrégée ou d'une déclaration périodique complète reprenant les marchandises dédouanées, permettant à la douane d'effectuer des vérifications sommaires sur pièces et sur place. Enfin, la dernière variété concerne les envois dont la valeur est importante. Dans ce cas, les procédures classiques doivent s'appliquer avec une légère modulation. Ainsi, un traitement de faveur peut être accordé sous réserve du dépôt de la déclaration simplifiée et des documents annexes avant l'arrivée des marchandises.

La douane peut, dès lors, procéder au contrôle matériel des marchandises à partir de leur arrivée. Aux fins de l'efficacité du contrôle, le service peut exiger l'établissement d'une déclaration récapitulative et périodique reprenant l'ensemble des marchandises dédouanées. En définitive, le dédouanement des envois postaux se révèle spécifique, il en est ainsi pour les logiciels informatiques appelés, comme les envois postaux, à une certaine évolution, consécutivement au développement du commerce électronique indirect.

II- Le cas particulier des logiciels informatiques

Les logiciels informatiques se présentent d'une manière particulière[381]. En effet, ils sont une création de l'esprit[382], et sont matérialisés, la plupart du temps, sur des supports physiques. Au sens de la note de service n°1434/DGD/DERD/BE1, du 25 avril 1988, de la Direction générale des douanes du Sénégal, les logiciels sont des données ou instructions enregistrées sous forme conventionnelle en langage

---

[381] TOURNEAU, Philippe Le (1982), « Trois brèves observations sur la nature des contrats relatifs aux logiciels », *J.C.P*, I, 3078.

[382] LUCAS, André, L'adaptation du droit aux biens informationnels, in Jean Pierre CHAMOUX, *op.cit.*, p.80 et s.

utilisable par la machine et qui conviennent pour être communiquées, interpellées, opérées et traitées par des équipements de traitement de données[383]. Ce double caractère, antinomique[384], résume à lui seul, toute la complexité de l'assujettissement des logiciels informatiques à la fiscalité[385].

Il faut préciser que les logiciels informatiques peuvent autant faire l'objet du commerce électronique direct que du commerce électronique indirect.

Beaucoup de pays, en fonction de leurs intérêts économiques, ont opté de taxer soit le support seul, soit le support en y incluant la valeur des logiciels[386]. Mais, il faut préciser que l'évaluation de la valeur du logiciel n'est pas aisée. La difficulté tient, précisément, au caractère insaisissable et contingent du contenu des logiciels[387]. La valeur du contenu des logiciels, difficile à estimer, est instable et nécessite la mise en œuvre d'importants moyens matériels et financiers, qui ne garantissent pas forcément un résultat probant. C'est ce qui justifie que la plupart des pays choisissent de taxer, en principe, le support. Il en est ainsi du cas particulier du Sénégal, à travers, notamment la note de service n° 134/DGD/DERD/BE1, du 25 avril 1988, qui règle la question au Sénégal[388]. Elle indique le support comme principale source de détermination de la valeur en douane des logiciels informatiques.

Pour mettre de l'harmonie dans cette fixation de la valeur des produits numérisés, le Comité d'évaluation en douane de l'Organisation mondiale du commerce a déterminé un cadre, en laissant, à travers la décision val/8 sur l'évaluation des supports informatiques et des logiciels, le choix aux administrations des douanes soit de taxer les supports, y compris la valeur du logiciel, soit de prélever des droits sur le support seul. L'intérêt de la décision val/8 du Comité d'évaluation est plus que limité en ce sens qu'elle ne s'applique pas aux transmissions électroniques, ni aux

---

[383]CAMARA, Boubacar (1996, octobre), « Le dédouanement des logiciels informatiques », *BAE*, n°2, p. 12.

[384]TOURNEAU, Philippe Le (1982), « Variation autour de la protection du logiciel », *Gaz. Pal.*, p. 4 à 7.

[385] CHAMOUX, Jean-Pierre (1983, octobre), Les frais de logiciel et l'administration fiscale, Data, France, Paris.

[386] SENNES, O. (1985), « Régimes d'imposition des logiciels », *Droit de l'informatique,* n°7, p.2 et s.

[387]FERRET, B. (1998, 1er mai), « Toute une panoplie de logiciels », *Le monde informatique*, p.22.

[388] CAMARA, Boubacar, « Le dédouanement des logiciels informatiques », *op.cit.*

enregistrements de son et d'images dont le transport par des moyens électroniques, connaît actuellement un vif succès.

La vente en ligne de logiciels doit être affranchie de l'impôt douanier. En revanche, le dédouanement des logiciels livrés physiquement, va obéir à un régime de dédouanement du support. Ainsi, pour la détermination de la valeur du logiciel on tient compte seulement de la valeur du support. En conséquence, la valeur intellectuelle du logiciel, n'est pas intégrée dans l'assiette fiscale. Un tel système fiscal présente divers avantages. En effet, la valeur intellectuelle des logiciels est souvent plus élevée que le support en tant que tel. Ainsi, ne prendre en compte que la valeur du support dans le processus de dédouanement ne peut que favoriser la circulation des logiciels informatiques. Ces logiciels sont au cœur de la révolution numérique et contribuent de façon décisive au transfert de technologies à moindre coût. Le parti à tirer d'un tel système fiscal favorisant une plus grande circulation des logiciels informatiques, devient vite évident surtout pour les pays en développement.

Par ailleurs, si les droits de douane sont partiellement appliqués au commerce électronique, les autres droits indirects de porte devraient être totalement mis en œuvre.

SECTION II : L'APPLICATION INTÉGRALE DES DROITS INDIRECTS AU COMMERCE ÉLECTRONIQUE[389]

S'il est indiqué d'exonérer le commerce en ligne des droits de douane, en revanche, il ne nous paraît pas approprié de ne pas appliquer certains droits et taxes indirects à ce commerce. La fiscalisation du commerce électronique doit respecter certains principes dans son application. Dès lors, nous allons examiner les principes à respecter dans la mise en œuvre pratique de cette fiscalité particulière (Paragraphe I) et ensuite les modalités de mise en œuvre de cette fiscalité (Paragraphe II).

Paragraphe I- Le respect des principes de la fiscalité

Le commerce électronique ne présente aucune singularité par rapport à la nécessité de respecter les principes et normes qui organisent la

---

[389] Il faut entendre par droits indirects toutes les autres taxes perçues par la Douane en dehors des droits de douane proprement dits. Il faut préciser qu'il n'y a pas de règles absolues en la matière. Ainsi, dans certains pays la Douane liquide et recouvre certaines taxes indirectes. Dans d'autres pays, elle se contente de liquider et c'est le Trésor public qui recouvre. Dans d'autres pays, elle liquide certains droits indirects qui sont pourtant comptabilisés par le service du fisc.

collecte des taxes. À l'examen, le respect de ces principes, édictés dans l'optique de rationaliser et de promouvoir une application uniforme des règles fiscales, se révèle essentiel pour asseoir une fiscalité juste et mesurée. Ces fondements, qu'il est possible de qualifier de principes directeurs, s'appliquent quel que soit le champ d'application fiscal. Pour l'essentiel, ces principes tournent autour de la nécessité de respecter la souveraineté fiscale des États (I) ainsi que, de l'exigence d'une certaine justice fiscale[390] par une absence de discrimination dans la taxation (II).

I- La préservation de la souveraineté fiscale des États

La qualification d'État souverain renvoie à deux situations précises, intrinsèquement liées. La première correspond à la souveraineté interne. Elle signifie qu'au sein du territoire national, l'État dispose du monopole de la contrainte. Il n'existe pas d'organismes ou structures légaux pouvant appliquer des sanctions qui ne soient pas une émanation de lui ou ne se réfèrent à lui. Cette thèse positiviste est surtout perceptible en matière fiscale. En effet, la mission de collecte de l'impôt relève des domaines de souveraineté de l'État, dont dépend en grande partie la survie économique de ce dernier. C'est ce qui justifie que, pour l'essentiel, c'est l'administration centrale elle-même qui a en charge cette tâche cruciale de perception des droits et taxes. À l'exception notable des collectivités décentralisées, qui peuvent percevoir l'impôt, encore que le champ d'application soit très limité, il revient en premier lieu à l'État, stricto sensu, la tâche de collecte de l'impôt. Cette mission de collecte de l'impôt relève généralement du domaine législatif[391].

Au total, c'est à l'État et à lui seul que revient essentiellement la tâche de soumettre l'activité économique s'exerçant sur son territoire national à la fiscalité intérieure. Cependant, l'intrusion de l'Internet qualifié par certains de « lieu sans lieu » nécessite un certain réaménagement de ce principe de la souveraineté de l'État. Le commerce électronique, transnational, dématérialisé et ouvert pose un certain nombre de difficultés relativement à l'application intégrale du principe de la souveraineté fiscale des États.

Pour autant, nous n'adhérons pas à la conception de certains auteurs comme M. Raymond VERMON, qui défend l'idée selon laquelle la souveraineté, l'État-nation et l'économie nationale appartiennent

---

[390] PAGEDE (1997, nov.), « Vendre sur Internet sans risques fiscaux », *l'Entreprise,* n°145.

[391] MANGARA, Birima, (2001, 2ème trimestre), « Commerce électronique et systèmes fiscaux », *L'Impôt* : les impôts locaux, n°9, p.23 à 28.

désormais au passé[392]. Soutenant leur affirmation, ces auteurs relèvent que ce développement prodigieux des paiements électroniques et d'une économie mondiale numérique, de plus en plus maillée, sape le fondement même des notions de juridiction territoriale, de souveraineté fiscale, etc. Malgré l'avènement de l'Internet, la notion de souveraineté, particulièrement celle de souveraineté fiscale, reste toujours d'actualité. Il est vrai que le caractère dématérialisé et transnational du commerce électronique perturbe ce principe dans sa variante interne. Cependant, l'application consensuelle des principes à la base de la souveraineté internationale permet de pallier les difficultés de mise en œuvre du commerce électronique direct. Cette forme de souveraineté signifie que tous les États sont, en principe, égaux sur la scène mondiale. Ils peuvent être soumis à des normes internationales à la condition essentielle qu'ils aient librement consenti à signer et à ratifier ces normes internationales[393]. Autrement, celles-ci ne leur sont pas opposables, encore moins applicables[394]. Ce n'est, ni plus ni moins, que l'application, au niveau international, du principe de l'autonomie de la volonté. C'est justement, la mise en œuvre de ce principe, qui n'est qu'une manifestation du respect de la souveraineté des États, qui permet de bien encadrer les technologies de l'information sans créer de distorsions dans la mobilisation des recettes publiques.

Les États sont donc appelés à bâtir un nécessaire consensus international pour une collecte rationnelle de l'impôt électronique. Pour ce faire, il est nécessaire d'avoir un compromis au niveau des instances délibératives mondiales devant aboutir à l'établissement de normes fiscales simples, transparentes et compatibles avec les systèmes fiscaux. C'est ce qui permettra d'éviter la double imposition ou la double non-imposition que le caractère dématérialisé et transfrontalier du commerce électronique peut induire. À cet effet, les États pourront convenir, par exemple, que la notion d'établissement, très controversée avec l'émergence du commerce électronique, soit assimilée au serveur ou à la page web.

---

[392] (1997, octobre), « La souveraineté aux abois », *Revues Perspectives économiques,* vol II, num. 4, p. 39.

[393] Les États sont tenus d'appliquer les traités et conventions internationaux qu'ils ont ratifiés. Ce que traduit l'adage « pacta sunt servanda ».

[394] BENAYON, G.D. (1997, 20 juin), « Problèmes fiscaux liés au commerce électronique », *petites affiches*, n°74 ; COUDERT, M.A. et D.A. LAPRES (1997), « Quelle fiscalité pour le commerce électronique ? » : droit fiscal n°46/47 chron. p.1351 et s.

En tout état de cause, l'accord international des États autour des principes devant guider la fiscalisation du commerce électronique est plus que souhaitable. Ce consensus international préserve la souveraineté fiscale des États, mais permet également d'éviter la discrimination dans la taxation du commerce électronique.

II- La non-discrimination dans la taxation

La notion d'équité garde un sens particulier en matière fiscale. Le respect de ce principe exige que les contribuables fassent l'objet d'un traitement égalitaire par les autorités fiscales. Ce principe implique aussi une identité de traitement dans l'assujettissement de l'activité économique. Cela signifie qu'aucun secteur de l'activité économique, fût-il dématérialisé et virtuel, ne devrait totalement échapper à toute taxation. En réalité, l'égalité de traitement fiscal n'est que le prolongement de l'égalité des citoyens devant les charges publiques. Les opérateurs du commerce électronique ne doivent pas subir un traitement qui puisse les favoriser ou les léser par rapport aux auteurs de l'activité économique classique. C'est ainsi qu'en conformité avec cette dynamique égalitaire, le gouvernement américain a dégagé trois principes devant régir toute fiscalité du commerce électronique :

- la fiscalité en ligne ne doit entraîner ni distorsions ni frein au commerce, évitant les discriminations et les incitations ;
- le régime fiscal doit être simple et transparent ;
- le système fiscal doit être compatible avec les systèmes fiscaux des États.

Ainsi donc, l'autre conséquence qu'il faut tirer de l'application du principe d'égalité est que dans le contexte même du commerce électronique, il ne saurait y avoir de distorsion dans le processus de la fiscalisation des acteurs de ces échanges, d'un genre singulier. La mise en œuvre de ces principes contribue à une certaine justice fiscale[395].

À cet égard, il est nécessaire qu'intervienne un consensus international pour éviter la discrimination dans la taxation des activités du commerce électronique. Le principe de non-discrimination fiscale implique la prohibition de toute disparité de traitement se fondant sur la nationalité physique ou morale. Elle prévoit également que, sous condition de réciprocité, les nationaux d'un État contractant ne peuvent pas, à situation égale, être traités moins favorablement dans l'autre État que les propres nationaux de ce dernier État. Il devient impérieux pour les États de parvenir

---

[395] PAGEDE (1997, nov.), « Vendre sur Internet sans risques fiscaux », *l'Entreprise,* n°145.

à un accord international adopté par tous, seul gage d'un égal traitement dans l'imposition des activités du commerce électronique. En outre, la mise en œuvre de cet accord international permet également d'éviter la double imposition que favorise le caractère dématérialisé et transfrontalier de l'Internet. La double imposition juridique internationale étant perçue comme l'application d'impôts comparables dans deux ou plusieurs États, au même contribuable, pour le même fait générateur et pour des périodes identiques et services, sur les mouvements de capitaux, de technologies et de personnes.

Il convient donc d'instituer une fiscalité qui tienne compte de la différence notoire de ces formes de commerce numérisé sans pour autant créer des discriminations entre le commerce électronique et le commerce traditionnel[396]. Le système fiscal pertinent passe par la prise en compte pratique des difficultés et de la faisabilité d'une imposition.

Une fois que ces principes de fiscalisation sont posés, il reste alors la mise en œuvre pratique.

Paragraphe II- Les modalités pratiques de la taxation

La fiscalisation des échanges en ligne ne va pas emprunter les mêmes formes que les modalités classiques de taxation. Elle tient beaucoup compte du caractère ouvert, décentralisé et dématérialisé de l'Internet. D'où la nécessité d'une certaine souplesse des règles applicables à ce médium. Il importe de préciser qu'il ne sera pas question de l'étude de toutes les taxes présentant un caractère particulier, mais de certaines parmi celles qui sont habituellement perçues au cordon douanier. Il s'agit de la TVA (I) ainsi que des autres taxes spécifiques (II).

I- Le prélèvement de la TVA en ligne

Aux termes des dispositions de l'article 352 du Code général des Impôts du Sénégal « *Sont soumises à la TVA, les opérations ci-après, effectuées à titre onéreux par un assujetti agissant en tant que tel, à l'exclusion des activités agricoles et des activités salariées au sens du Code du travail :*

1- les livraisons de biens...

2- les prestations de services...

3- les importations de biens au Sénégal[397] *...* ».

---

[396] HOMER, Francis M. and J. OWENS (1996, nov-déc), Tax and the web new Technology, *IBFD,* p.576.

[397] L'article 3 de la Directive n° 02/98/CM/UEMOA du 22 décembre 1998 portant harmonisation des législations des États membres en matière de TVA précise que « *Sont*

La distinction entre ces formes de TVA dans le cas du commerce par l'Internet est conditionnée par la détermination de la nature véritable des transmissions numérisées. Est-ce des marchandises ou des services ?

La distinction de la notion de marchandise de celle de service semble être chose aisée au plan théorique. Ainsi, à ce niveau, il apparaît que la différence fondamentale réside au niveau du caractère matériel ou non du produit en cause. Alors que la notion de marchandise est physique et palpable, celle de service est, à l'opposé, incorporelle, inappréciable au toucher, en conséquence, elle ne peut être susceptible d'une représentation physique[398]. Cette distinction, aussi limpide et claire au plan conceptuel, n'est pas toujours facile à opérer dans la pratique, tant il y a une certaine confusion entretenue entre les deux notions. C'est ainsi qu'on recourt quelques fois à la néologie « bien informationnel » pour qualifier les produits dérivant de l'usage des technologies de l'information[399]. Mais, un passage en revue rapide des produits appelés de la sorte (les brevets, les licences, les marques, les modèles, les dessins, les logiciels, les banques de données[400], etc.) permet de constater que le qualificatif « informationnel » utilisé pour ces biens ne coïncide pas avec celui de « *bien incorporel ou de bien matériel*[401] » par lequel « *on entend un droit patrimonial autre que la propriété. L'usufruit est un droit, un bien incorporel, mais non un bien informationnel. Un logiciel n'est pas en soi un droit, mais plutôt un objet immatériel*[402] ».

La réponse à une telle interrogation est loin d'être évidente tant il existe des éléments qui plaident pour les deux conceptions. De prime abord, la tentation est forte de considérer les transmissions numérisées

---

soumises à la Taxe sur la Valeur ajoutée, les livraisons de biens et les prestations de services, effectuées à titre onéreux par un assujetti agissant en tant que tel, ainsi que les importations » ; Voir également la Directive 77/388/CEE du Conseil, du 17 mai 1977, en matière d'harmonisation des législations des États membres relatives aux taxes sur le chiffre d'affaires.

398 GALLOUX, Jean Christophe (1994), *Ébauche d'une définition juridique de l'information*, Dalloz, p.229.

399 MALLET- POUJOL N. (1997), *Appropriation de l'information : l'éternelle chimère*, Dalloz 38ème cahier, chron., p.330.

400 DELAHAIE, Henri (1983), « L'enregistrement des biens informationnels dans l'entreprise », *Revue française de comptabilité*, p.335.

401 MACKAAY, Ejan, *Les biens informationnels – Le droit de suite dans les idées* ? in L'appropriation de l'information, p. 27.

402 MACKAAY, Ejan, *op.cit.*, p. 27 et s.

comme des services, compte tenu de leur caractère immatériel[403]. De ce point de vue, la Commission européenne[404], tout comme l'OCDE[405], militent pour une qualification de prestation de service et non de fourniture de biens. Selon cette vision, les transmissions numérisées obéissent au régime des services étant donné la nature dématérialisée des échanges numérisés qui, en aucun moment du processus, ne présentent une quelconque forme physique. Il s'agirait donc, effectivement, d'un service de livraison qui est précisément visé par l'Accord général sur le Commerce des Services. Cependant, les transmissions numérisées ne se présentent pas sous une forme unique[406]. Ainsi, dans certaines situations, les contenus numérisés livrés par des moyens électroniques pourraient être définis comme des marchandises. En effet, le contenu de certaines transmissions électroniques ressemble effectivement à des marchandises ou en est un proche substitut. Il est loisible, à ce niveau, de prendre l'exemple de la musique téléchargée via Internet sous forme de données numérisées, par opposition aux CD[407] matériels achetés dans un magasin[408]. Si on considère un logiciel téléchargé via Internet comme un parfait substitut d'un logiciel sur disque ou CD, la question se poserait de savoir pourquoi les droits de douane devraient être prélevés uniquement sur le produit matériel et non sur les données téléchargées.

Mais, face à un tel raisonnement, on peut se demander s'il est possible de distinguer le contenu des transmissions électroniques de la fourniture de ce contenu.

Il faut préciser que pour le cas particulier de la TVA à l'importation, son statut est très contingent et varie en fonction de l'histoire fiscale et du contrôle économique du pays dans lequel elle est perçue. Ainsi, dans certains pays, la TVA à l'importation est considérée, en tant que telle,

---

[403] La France a, dans une certaine mesure, adopté cette position. Ainsi, aux termes de l'instruction, n°3 A-1-96 du 16 février 1996, constituent des prestations de services et en tant que telles, soumis à l'article 259 B du code général des impôts, la fourniture de logiciels standards, simple, sans support matériel, de même que l'installation de logiciels par téléchargement.

[404] KERRIGAN, V. A. (2002, 21 février), « TVA sur le commerce électronique : pourquoi doit-on changer les règles ? » *Petites Affiches*, p.37.

[405] HUET, J. (2000), « La fiscalité du commerce électronique », Litec, Paris, p.184.

[406] MACKAAY, Ejan, *op.cit.*, p. 27 et s.

[407] Compact Disk

[408] Ainsi certains auteurs à l'image de Mr Pierre CATALA penchent sans ambages pour la qualification de « *bien* » plutôt que de « *service* » en ce qui concerne l'information, Cf. La protection juridique des productions immatérielles, in Jean-Pierre CHAMOUX, *op.cit.*, p. 90 et s.

comme une recette douanière. C'est la douane qui liquide et recouvre la TVA au passage du cordon de marchandises d'origine étrangère. Dans d'autres pays, en revanche, même si la TVA est liquidée par le service des douanes, elle est recouvrée par le trésor public et comptabilisée au titre des ressources intérieures par le service des Impôts.

Il est indiqué d'exonérer le commerce électronique de cette forme de TVA de même que des droits de douane[409]. Dans beaucoup de pays, la TVA à l'importation est soumise au même traitement fiscal que les droits de douane[410].

En revanche, la TVA sur les livraisons de biens et les prestations de services est normalement liquidée par le service des Impôts intérieurs et non par la douane. Malgré tout, il convient d'adapter cette taxe au commerce en ligne, notamment sur le cas particulier des prestations de services.

Il importe de retracer la question épineuse de la détermination du lieu de perception de cet impôt singulier à plus d'un titre que constitue la TVA sur les prestations de service. Les règles de territorialité en matière de TVA diffèrent selon la nature de l'opération effectuée (livraison de biens ou prestation de services) et selon la zone géographique concernée[411]. Au Sénégal les articles 356 à 359 fixent les règles de

---

[409] Le point 3 de l'article 357 du Code général des Impôts du Sénégal précise que « *par importation, il faut entendre le franchissement du cordon douanier en vue de la mise à la consommation au Sénégal* ». Ainsi donc, pour la TVA à l'importation, le fait générateur a lieu et la taxe devient exigible au moment où un bien est introduit à l'intérieur du pays. Or, la détermination du lieu et du moment d'introduction des biens numérisés est quasi-impossible.

[410] Ainsi, cette TVA est exigible quand les droits de douane sont exigibles et elle est exonérée quand les droits de douane sont exonérés. Dans le cadre européen , des exonérations à l'importation sont réalisables pour les importations définitives de biens dont la livraison par des assujettis est, en tout état de cause, exonérée à l'intérieur du pays ; pour les importations de biens faisant l'objet d'une déclaration de mise sous un régime de transit ; pour les importations de biens faisant l'objet d'une déclaration de mise sous un régime douanier d'admission temporaire qui bénéficient à ce titre d'une exonération des droits de douane ou qui seraient susceptibles d'en bénéficier s'ils étaient importés d'un pays tiers; pour les importations définitives de biens qui bénéficient d'une franchise douanière autre que celle prévue dans le tarif douanier commun ou qui seraient susceptibles d'en bénéficier s'ils étaient importés d'un pays tiers. Toutefois, les États membres ont la faculté de ne pas accorder l'exonération. C'est le cas, notamment, lorsque l'octroi d'exonération risque d'affecter gravement les conditions de concurrence sur le marché intérieur.

[411] GASPAROTTO, B. (2000, 3 février), « TVA : localisation des prestations de services immatériels », *l'Écho*.

territorialité en matière d'imposition de la TVA. Selon l'article 356, « *le lieu d'imposition d'une livraison de biens est situé à l'endroit où le bien se trouve au moment de sa livraison* ». Pour les prestations de service, l'article 357 dispose que le lieu d'imposition « *est situé au Sénégal lorsque le service y est utilisé ou lorsque la personne pour le compte de laquelle le service rendu y est établi* ». Enfin, pour les services de télécommunication, l'article 358 note que « *ne sont pas réputées utilisées au Sénégal, les prestations de télécommunication lorsque le preneur est établi hors du Sénégal et que ladite prestation est effectuée par un exploitant de service public dans le domaine des télécommunications* ».

On retrouve des dispositions fiscales identiques pour la plupart du temps dans le contexte européen. Mais, en matière de commerce électronique, le cadre juridique est plus exhaustif et plus précis que celui du Sénégal.

Les critères de territorialité de la TVA dans les pays de la Communauté européenne sont issus de la sixième directive, dite « *d'harmonisation des législations des États membres relatives aux taxes sur le chiffre d'affaires* »[412]. Selon les règles de cette directive, le lieu des prestations de services, en règle générale, est réputé se situer en France et les prestations de services sont imposables à la TVA française lorsque le prestataire est établi en France[413]. Le prestataire de services est considéré comme étant établi en France lorsqu'il a, en France, le siège de son activité ou un établissement stable ou, à défaut, son domicile ou sa résidence habituelle[414]. Cependant l'application des règles de cette directive aux transactions électroniques a abouti à des résultats discriminatoires et à des effets pervers. Ainsi, les services originaires de l'UE acheminés par voie électronique étaient, en règle générale, soumis à la TVA, indépendamment du lieu de consommation, alors que ceux en provenance de pays tiers, même fournis dans l'UE, ne l'étaient pas. D'où, la mise en œuvre par le législateur européen de la directive n°2002 /38/CE du Conseil, du 7 mai 2002, modifiant, en partie à titre temporaire,

[412] Sixième directive 77/388/CEE du Conseil, du 17 mai 1977, JO L 145 du 13 juin 1977, p. 1-40.

[413] En ce qui concerne les livraisons de biens, le lieu est réputé se situer à l'endroit où le bien se trouve au moment :

- du départ de l'expédition ou du transport à destination de l'acquéreur (cas où le bien est expédié ou transporté) ;
- de la livraison (cas où le bien n'est pas expédié ou transporté).

[414] SOLLÉ, Constance, « Internet, un havre de paix pour la TVA ? », http://www.juritel.com.

la Directive n° 77/388/CEE en ce qui concerne le régime de Taxe sur la Valeur Ajoutée applicable aux services de radiodiffusion et de télévision et à certains services fournis par voie électronique[415]. L'objectif de cette nouvelle directive est d'éliminer les distorsions de concurrence dans le domaine des services de radiodiffusion et de télévision et des services fournis par voie électronique dans l'UE en introduisant de nouvelles règles harmonisées[416]. En effet, l'absence d'un régime de taxe juste et clair avait pour effet de décourager l'investissement et de placer les entreprises européennes dans une situation de désavantage concurrentiel. Cette directive modifie le système commun de Taxe sur la Valeur Ajoutée, notamment pour la détermination du lieu d'imposition des services fournis sous une forme électronique par le biais de réseaux informatiques.

Ainsi, selon cette directive, lorsque :

➢ les services concernés, acheminés par voie électronique, sont fournis par un opérateur établi dans un pays tiers à un client résidant dans l'UE, le lieu d'imposition est réputé se trouver dans l'UE et ces services sont, dès lors soumis à la TVA ;

➢ les services sont fournis par un opérateur de l'UE à un client résidant dans un pays tiers, le lieu d'imposition est celui où le client est établi et ces services ne sont pas soumis à une TVA communautaire ;

➢ l'opérateur de l'UE fournit ce type de services à une entreprise établie dans un autre État membre, le lieu de prestation est celui dans lequel l'entreprise cliente est établie ;

➢ l'opérateur de l'UE fournit ce type de services à un particulier établi dans l'UE ou à un assujetti dans le même État membre, le lieu de prestation continue d'être celui où le prestataire est établi.

La période d'application du régime de Taxe sur la Valeur ajoutée applicable aux services de radiodiffusion et de télévision et à certains services fournis par voie électronique, instituée par la directive n°2002 /38/CE, a été modifiée par la directive n° 2006/58/CE, du Conseil du 27 juin 2006[417].

---

[415] JO L n° 128 du 15 mai 2002, p. 41-44.

[416] Les services fournis sous une forme électronique incluent les services culturels, artistiques, sportifs, scientifiques, éducatifs, récréatifs et d'information, ou d'autres analogues, de même que les services informatiques en général, les logiciels et les jeux vidéo.

[417] JO L 174 du 28.6.2006, p. 5–6 ; JO L 294M du 25.10.2006, p. 272-273.

Que faut-il entendre par l'établissement en France ?

Le prestataire de service est considéré comme établi en France lorsqu'il y a le siège de son activité ou un établissement stable ou à défaut son domicile ou sa résidence habituelle[418]. Mais, il est difficile de localiser le pays où se trouvent les acteurs du commerce électronique. À moins de poster un fonctionnaire du fisc derrière chaque internaute. Ce qui n'est pas dans l'ordre du possible. Il est donc, a priori, exclu de se fonder sur les notions comme le siège de l'activité, le domicile ou la résidence habituelle du prestataire de service pour asseoir la TVA.

Reste alors, la notion d'établissement stable. À ce propos, le Conseil d'État français procède à une analyse par assimilation pour en déduire l'existence d'un établissement stable. La haute juridiction française assimile à un établissement stable toute exploitation caractérisée par *« la disposition personnelle et permanente d'une installation comportant des moyens humains et techniques nécessaires à la réalisation de la prestation de l'assujetti*[419] ».

Dans le même sillage, la jurisprudence de la Cour de Justice des Communautés européennes précise « *qu'une exploitation économique ne présente le caractère d'établissement stable permanent que si elle comporte une réunion permanente de moyens humains et techniques nécessaires aux prestations de services en cause et si ces prestations ne peuvent être utilement rattachées au siège de l'activité économique du prestataire* ».

Cependant, ces différentes acceptions, aussi précises soient-elles, manquent d'exhaustivité. Ces visions sont restrictives en ce qu'elles mettent l'accent sur une installation préalable avec un certain nombre d'équipements. Ainsi, un tel point de vue, fortement marqué par la physionomie du commerce traditionnel, ne peut être globalisant en ce qu'il n'épouse pas toutes les modalités de réalisation du commerce électronique. En effet, de simples internautes, sans pour autant disposer nécessairement d'une certaine logistique, peuvent commercer librement à travers l'Internet.

Il importe, dès lors, de se retourner vers les catégories technico-juridiques nouvelles, introduites par le commerce numérisé, pour chercher

---

[418] Au Sénégal, l'article 357, alinéa 2 du Code général des Impôts précise qu'« *est établi au Sénégal toute personne qui a au Sénégal le siège de son activité économique, son domicile ou sa résidence habituelle ou un établissement stable auquel les services sont fournis* ».

[419] CE 31 janvier 1997, n°170, p. 164.

une possible identification à la notion d'établissement stable. À l'analyse, il apparaît deux concepts, qui pourraient servir à ce dessein, à savoir la notion de page web et de serveur.

En ce qui concerne la page web, l'assimilation à un établissement stable est difficile à soutenir. Il n'est pas juste de considérer la page web comme un établissement stable au même titre qu'un agent indépendant. En fait, la page web est transitoire, temporaire et ne fait pas l'objet d'un contrat.

Alors, un serveur serait-il plus à même d'être un établissement stable ?

C'est peut-être le cas, mais encore faut-il qu'il soit situé dans l'État où les transactions ont été effectuées. On voit se profiler à l'horizon les risques de « forum shopping » fiscal[420]. Les opérateurs du commerce en ligne, grâce aux nouvelles technologies comme le système du call-back, peuvent délocaliser leurs activités en pratiquant l'offre commerciale à partir d'un pays tiers dont la fiscalité est plus avantageuse[421].

En dernière analyse, pour les pays qui lient le prélèvement de la TVA au lieu d'établissement ou bien le siège de l'activité, la notion de serveur peut quand même servir de pierre angulaire à partir de laquelle va s'édifier l'architecture de la perception de la TVA. Mais, il faut pour cela l'évolution de certaines législations, à l'image du droit français, sur la question. Le Gouvernement français prévoit ainsi, que « *ce n'est que dans des cas exceptionnels, où l'entreprise étrangère disposerait de son propre équipement informatique en France et emploierait du personnel pour le faire fonctionner, qu'il serait possible de considérer que cette entreprise dispose d'un établissement stable en France*[422] ». La Cour de Justice européenne adopte la même position[423].

---

[420]« Internet : l'extase ou l'effroi », *Le Monde diplomatique*; Droit et informatique, l'hermine et la puce, collection Frederik, Bulletin 11, préf. Jean CARBONNIER, éd. Masson, p.134 ; COLOMBAIN, J. (1996, août), « Internet : les essentiels », *Milan*, pp26-35 et 38-39.

[421]Le réseau Internet n'est pas un paradis fiscal in la fiscalité sur Internet, Cf. http://www.chez.com/mcnood/internet.html# moratoire.

[422] J.O. A. N. du 26 octobre 1998, p. 5849.

[423] La Cour de Justice des Communautés européennes (Arrêts Berkholz du 4 juillet 1985, Lease Plan Luxembourg du 7 mai 1998) considère qu'un établissement stable requiert « *la réunion permanente de moyens humains et techniques nécessaires aux prestations de service en cause* ». Cette jurisprudence revient à considérer qu'en l'absence de toute présence humaine ni un site web, ni un serveur ne peuvent constituer un établissement stable.

À cet effet, la consécration, à un niveau international, de la notion de serveur comme pierre angulaire[424] de la perception de la TVA et la nécessité de collaboration étatique qu'elle implique, permettront de juguler toute velléité de forum shopping fiscal[425]. En revanche, pour les pays qui, à l'image du Sénégal, considèrent que le lieu à prendre en compte pour le prélèvement de la TVA est celui de l'utilisation de la prestation ou celui de la situation du bénéficiaire ou du donneur d'ordre, la tâche est plus aisée. Il est facile pour les services fiscaux, même dans le cadre du commerce électronique, de vérifier directement à partir de l'ordinateur personnel de l'internaute ou du serveur de connexion la réalité de l'utilisation des données numérisées. Cela demande, tout de même, davantage de formation des agents fiscaux en matière de technologie de l'information et davantage d'investigations et également d'installations techniques, notamment les ordinateurs connectés à l'Internet.

Les principes de l'OCDE sur l'imposition du commerce électronique ont été approuvés à la conférence d'Ottawa en 1998. Ces principes prévoient que les règles applicables aux impôts sur la consommation (tels que la TVA) devraient aboutir à une imposition au lieu où la consommation intervient[426]. L'OCDE a aussi approuvé qu'un régime simplifié d'enregistrement en ligne, tel que celui maintenant adopté par le Conseil, est la seule solution viable aujourd'hui, pour appliquer des taxes aux ventes électroniques faites par des commerçants non-résidents.

II- L'application des autres droits indirects[427]

Il s'agit principalement des accises, qui sont des taxes sur la consommation portant sur des produits particuliers. La mise en œuvre de ces taxes particulières est fortement liée à la politique économique et fiscale d'un pays, de ses habitudes de consommation, etc. C'est ainsi que parmi les accises les plus souvent collectées dans les pays développés, on recense celles sur les biens et services tels que le tabac, les produits alcoolisés, les jeux et paris en tous genres[428]. L'application de la fiscalité

[424] WEBER, Alain (1996, juillet - août), « Droit de l'Internet : à la recherche des pierres angulaires, commentaires de la décision UEJF », *Expertises*, p. 274.
[425] LEVEBVRE, Maurice (1993), Mémento pratique, fiscal, 4201, p. 617.
[426] HINNEKENS L. (1998, 27 mars), « La TVA survivra-t-elle à l'économie électronique ? » *Le Fiscologue*, 654.
[427] Il s'agit des doits et taxes que la Douane peut liquider ou, selon le cas, percevoir en dehors des droits de douane au sens restreint et de la TVA.
[428] Les casinos virtuels ont pris d'ores et déjà 12% du marché américain. Certains experts avaient déjà avancé que, le marché mondial des casinos virtuels pourrait atteindre 16 millions de dollars dès 1998.

en ligne devrait justement viser ces casinos virtuels à l'occasion desquels il existe une forte circulation de flux financiers entre internautes éparpillés dans le monde à travers la magie de l'Internet. On peut s'attendre à ce que les autorités fiscales rencontrent de grandes difficultés pratiques pour le recouvrement d'accises sur les paris effectués sur Internet auprès de casinos situés dans des paradis fiscaux[429].

Il appartient à ces dernières d'être assez imaginatives et innovantes pour assujettir ces jeux virtuels à la fiscalité. Dans cet esprit, il serait indiqué de s'orienter, à ce niveau, vers la mise en œuvre d'un « bit tax[430] » ou d'une taxe à l'octet[431] pour fiscaliser les casinos virtuels[432]. La taxe au bit est un système d'imposition qui vise à évaluer l'intensité d'un transfert d'information ou d'une communication électronique. Dans ce système, c'est le nombre de bits utilisés qui est pris en compte pour déterminer l'importance d'une transmission d'information. L'information est véhiculée sous forme codée, à l'aide des chiffres du système binaire ou de numérotation de base 2 ou code binaire. Un tel système de numérotation n'intègre comme chiffres que le zéro et le un. Chaque chiffre est nommé « bit[433] ». La taxe au bit n'est en aucune façon en corrélation avec la « plus-value » que peut véhiculer une interconnexion et se détache de la notion d'impôt sur la valeur ajoutée. En effet, la TVA sur une liaison téléphonique, une liaison Internet, ne peut porter que sur le prix de cette communication établi en fonction du temps et de la distance. La TVA ne peut pas porter sur l'importance, la valeur réelle de la communication, laquelle est quasi-insaisissable. Dans le cas de la taxe au bit, la base d'imposition est purement objective : il s'agit du nombre de bits consommés. Peu importe donc que les données numériques véhiculées contiennent des informations commerciales ou purement conviviales. La

---

[429] ACH, Yves-Alain La fiscalité du commerce électronique, http://www.club-Internet.fr/ceberlexnet .

[430] La paternité du projet de création d'une *taxe au bit* semble revenir à un groupe d'experts de haut niveau de la CEE. En effet, les conclusions d'un rapport de la DGV, publié en 1996, suggéraient à la Commission d'entreprendre des recherches sur l'opportunité et la « faisabilité » d'une telle taxe. Cependant, il faut préciser que l'idée d'une *" bit tax "* a été tout d'abord mise en avant par Arthur CORDELL et Thomas Ide, dans une note préparée pour le meeting annuel du Club de Rome qui s'est tenu du 30 novembre au 2 décembre 1994.

[431] Les bits sont regroupés en octets : huit bits forment un octet, et un octet correspond à un caractère alphanumérique. Ainsi, la taxe au bit est assise sur un huitième d'octet.

[432] SOETE, L. et K. LAMP (1996, août), The “Bit Tax”: the case for further research, University de Maastricht.

[433] Le mot « bit » résulte de la contraction de "binary digit".

taxe au bit pourrait s'apparenter ainsi à une taxe sur la consommation d'eau ou d'électricité.

Cette forme de taxation peut se révéler injuste. « *Les taxes à l'octet, qui prévoient de taxer chaque octet d'un flux de données électroniques, sont également injustes : un message électronique représentant 100 octets serait soumis à 100 unités de taxe. Que ce message génère un profit d'un million de francs ou de cinq francs, la taxe sera toujours la même, de 100 unités au maximum. Pire, s'il ne s'agit que d'un message personnel, la taxe sera toujours de 100 unités. Ces taxes sont incompatibles avec les principes d'une politique fiscale saine et elles ont d'ailleurs été rejetées aussi bien par les administrateurs fiscaux que par les responsables de la politique fiscale et par les contribuables* [434]».

Mais, il s'agit, pour éviter les délocalisations destinées à échapper à toute fiscalité en ligne, d'asseoir une taxe proportionnelle au volume des données transmises lors d'une transaction sur l'Internet[435]. Parmi les nombreux problèmes qui ne vont certainement pas manquer de se poser, on note la difficulté technologique d'attribuer une valeur aux données et de distinguer dans un échange de données ce qui est imposable (qui relève des casinos virtuels) de ce qui ne l'est pas. En tout état de cause, la collaboration entre les autorités fiscales, les providers et les hébergeurs est nécessaire pour que cet « bit tax » ait les chances de s'appliquer un jour.

D'ailleurs, la Commission européenne a, le 16 avril 1997, officiellement écarté cette idée au motif que, le commerce électronique étant déjà assujetti à la TVA, il n'y avait pas lieu d'envisager une nouvelle forme de taxation spécifique à cette activité[436].

La réflexion doit être approfondie pour trouver une fiscalité adéquate au commerce électronique afin d'éviter une discrimination entre le commerce traditionnel et le commerce électronique. La mise en œuvre d'un bon système fiscal nécessite la coopération de tous les États concernés, mais également de tous les acteurs de l'Internet.

Par ailleurs, la coopération devrait également concerner la lutte contre la fraude en ligne.

---

[434] HARDY, Michael et Frances HORNER, *Internet et la fiscalité : un casse-tête... australien* ? http://www.oecd.org.

[435] St-PIERRE, Natalie (1999), *Les taxes à la consommation et le commerce électronique, dans Congrès 98*, Montréal, Association de planification fiscale et financière, p.34.

[436] (1997, mai), *Tax Planning International Review*, volume 24 (5), p. 29.

CHAPITRE II

LA LUTTE CONTRE LA FRAUDE COMMERCIALE EN LIGNE

Les technologies de l'information, notamment l'Internet sont un puissant instrument communicationnel qui favorise le rapprochement entre différentes zones géographiques. Mieux, elles font émerger des espaces de convivialité interactifs, offrant l'occasion aux différents utilisateurs et internautes à travers le monde d'échanger et de partager. Il permet d'établir des liens d'échanges sur des domaines multiples et variés de la vie économique et sociale.

Malgré ces avantages incontestables, ces nouveaux outils sont également des vecteurs de réalisation de plusieurs activités frauduleuses. À côté de la fraude classique, se développent, de plus en plus, de nouvelles catégories de fraude, grâce aux technologies nouvelles. La réponse à ce nouveau phénomène criminel ne peut être apportée par un seul État ou une union économique donnée. La problématique de la fraude à travers les technologies de l'information revêt une dimension mondiale. Elle ne peut être enrayée que grâce à une coopération entre tous les États du monde. Il convient d'étudier pourquoi il est nécessaire que les États collaborent en matière de lutte contre la fraude commerciale en ligne (SECTION I), mais aussi d'examiner quel contenu cette coopération internationale devrait revêtir (SECTION II).

SECTION I : LA NÉCESSITÉ DE LA COOPÉRATION INTERNATIONALE EN MATIÈRE DE FRAUDE COMMERCIALE

La collaboration entre les États pour faire face correctement au phénomène de la fraude à travers les réseaux est aujourd'hui une nécessité absolue. En effet, cela contribue à la protection de la chaîne logistique internationale du commerce mondial (Paragraphe I), mais surtout au renforcement de la sécurité collective de façon générale (Paragraphe II).

Paragraphe I : La protection de la chaîne logistique internationale

Face à la montée de différents périls qui entravent le commerce international, les États ont toujours cherché à collaborer pour affronter, d'un front commun, les risques que charrient ces dangers. Cette collaboration a débuté dans un premier temps par des accords d'assistance mutuelle au plan bilatéral[437]. Ensuite, l'assistance mutuelle s'est étendue à un niveau multilatéral[438]. Ce qui a entraîné la mise en place de beaucoup d'instruments internationaux qui visent, de façon explicite, à lutter contre toute forme de criminalité et de délinquance[439].

Parmi ces conventions internationales, on ne peut manquer d'évoquer le cas de la Convention internationale d'Assistance mutuelle administrative, en vue de prévenir, de rechercher et de réprimer les infractions douanières, dite Convention de Nairobi. Cet instrument international élaboré sous l'égide du Conseil de Coopération douanière a été adopté le 09 juin 1977 et est entré en vigueur le 21 mars 1980 après l'adhésion de cinq (5) États[440].

Cette convention permet, d'une certaine manière, de lutter contre les infractions et les flux illégaux de marchandises. Pour ce faire, elle vise, tout d'abord, les tentatives frauduleuses qui aboutissent au non-paiement des droits et taxes à l'importation ou à l'exportation. Ces tentatives s'opèrent, notamment, par le biais de fausses déclarations d'origine, de valeur ou d'espèce tarifaire.

Mais également, la Convention de Nairobi vise à lutter contre les fraudes, les contrefaçons ou les falsifications, la contrebande des stupéfiants et les opérations financières frauduleuses conséquentes, ou encore la contrebande d'objets d'art, d'antiquités et d'autres biens culturels. Ces pratiques frauduleuses ont des conséquences très néfastes sur le commerce international des marchandises, qu'elles contribuent à déséquilibrer sensiblement. À terme, ces agissements frauduleux risquent d'hypothéquer l'existence même du commerce mondial.

Il va sans dire que les mesures nécessaires, pour éradiquer définitivement ce fléau mondial de la fraude, ne peuvent pas seulement émaner d'instances nationales ou communautaires. La lutte contre ce phénomène qui gangrène le commerce mondial, pour être efficace, doit être menée à un niveau international. Cela, d'autant que les nouvelles

---

437 Historiquement, la France a signé son premier accord de coopération douanière en 1936 avec les États-Unis.

438 La convention de Naples est signée le 07 septembre 1967 par les États membres de la Communauté européenne. Cette convention est renforcée par la signature le 18 décembre 1997, d'un deuxième document de portée plus générale, dit « Naples II ».

439 TOURE, Pape Assane, *Audit des normes applicables à la cybercriminalité,* Actes du séminaire, Informatique et libertés, *Op. cit.*, http://www.adie.sn.

440 Cette convention est ratifiée aujourd'hui par les États.

technologies de l'information et l'Internet, en particulier, offrent de nouvelles possibilités de fraudes. L'Internet accroît sensiblement les risques et les cas de fraude. Ce faisant, il contribue largement à renforcer l'insécurité dans la réalisation des transactions internationales.

Compte tenu de l'ouverture présentée par ces outils, la lutte contre les pratiques illicites en son sein, pour avoir des chances d'aboutir, doit nécessairement revêtir une dimension internationale. Tous les États du monde doivent agir de concert pour l'éradication de ce fléau mondial. Il en va, à terme, de la viabilité du commerce international.

Consciente des enjeux de la sécurité du commerce mondial, l'Organisation mondiale des douanes a érigé au rang d'impératif catégorique, la sécurisation de la chaîne logistique internationale. Ce phénomène de sécurisation est appréhendé comme « *une notion complexe qui recouvre les marchandises, du stade de la fabrication à celui de la destination ultime, en passant par la distribution, le transport, l'exportation et l'importation*[441] ». C'est dire que la sécurité du commerce mondial est une préoccupation universelle partagée par tous ceux qui participent, peu ou prou, à ce commerce. Pour assurer la sécurisation de la chaîne logistique, l'OMD a développé des outils, dont notamment le Cadre de Normes, adopté par le Conseil de cet organe, en juin 2005. Il offre une nouvelle plate-forme consolidée visant à renforcer le commerce mondial, à améliorer la sécurité contre le terrorisme tout en intensifiant la contribution de la douane et des partenaires commerciaux au bien-être économique et social des nations. En outre, cette instance ambitionne d'améliorer la capacité de la douane à détecter et à traiter les envois à haut risque et à rendre plus efficace la gestion des marchandises, tout en accélérant leur dédouanement et leur mainlevée. Le Cadre de Normes devrait changer profondément le mode de fonctionnement des douanes afin que celles-ci puissent faire face aux défis du 21e siècle et améliorer, dans une large mesure, leur capacité à sécuriser et à faciliter le commerce mondial.

Toutefois, il faut relever que la sécurisation de la chaîne logistique ne peut être assurée que par la conjonction des efforts des opérateurs privés internationaux, des États, des unions économiques et des organisations internationales. Cette coopération est d'autant plus nécessaire que l'Internet accroît les possibilités de fraude tout en leur conférant une dimension mondiale. Cette coopération internationale contribue également au renforcement de la sécurité collective.

---

[441] Cf. http://wcoomd.org.

Paragraphe II : Le renforcement de la sûreté et de la sécurité

La sécurité est une notion qui revêt plusieurs facettes. Elle peut faire référence à l'aspect politique, économique, social, etc. Au sens large, la notion de sécurité peut renvoyer à l'idée de fraude qui intègre toutes ces dimensions. L'Organisation mondiale des douanes a défini la fraude comme « *toute infraction aux dispositions législatives et réglementaires que les administrations sont chargées de faire appliquer, commise en vue :*

- d'éluder ou de tenter d'éluder le paiement des droits, redevances aux taxes applicables aux marchandises ;

- d'éluder ou de tenter d'éluder les prohibitions ou les restrictions applicables aux marchandises ».

Les pratiques frauduleuses ont une influence manifeste sur la sécurité économique, financière, politique et sociale des États. Elles peuvent contribuer à déstructurer le tissu économique et social des nations.

Le rôle des administrations des douanes pour la préservation de cette sécurité dans le monde est capital. À la suite des attentats du 11 septembre 2001 aux États-Unis, la sécurité est consacrée comme une mission à part entière de l'Administration des douanes, à côté de la mission fiscale et celle économique.

Il est vrai que la notion de sécurité a varié dans le temps. Elle a subi une certaine évolution depuis la période épique des pirates et corsaires jusqu'à la période actuelle marquée par les attentats de New York, de Bali. Il s'y ajoute que l'Internet contribue sensiblement à diminuer le niveau de sécurité. Il contribue à internationaliser le phénomène de la fraude et de l'insécurité. Des enquêtes ont démontré que l'Internet sert d'outil de communication aux terroristes. C'est un moyen commode qui permet aux délinquants du monde entier de communiquer entre eux[442].

Il est, dès lors, nécessaire qu'il y ait une coopération étroite entre les États pour, véritablement, faire face à la cybercriminalité. Cette coopération entre les États devrait se traduire, au plan pratique, par l'adoption de conventions internationales auxquelles la totalité des États du monde devrait adhérer. Ces instruments internationaux doivent tenir compte de certains principes (double incrimination par exemple) pour juguler la délinquance en ligne.

---

[442] L'insécurité sur Internet, http://www.supinfo-projects.com.

Les opérations matérielles d'investigation pour constater et réprimer les violations de la loi pénale sont souvent uniquement applicables à un niveau national ou communautaire. Or, certains criminels, notamment ceux qui agissent dans le cyberespace, ne tiennent aucunement compte de la souveraineté des États ou des frontières territoriales. Il est indiqué de promouvoir des conventions et autres normes, à l'échelle internationale afin de faire face a ce fléau mondial de la cybercriminalité[443]. De ce point de vue, la Convention de Nairobi d'assistance mutuelle administrative, en vue de prévenir, de rechercher et de réprimer les infractions douanières est un début de solution. Malgré ses nombreux handicaps, cette convention permet aux États de constituer un front commun contre ceux qui portent atteinte aux règles douanières.

En définitive, la nécessité de la coopération internationale en vue de faire face à la fraude en ligne est évidente. Toute la difficulté réside dans le contenu à donner à cette coopération internationale.

SECTION II : LE CONTENU DE LA COOPÉRATION INTERNATIONALE EN MATIÈRE DE FRAUDE COMMERCIALE

Le renseignement est l'élément essentiel pour une lutte efficace contre la fraude en ligne. La coopération internationale doit surtout tourner autour du stockage et de la circulation de l'information. Ainsi, l'échange international d'informations en matière de fraude doit être encouragé et encadré (Paragraphe I), de même que la mise en place d'une base de données mondiale sur la fraude (Paragraphe II).

Paragraphe I : L'échange d'information en matière de fraude commerciale

La coopération entre les différentes administrations des douanes est souvent prévue par des dispositions internes. Ainsi, aux termes de l'article 54 du code des douanes sénégalais « *l'Administration des douanes est autorisée, sous réserve de réciprocité, à fournir aux autorités qualifiées des pays étrangers tous renseignements, certificats, procès verbaux et autres documents susceptibles d'établir la violation des lois et règlements applicables à l'entrée ou à la sortie de leur territoire*[444] ».

Ces dispositions, bien qu'utiles, n'ont qu'une portée nationale. Leur mise en œuvre est soumise à la volonté des États. Ces dispositions

[443] La Belgique adopte le mandat d'arrêt européen : cybercriminalité et pédopornographie sont en point de mire, http://www droit-technologie.org.
[444] Son équivalent en droit français est l'article 65, alinéa 6 du code des douanes.

internes, prévoyant l'échange d'informations entre services douaniers nationaux sont souvent efficaces. Elles sont parfois à la base de résultats très satisfaisants. Mais elles connaissent des limites objectives. La première est celle, évoquée plus haut, liée à la règle de la réciprocité. La seconde limitation est relative à la portée nationale de telles dispositions. L'échange d'informations est limité à quelques États. Alors que le phénomène de la fraude a une dimension mondiale, qui s'est accentuée avec l'émergence de l'Internet.

C'est certainement pour pallier cette lacune que la Convention de Nairobi prévoit, dans son annexe I, l'échange de renseignements en matière de fraude. Cette communication de renseignements concerne, aux termes de la convention, « *les déplacements de personnes, les mouvements de marchandises ou de moyens de transports, accompagnés éventuellement de documents, rapports ou procès-verbaux, ou encore de renseignements concernant les nouveaux moyens et méthodes employés pour commettre des infractions douanières* ».

À l'image des dispositions d'ordre intérieur, la Convention de Nairobi est fondée sur le principe de la réciprocité. En vertu de ce principe, l'État n'a d'obligation d'assistance vis-à-vis d'un autre État que si les deux ont accepté la même annexe.

Il faut relever que le champ d'application matériel de la convention se limite aux infractions à la législation douanière stricto-sensu. Il s'agit des infractions aux dispositions appliquées par les administrations douanières, relatives à l'importation, à l'exportation et au transit des marchandises. En aucun cas, la convention ne concerne les demandes d'arrestation et le recouvrement des droits, taxes, impositions, amendes et autres sommes pour le compte d'une partie contractante.

La Convention de Nairobi ne prend pas suffisamment en compte les nouvelles technologies. Elle a été élaborée au moment où celles-ci étaient à leur premier balbutiement. L'Internet constitue, à l'heure actuelle, un terreau fertile pour l'émergence et le développement de formes de fraudes inconnues jusqu'ici. Cette criminalité, se présentant sous un visage nouveau, ne peut être éradiquée que par le biais d'une coopération internationale très soutenue. Pour ce faire, deux solutions restent ouvertes. En premier lieu, il est possible de réactualiser la Convention de Nairobi en intégrant dans ses dispositifs, des mécanismes d'échange d'informations et de lutte contre la fraude par le biais des nouvelles technologies, notamment de l'Internet. En second lieu, il est loisible d'élaborer une autre convention, en marge de celle de Nairobi qui traite uniquement de la fraude par le biais de ces nouveaux outils. La seconde formule convient mieux, puisqu'elle a l'avantage de mettre en exergue la spécificité des infractions informatiques. Mais, elle permet surtout de mettre l'accent sur la nécessité de créer des mécanismes adaptés pour lutter efficacement contre ces nouvelles formes d'infractions.

À côté de l'échange d'informations, le second volet de la coopération internationale est la mise en place d'une base de données mondiale sur la fraude.

Paragraphe II : La mise en place d'une base de données mondiale sur la fraude commerciale

La création d'une base de données, pour permettre aux autorités chargées de la répression des fraudes de disposer en permanence des informations utiles, est fondamentale. Elle autorise donc une meilleure prise en charge de la fraude en ligne. Les délits se réalisant par le biais des nouvelles technologies de façon très rapide. Il est donc indiqué de disposer, dans un endroit unique et centralisé, les informations appropriées que les autorités ne manqueront pas de consulter régulièrement.

La Convention de Nairobi n'ignore pas cette nécessité de centraliser les informations. C'est ainsi que l'annexe IX de cette convention prévoit la création d'un fichier central. La mise en place de cette structure obéit à la nécessité de rassembler les informations qui présentent un intérêt sur le plan international[445]. Ce fichier central est géré par le Secrétariat général de l'Organisation mondiale des douanes. C'est cette structure qui exploite le fichier et communique les renseignements aux services des États contractants. Ce fichier est alimenté par les informations fournies par les membres qui doivent transmettre à l'organisation tout renseignement utile ou significatif.

Quels types d'informations peuvent être transmis au système centralisé ?

La catégorisation des informations fournies au Secrétariat fait apparaître trois grands groupes. Tout d'abord, les informations relatives aux personnes physiques ou morales condamnées, à titre définitif pour contrebande, aux circonstances de leur découverte. Enfin, la dernière catégorie concerne les informations relatives aux navires qui ont été utilisés pour la contrebande.

---

[445] La douane française transmet en moyenne entre 500 et 600 informations par an à l'OMD.

Face aux risques d'atteintes aux libertés individuelles, certains pays ont émis des réserves quant au contenu de l'information. À ce titre, beaucoup de pays rejettent la transmission d'informations nominatives[446].

Le système d'information centralisé, tel qu'il est mis en place par l'Organisation mondiale des douanes, ne permet pas de prendre en charge les fraudes en ligne. En effet, ces types d'infraction sont caractérisés par une certaine volatilité. La collecte de l'information ne permet pas de répondre au besoin de célérité et de fluidité dans la circulation de l'information. L'échange de renseignements s'opère dans le cadre du réseau mondial de dix bureaux régionaux de liaison, chargés de renseignements, auxquels sont rattachés les États membres. Ainsi, des liaisons entre les bureaux permettent des analyses globales ou comparées. La mise en place et le fonctionnement de ces structures impliquent une certaine lourdeur, préjudiciable à la rapide circulation de l'information. Or, les infractions en ligne se réalisent en un laps de temps.

L'échange d'informations, pour être utile et efficace, doit s'opérer rapidement. D'où, la nécessité de mettre en place une base de données entièrement en ligne que les autorités en charge de la répression peuvent consulter à partir d'un simple clic de souris. Cette base de données, à l'image du système d'information centralisé, devrait être alimentée par les contributions d'informations des administrations nationales.

La protection des données personnelles, dans ce nouveau système d'information en ligne, devrait être garantie par deux mécanismes. Le premier instrument est, par rapport à la nature des informations, la règle qui consiste à ne faire entrer dans cette base de données que des informations nominatives. Dans cet esprit, un système de filtrage doit bloquer l'accès à cette base de données d'informations de nature nominative. Le second instrument qui assure une protection des données personnelles réside au niveau de l'accès à ces données. Il ne doit être réservé qu'aux autorités habilitées.

[446] Ainsi, la France a émis une réserve en vertu de laquelle, elle s'interdit de verser des données nominatives concernant les personnes physiques dans le système d'information centralisé. Les informations transmises sont, uniquement, relatives aux éléments matériels des infractions.

Paragraphe III : Quelques exemples d'outils mis en place par l'Organisation mondiale des douanes

Par rapport aux formes classiques de délinquance douanière, il est certain qu'il s'est opéré une diversification spectaculaire des agissements frauduleux. Certes, la contrebande par franchissement clandestin de la frontière est loin d'avoir disparu, mais elle a perdu beaucoup de son caractère folklorique, notamment depuis l'apparition du transport par conteneurs qui ne sont souvent contrôlés que de façon aléatoire. Ce qui est surtout à souligner, c'est l'importance prise par la fraude documentaire, dont on connaît les multiples manifestations : fausses factures, faux certificats d'origine, faux titres de transit, etc. L'imagination des fraudeurs est sans limite et elle trouve un appui dans la généralisation des techniques électroniques. À cet égard le développement du commerce en ligne permet assurément de faire échapper au contrôle douanier classique une part significative des échanges. Les administrations douanières jouent, partout dans le monde un rôle important en matière de lutte contre le crime transnational. Afin d'être efficaces, elles doivent disposer du matériel informatique et des logiciels nécessaires, et posséder les connaissances et les compétences requises pour mettre en œuvre des procédures douanières simplifiées et améliorées au moyen de techniques opérationnelles modernes. À l'heure où le numérique prédomine, l'échange rapide d'informations entre les pays, les agences et le personnel de première ligne constitue l'un des facteurs clés d'un contrôle frontalier efficace et du démantèlement du commerce illicite.

Pour renforcer l'efficacité des administrations douanières, l'OMD a mis à leur disposition des instruments afin de lutter davantage contre la fraude. Du reste, confrontée à la tâche de promouvoir une meilleure connectivité et plus d'interactions harmonieuses, elle valorise de plus en plus la technologie et l'innovation. Au titre de ces outils, on peut évoquer le réseau douanier de lutte contre la fraude (CEN) (I), le réseau douanier de lutte contre la fraude (CEN) (II) et enfin l'outil de communication du réseau douanier de lutte contre la fraude (CENcomm) (III). Complémentaires et compatibles par nature, ces applications fournissent aux douanes des outils mettant en œuvre les technologies les plus récentes au sein d'un réseau mondial sécurisé afin de relever avec succès les défis de l'ère numérique.

I. Le réseau douanier de lutte contre la fraude

Le réseau douanier de lutte contre la fraude de l'OMD est devenu opérationnel en 2000 C'est la pionnière des applications conçues par cet organisme afin d'assister les administrations des douanes dans la lutte contre la fraude. Par la suite le CEN a connu une certaine extension incluant un certain nombre d'applications autonomes. Une version actualisée de l'application est disponible depuis 2011.

Dans la lutte contre la fraude, le renseignement est un élément stratégique essentiel. À cet effet, cette application rassemble des données et des informations à des fins de renseignement. Le CEN permet à tous les membres de l'OMD d'accéder à une masse critique d'informations formant la base des renseignements. Dans une certaine mesure, ce module sert de répertoire central pour les informations liées à la lutte contre la fraude. En tant que tel, il est fortement tributaire des flux réguliers de données de qualité fournies par les pays membres de cette organisation.

Cette application dispose d'une base de données de saisies et d'infractions ainsi que des photos requises pour l'analyse du trafic illicite dans les divers domaines de compétence des douanes. Un composant de communication facilite la coopération entre les utilisateurs au niveau international, tandis que le site Web du CEN offre à ces derniers la possibilité de consulter des publications variées liées à la lutte contre la fraude, telles que des alertes, des rapports analytiques et des bulletins d'informations.

Le réseau douanier de lutte contre la fraude est très dynamique et est régulièrement mis à jour pour tenir compte de l'évolution et des nouvelles tendances dans la lutte contre la fraude. Ainsi, de nouvelles fonctions et caractéristiques sont introduites périodiquement pour faire en sorte que le système soit de plus en plus convivial. Qu'il s'agisse d'accessibilité par le biais de tous les navigateurs, de notifications automatiques de l'expiration des mots de passe ou d'une fonction puissante de recherche de cas ou de photographies, la capacité d'extraire des résultats de recherche vers un tableau Excel ou à charger un nombre important de cas simultanément via la capacité automatique de chargement, l'application CEN se développe afin de répondre aux besoins d'utilisateurs du monde entier qui soumettent chaque jour leurs idées dans le forum de discussion du CEN.

L'application CEN est un puissant instrument au service des administrations pour leur permettre d'élaborer et d'affiner leurs stratégies en matière de lutte contre la fraude. Ses fonctions permettent aux utilisateurs d'exploiter les données, ce qui est crucial en termes de définition de stratégies, de préparations d'indicateurs de risques et d'identification de tendances. En effet, l'application est essentiellement un outil analytique. La base de données MS Access peut être téléchargée à partir du CEN, tandis que la fonction intégrée de statistiques facilite la conversion de ces données en résultats pratiques.

II. Le réseau douanier national de lutte contre la fraude

Afin de faire face aux défis de l'ère numérique, les administrations douanières doivent s'engager en faveur de l'amélioration et de la modernisation continue de leurs procédures et techniques opérationnelles. Dans une économie mondialisée reposant sur l'informatisation des informations, le nCEN permet aux administrations douanières de prendre des mesures importantes quant à l'orientation à suivre pour favoriser une bonne gouvernance, la facilitation des échanges, une lutte contre la fraude plus stricte et en fin de compte le développement durable et la croissance économique.

Le réseau douanier national de lutte contre la fraude (nCEN) est un système développé par l'OMD pour assister les administrations douanières dans la collecte et le stockage des informations relatives à la lutte contre la fraude au niveau national. Il offre également la possibilité d'échanger ces informations aux niveaux régional et international. L'adoption du nCEN, offre l'opportunité aux administrations de gérer des informations sur tous les aspects de leurs fonctions de lutte contre la fraude, y compris les saisies et les infractions ainsi que les personnes ou entités commerciales suspectées, au sein d'un système national moderne pouvant être autonome ou utilisé au sein d'un environnement en réseau. L'interface de communication des Informations (Icomm), incluse dans le nCEN permet aux administrations d'échanger des données avec d'autres utilisateurs du nCEN. Mais, à ce niveau il faut relever que la protection des données à caractère personnel varie en fonction des États. Le niveau de protection est plus important dans certains pays que d'autres. La plupart des pays, ayant consacré et réglementé le traitement des données à caractère personnel, exigent que, si les données provenant de leur pays devraient être transmises à un autre État, que ce dernier ait un niveau de protection équivalent au leur. Toutefois, pour éviter tout risque de mauvais traitement des données et conserver leur confidentialité, les administrations peuvent opter de transférer des composants non personnels des données, directement vers la base de données mondiale du CEN.

III. L'outil de communication du réseau douanier de lutte contre la fraude

Pour faire face à la fraude, les administrations des douanes adoptent différentes stratégies et techniques. Souvent des opérations spéciales sont menées en vue d'éradiquer une forme particulière de fraude et enrayer des menaces ciblées, particulièrement pernicieuses pour une économie nationale. Pour ces cas particuliers, l'échange d'information est un facteur important de réussite. Mais, l'évolution de la technologie a favorisé les communications mondiales rapides. La capacité à échanger et à diffuser des informations dans un environnement sécurisé, notamment lorsque le temps presse, est impérative pour les douanes durant les opérations spéciales de lutte contre la fraude transfrontière. Partant de cela, le CENcomm a été conçu comme un système de communication basé sur le Web, autorisant un groupe fermé de fonctionnaires à échanger des messages en temps réel via des canaux cryptés durant une opération ou un projet.

La personnalisation du système a été renforcée pour satisfaire aux besoins d'opérations ou de groupes d'utilisateurs spécifiques. Ainsi, les membres d'un groupe fermé d'utilisateurs peuvent échanger des informations de manière standardisée en utilisant des modèles disponibles dans le CENcomm, qui peuvent être modifiés sur demande afin d'inclure uniquement les champs de données pertinentes à l'opération. Par la suite, les organisateurs de l'opération peuvent extraire ces données à des fins d'analyse. Le CENcomm est accessible par Internet, 24 h par jour et est disponible dans cinq langues différentes.

TITRE II

LA REFONTE DE L'ARCHITECTURE DU DROIT DOUANIER

La norme juridique, quel que soit son champ d'application, n'est que le reflet d'un ensemble de valeurs de civilisation, d'une réalité évolutive, fruit de l'arbitrage entre différents intérêts s'opposant dans une société particulière[447]. C'est ce qui explique que l'élaboration de la règle de droit obéit, avant tout, à un souci de souplesse et de médiation entre acteurs aux préoccupations variées. Ainsi donc, le droit est en constante évolution, consubstantiellement au développement de l'activité économique et sociale de l'ordre juridique en cause.

Les règles douanières présentent, sous certains aspects, une rigidité. Ce sont des règles qui recèlent une forte dose de prérogatives de puissance publique. Elles traduisent la volonté des autorités publiques d'imprimer une orientation précise à l'encadrement des activités d'échange. Il va sans dire que les règles douanières sont, plus ou moins, souples en fonction du régime économique et politique en cours. Ainsi, les règles douanières sont plus contraignantes dans un régime de protectionnisme que dans un régime libéral[448].

Sous la poussée de l'évolution industrielle et technologique, mais également du libéralisme économique, le droit douanier a subi une certaine évolution. Malgré, les différentes mutations, les règles douanières n'ont pas été profondément affectées. C'est dire que le droit douanier est un droit de contrainte, qui évolue très difficilement, à rythme très lent, malgré les changements constants du contexte politique, économique ou social. C'est un droit qui comporte des lourdeurs et des contraintes qu'il n'est pas facile de modifier rapidement en profondeur.

La confrontation des règles douanières et surtout des procédures avec l'outil informatique n'est pas quelque chose de nouveau. L'informatique a toujours accompagné la mise en œuvre des règles de procédure douanière. Aujourd'hui, la plupart des systèmes de dédouanement font recours aux

[447] (mai 1998), « Le commerce électronique international, Quelques réflexions sur la loi applicable à la vente au consommateur », *Expertises,* p. 140.

[448] HUET, J. (1983), « La modification du droit sous l'influence de l'informatique : aspects droit privé », *JCP* Édition G, I, 3095.

réseaux informatiques. Ces plateformes informatiques sont actuellement au cœur des processus et formalités douanières dans la plupart des pays du monde. Mais, le commerce électronique se distingue, sur beaucoup d'aspects, des modalités de réalisation des échanges classiques. Le droit doit s'adapter pour bien réguler ce type de commerce.

La variante norme douanière n'est pas en reste dans ce vaste mouvement de métamorphose du droit. Elle se doit d'opérer une mutation profonde à tous les niveaux de compartiments pour bien s'adapter à la nouvelle donne électronique. Ce faisant, la prise en compte pratique des rationalités, induites par le commerce en ligne, passe par l'élargissement du champ d'application du droit douanier (CHAPITRE I), mais également par la redéfinition de concepts de base du droit douanier (CHAPITRE II).

CHAPITRE I

L'ÉLARGISSEMENT DU CHAMP D'APPLICATION DU DROIT DOUANIER

Le commerce électronique met en mouvement des partenaires commerciaux d'un genre nouveau qui évoluent dans un environnement très original. Parallèlement à l'émergence de nouveaux acteurs, le commerce en ligne mobilise des moyens techniques particuliers inconnus de l'activité d'échanges classiques. Dès lors, pour bien prendre en charge le commerce électronique, le droit douanier doit intégrer au niveau de son corpus juridique, ces acteurs (SECTION I), ainsi que ces instruments nouveaux (SECTION II).

SECTION I : LA PRISE EN COMPTE DE NOUVEAUX ACTEURS

Les acteurs qui agissent dans le cadre du commerce en ligne, n'interviennent pas de la même façon, et ne se comportent pas non plus de la même manière dans le processus d'échanges. Certains se contentent de mettre en place la logistique nécessaire, il s'agit des fournisseurs de contenant. Tandis que d'autres déterminent le contenu des données numérisées, il s'agit des fournisseurs de contenus. Cette distinction n'est que pédagogique, car dans la réalité pratique les positions et situations des acteurs ne sont pas aussi figées. Un acteur peut se comporter comme fournisseur de contenant et de contenus dans un temps relativement court ou dans un même instant. Pour donner une idée claire du régime juridique à définir pour chaque situation donnée, il convient d'analyser comment le fournisseur de contenant peut être pris en compte par le droit douanier (Paragraphe I) pour étudier ensuite l'encadrement de la situation du fournisseur de contenus par ces mêmes règles (Paragraphe II).

Paragraphe I : Les fournisseurs de contenant

La prise en compte des fournisseurs de contenant passe par la définition de nouvelles obligations pour ces derniers (I) et la détermination d'un régime spécifique de responsabilité (II).

I- La définition de nouvelles obligations

Le fournisseur de contenant, compte tenu de sa position stratégique, détient par-devers lui beaucoup d'informations pouvant être utiles au service des douanes. Pour permettre à ce dernier d'agir avec efficacité dans le commerce en ligne, il serait judicieux d'astreindre le premier à une obligation de coopération (A) et parallèlement à celle-ci, une autre obligation de conservation des données (B).

A- L'obligation de coopération

La répression efficace des infractions en ligne nécessite l'institution d'un certain nombre d'obligations aux acteurs de l'Internet, notamment les fournisseurs de service pour permettre à l'administration des douanes d'effectuer, avec beaucoup de célérité, les recherches. Bien souvent l'accès aux données informatiques, la copie des fichiers et l'extension de la recherche à des systèmes situés dans des pays étrangers, ne suffisent pas. La collaboration des acteurs de l'Internet est souvent nécessaire pour lire et déchiffrer les données saisies ou copiées. Il existe actuellement un système complexe de codage, de cryptage, autres mots de passe et identifications biométriques qui empêchent réellement l'accès à beaucoup de données pour des tiers. De ce point de vue, la cryptologie, élément essentiel de la sécurité des réseaux et partant du commerce électronique, recèle un caractère ambigu[449]. En effet, en même temps qu'elle assure la sécurité des transmissions et systèmes informatiques par l'identification et l'authentification des auteurs, elle participe également à l'opacité des communications.

À l'heure actuelle, l'usage à profusion de la cryptologie, permettant à l'internaute, qui n'est pas animé de bonnes intentions, d'assurer une transmission de contenus en toute impunité et paralysant toute action de la douane, nécessite l'adoption de certaines mesures[450]. C'est ce qui justifie la méfiance naturelle des gouvernements à l'égard de la cryptologie. Ceux-ci réagissent pour la plupart, en prohibant l'exportation de moyens de cryptologie ou en imposant les règles de codage standardisé. La mesure d'interdiction connaît une application mitigée en raison notamment du rejet par l'industrie d'un code imposé ou contrôlé. En outre, il s'y ajoute que la mesure n'est pas viable économiquement[451].

---

[449] O.C.D.E. (1986), *La fraude liée à l'informatique : analyse des politiques juridiques,* paris, p. 5.

[450](1995, 11 septembre), Recommandation du conseil du l'Europe relative aux problèmes de procédures pénales liés à la Technologie de l'Information, http://www.fr/cm/ta/rec.

[451] BREDANT, Yann & Isabelle POTTIER (1998), « Les décrets et arrêtés cryptologie : la mise en œuvre effective de l'assouplissement des dispositions antérieures », *Gazette du Palais*, 1er semestre, p. 476.; BITANT, Hubert (2000, dimanche 16 au mardi 18 avril),

Dès lors, la solution se trouve dans une approche intégrée, qui permet l'introduction d'une sorte de « cheval de Troie » dans les systèmes informatiques afin de permettre aux autorités policières, douanières et judiciaires de suivre la traçabilité des données échangées ainsi que leurs contenus. L'aménagement de cette sorte de « back door » dans les techniques de cryptage permettra aux autorités, à la condition de disposer d'un mandat judiciaire, de s'introduire en cas de suspicion dans un réseau[452].

Il reste à définir les personnes ou autorités, qui sont débitrices de cette obligation d'information ou plutôt de coopération vis-à-vis des autorités policières, douanières ou judiciaires. Le champ de définition de ceux qui sont tenus de coopérer avec les autorités est vite restreint au regard de la technicité du domaine en cause. Ainsi, le débiteur de l'obligation de coopérer ne peut être qu'un professionnel, compte tenu de la délicatesse, de la complexité des réseaux et de leur fonctionnement. Il ne peut alors s'agir que des personnes qui ont une connaissance particulière du système informatique. Ce faisant, l'éventail des personnes pouvant être débitrices de l'obligation de coopération est très large. Selon le cas, il peut s'agir du responsable du système informatique, des prestataires de service, des utilisateurs principaux, du gestionnaire du réseau, du concepteur ou du fournisseur de logiciels de décryptage.

La question subite qui se pose, après l'énumération de ces personnes sur qui est susceptible de se poser l'obligation de coopérer, est de savoir s'il est possible d'étendre cette obligation à des tiers.

Dans certaines situations, des personnes étrangères à la conception et au fonctionnement de systèmes informatiques ouverts au réseau, disposent pourtant, grâce à leur savoir-faire, de clés permettant l'accès au système informatique. Dans ce cas, il n'est pas nécessaire d'élargir cette obligation à ces personnes qui, somme toute, sont étrangères au réseau[453]. Il faut surtout parler ici en termes d'assistance technique afin de pénétrer un réseau informatique donné. C'est le régime classique applicable à l'expertise qui doit être appliqué dans ce cas particulier. Ce faisant, l'action de ces personnes tierces, mais expertes en la matière, doit plutôt

---

« Le site de commerce électronique : approche technique et juridique », *Gazette du Palais,* p.17.

[452] Criminalité informatique, http://www.rcmp-grc.gc.ca .

[453]DINANT, J.M (1999), « Les traitements invisibles sur Internet », in E .MONTERO (ed.), *Droit des technologies de l'Information : regards prospectifs*, Cahier du CRUD, N° 16, Bruxelles, Bruylant, p. 271 – 294 .

être analysée comme un devoir d'assistance. La portée de cette obligation de coopération et de ce devoir d'assistance doit être fortement circonscrite dans son objet, mais également par rapport au temps et à l'espace. En effet, cette obligation et ce devoir ne doivent concerner que la fourniture de toute information permettant l'accès ou le fonctionnement d'un système informatique donné, notamment par le biais d'un décryptage.

Il reste à préciser que cette obligation de coopérer ainsi que le devoir d'assistance devraient, en définitive, être analysés comme une simple obligation de moyens[454]. La personne interpellée doit faire de son mieux pour permettre l'accès ou le fonctionnement de réseau. En tout état de cause, elle ne garantit pas l'accès à l'information voulue, elle est tenue seulement d'une certaine diligence. C'est ce qui justifie que d'aucuns, sans doute préoccupés par le caractère fugace des infractions en ligne et l'internationalité du réseau, ne préconisent ni plus ni moins que l'obligation soit sanctionnée pénalement de remise de clés de cryptage aux autorités qui mènent l'investigation.

L'institution d'une telle obligation doit être très mesurée. La mise en œuvre de cette obligation de remise comporte deux risques majeurs pouvant engendrer des conséquences dommageables pour les droits de l'Homme. En premier lieu, la remise de clés permet l'accès à tout le réseau, donc à des informations qui n'entrent pas forcément dans le champ des investigations qui peuvent être intimement liées à la vie des individus. Dès lors, le risque pour que cet accès disproportionné aux informations n'aboutisse à une simple atteinte à la vie privée donc aux droits de l'Homme, se profile déjà. En second lieu, le risque commercial

[454] Par un arrêt du 2 juillet 2014, la Cour de cassation française a cassé l'arrêt de la Cour d'appel d'Aix-en- Provence du 16 octobre 2012 qui avait débouté de leurs demandes en résolution de contrats une association et une SCP ayant conclu avec un prestataire informatique des « *contrats d'abonnement de prestation incluant la fourniture d'un matériel informatique et l'accès au service collaboratif et de sécurité informatique et (...) des contrats de location de ce matériel* ». L'arrêt rappelle que, postérieurement à l'installation, divers dysfonctionnements du processus de sauvegarde des données avaient été constatés, et des problèmes de compatibilité avec la connexion internet dont disposaient les clientes avaient été diagnostiqués. La Cour de cassation a jugé que le prestataire était tenu « *envers ses clients profanes, d'un devoir d'information et de conseil qui l'obligeait à se renseigner préalablement sur leurs besoins et à les informer des contraintes techniques de l'installation téléphonique proposée* ». La Cour a ajouté que la charge de la preuve de la fourniture d'une telle information pesait sur le prestataire. Cf. Cour de cassation, civile, Chambre civile 1, 2 juillet 2014, 13-10.076, Inédit.

que cette remise des clés peut engendrer pour les concepteurs et autres fabricants est réel, en cas de vol ou de substitution. Ici, l'atteinte porte sur la variante économique des droits de l'Homme. Par conséquent, l'injonction de remise des clés devrait être mise en œuvre avec circonspection et finalement n'intervenir que dans les cas où cette tradition se révèle indispensable.

Par ailleurs, cette obligation de coopération revêt un cachet particulier dans le cas de l'opérateur de télécommunication[455]. Ce dernier devra apporter son concours technique impliquant le branchement des autorités en charge des investigations, sur le réseau pour la bonne fin de l'écoute. Mais ici, également, compte tenu des risques que cela peut engendrer pour les droits de l'Homme, il est nécessaire d'encadrer une telle mesure. Dans cette mouvance, il faut tout d'abord relever que le branchement ne devrait intervenir qu'après une autorisation judiciaire en bonne et due forme. Cette onction judiciaire devra préciser les limites dans le temps, dans l'objet ainsi que le réseau spécifique sur lequel le branchement devra s'opérer. Cette interception des correspondances devra surtout être justifiée au regard du péril encouru et de la difficulté d'agir autrement en raison, notamment, du caractère fugace des informations en ligne. Cette obligation de coopération, d'une nature singulière, s'étend à tous les fournisseurs des services de télécommunication offerts sur les réseaux[456].

En marge de l'obligation de coopération, il est également nécessaire d'instituer une autre prescription, celle-là de conservation des données de télécommunications. L'information en ligne se caractérisant par sa volatilité et sa rapidité, l'institution de cette obligation de mémoire permet justement au service des douanes de réunir les preuves de l'infraction bien après sa commission. La mise en œuvre d'une telle obligation est capitale pour la répression des infractions sur l'Internet. La matérialité des infractions en ligne est difficile à établir en raison, notamment, du caractère fugace et virtuel de ces délits. C'est pour cela qu'une telle obligation doit être assortie de sanctions pénales. Il en va de l'applicabilité de toute politique criminelle viable dans le réseau.

[455] C'est le distributeur de lignes téléphoniques à grand débit. Dans le cas de l'Internet, les opérateurs sont connectés par des lignes à très grand débit de bande passante à l'Internet aux USA et louent des lignes à grand débit aux providers locaux.

[456] Fournisseur d'outils cryptologiques, d'accès à Internet, de services de messagerie, de forum de discussion, de chat, etc.

En complément de cette obligation de coopération, une autre obligation, celle-là de conservation, doit également peser sur les fournisseurs de contenant.

B- L'obligation de conservation

L'obligation de conservation doit s'analyser en une large prescription qui pèse de façon permanente sur certains acteurs. Il est nécessaire de définir avec précision les sujets de cette obligation afin que la recherche d'éléments constitutifs d'une infraction sur les réseaux informatiques ne soit pas marquée du sceau de l'arbitraire. L'obligation de conservation des données relatives à la communication doit concerner tous ceux qui participent activement à la réalisation des échanges de données numérisées et qui, de ce fait, sont susceptibles de conserver les traces de la transaction. Il s'agit, en tout premier lieu, de l'opérateur de téléphone, de téléphonie mobile ou d'Internet. Mais également, la même obligation devra frapper l'ensemble des autres prestataires de service qui interviennent, à quelque titre que ce soit, dans le réseau. Il est possible d'énumérer les fournisseurs d'accès à Internet, les hébergeurs de site, mais également les fournisseurs de moyens de paiement électroniques, de services de cryptage, de moteurs de recherche et enfin les intermédiaires qui fournissent les moyens d'envoyer des données à un nombre infini de personnes.

Quelle portée donner à cette obligation de conservation ?

L'interrogation appelle à une limitation dans le temps et dans l'objet de cette obligation de conservation. Il faut préciser que cette obligation de conservation ne saurait être prise comme une sorte de menace qui pèse éternellement sur les opérateurs et autres prestataires. L'obligation de conservation doit être circonscrite dans le temps afin de ne pas peser durablement dans les activités en ligne. D'un autre côté, les traces des échanges électroniques doivent être perceptibles pendant un temps suffisamment long afin de permettre aux autorités de mener à bien leurs investigations. La détermination du délai de conservation devra tenir compte de ces deux impératifs, apparemment contradictoires. Ce délai devra donc être assez raisonnable de façon à permettre au service des douanes de mener en toute quiétude les investigations nécessaires sans pour autant gêner les activités économiques sur les réseaux informatiques. La fixation du délai de conservation passe par l'établissement d'un niveau d'équilibre suffisant entre ces deux logiques opposées.

Mais, quels types de données doivent être conservés ?

La question garde un sens particulier dans les circuits d'échange numérisés. En effet, le processus du commerce électronique nécessite la mise en mouvement synchronisée de milliards de données numérisées, exprimées en bit[457]. Dans cette mouvance, l'exigence de la conservation de toutes les données va immanquablement provoquer un engorgement préjudiciable au réseau, avec tous les désagréments pouvant découler d'un tel état de fait. Le stockage a un coût que l'opérateur supporte. Également, il faut garder un stock important d'informations afin de permettre aux autorités policières, douanières et judiciaires de bien mener leurs investigations. Il est nécessaire que certaines données soient conservées afin qu'une bonne enquête puisse être menée. Ici également, c'est à un sens fort poussé du juste milieu qu'il faut faire appel pour le niveau de conservation des données. Ainsi, pour bien répondre à ces deux impératifs contradictoires, il convient de fixer un nombre de critères de conservation des données.

À ce sujet, il faut préciser que l'obligation de conservation doit seulement concerner les données qui présentent une certaine utilité au bon déroulement des investigations. Les critères à déterminer se doivent impérativement de répondre à cette exigence. Dans cette mouvance, deux types de données devront être particulièrement conservées.

Il s'agit des données :

- d'appel : ce sont celles relatives à l'origine de la communication, la destination, la durée, la localisation, les adresses IP des ordinateurs émetteurs et récepteurs, des serveurs et des routeurs, au « logbook[458] », des prestataires de services, aux adresses des sites visités, voire la durée de ces visites, aux adresses e-mails des messages échangés, tant de l'émissaire que du destinataire ;

- d'identification : certains aspects tantôt évoqués au niveau des données d'appel permettent aussi l'identification. Il faut ajouter à celles-ci les mots de passe utilisés, l'identification des personnes, en fonction des moyens de paiement mis en jeu, l'identité et l'adresse physique de l'abonné à un prestataire de service donné (fournisseur d'accès, hébergeur, opérateur de télécommunication, fournisseur de moteur de recherche, etc..), l'identité réelle de la personne se cachant derrière un e-mail ou une connexion anonyme.

---

[457] C'est l'unité caractérisant le débit de transmission sur un réseau. Aujourd'hui, la plupart des modems transmettent à 33600 bits / sec, mais les meilleurs dépassent 56 000 bits / sec.

[458] Littéralement livre de connexion. Il s'agit précisément de l'agenda qui retrace toutes les connexions effectuées dans un lieu donné.

Au demeurant, l'exercice de ces moyens d'investigation devra nécessairement s'accompagner du respect de la vie privée. En effet, la plupart de ces données sont intimement liées aux individus. Il appartiendra au juge, garant des libertés individuelles, de veiller particulièrement au respect de la vie privée des Internautes.

Après la définition de nouvelles obligations pour les fournisseurs de contenant, il s'agit de voir la mise en œuvre pratique de leur responsabilité.

II- La responsabilisation des fournisseurs de contenant

Il convient d'étudier leur responsabilité au plan civil (A) et au plan pénal (B).

A- La responsabilité civile des fournisseurs de contenant

La nécessité d'assurer l'efficacité de l'action du service des douanes a conduit à l'institution de la règle de la solidarité en matière douanière. Mais, il faut juste souligner que dans le cadre de la responsabilité civile des fournisseurs de contenant, le souci de préserver les intérêts du Trésor public doit faire place à un objectif autrement appréciable qu'est le développement des nouvelles technologies. En effet, retenir systématiquement leur responsabilité, solidairement aux autres acteurs, conduit à éliminer progressivement ces acteurs qui jouent un rôle essentiel dans la réalisation des échanges en ligne donc, en pratique, à effacer le réseau Internet[459]. Or, à l'origine, le fournisseur de contenant n'assure que le transport de l'information, la connexion au réseau ou le stockage direct et permanent pour la mise à la disposition du public de signaux, d'écrits, d'images de sens ou de messages de toutes natures, accessibles par ces services.

Par ailleurs, en se fondant sur la notion d'équité, on peut affirmer qu'il paraît un peu injuste d'engager la responsabilité solidaire des fournisseurs de contenant qui, en définitive, ne font que mettre en place l'infrastructure nécessaire et assurer la connexion de l'internaute à l'Internet. Leurs actions, au niveau du réseau, sont encadrées, de part et d'autre, par le principe de la neutralité quant au contenu de l'information. Ils ne peuvent aucunement être considérés comme des employeurs[460]. Dès lors, même si c'est pour garantir les intérêts du Trésor public, il

[459](1996, décembre), « Responsabilité civile et Internet ; Droit des marques et Internet : un vaste domaine exploratoire ». *Lamy Droit de l'informatique.*

[460] Il n'existe pas de lien de subordination en contrepartie d'un salaire, comme c'est le cas dans les contrats de travail. Ce sont plutôt des prestations qui sont rémunérées.

n'apparaît pas conforme, avec le principe même d'équité et de justice de retenir la responsabilité de façon systématique.

C'est vers cette solution que le système législatif et judiciaire américain s'est orienté après de longues tergiversations[461]. Cela se traduit au plan pratique par l'institution de la clause du « bon samaritain » à travers l'article 230 du Telecommunication Act modifié en 1996 et remanié depuis l'arrêt de la Cour Suprême sur le CDA[462].

C'est, également, dans cette dynamique que s'est inscrite la Commission européenne qui, dans la proposition de directive du 18 novembre 1998, modifiée le 1er septembre 1999, relative à certains aspects juridiques du commerce électronique, institue un principe d'exonération de responsabilité au bénéfice des intermédiaires au plan civil et pénal. Cette exonération de responsabilité de principe des prestataires techniques est conditionnée au respect du principe de la neutralité qui doit guider leurs actions.

Cependant, compte tenu du rôle de ces prestataires techniques dans le processus d'échange en ligne, il pèse sur eux un certain nombre d'obligations. Ainsi, l'article 43-7 de la loi française L 2000 -719 du 1er août 2000 relatif à la responsabilité sur Internet, crée à la charge de ces prestataires une double obligation. D'une part, celle d'informer les abonnés de l'existence de moyens techniques permettant de restreindre l'accès à certains services ou de les sélectionner. D'autre part, l'obligation de leur proposer, au moins, un de ces moyens, notamment, par le biais des logiciels de filtrage, encore que l'efficacité technique de ceux-ci pose problème[463].

---

[461] La Cour suprême des États-Unis a estimé, au cours d'un procès, que le prestataire devrait être tenu pour responsable des messages, à caractère diffamatoire, affichés sur son bulletin board. Elle fonde sa décision sur le fait que le prestataire prodigy exerçait un contrôle éditorial suffisant sur son babillard électronique pour connaître les contenus des informations auxquelles il donnait accès. Auparavant, la jurisprudence américaine a déjà déclaré contraire à la Constitution, une loi destinée à rendre le libraire strictement responsable du contenu des livres qu'il désire vendre. Par suite, les juges américains ont assimilé le rôle des prestataires à celui d'un éditeur de presse en tenant compte des agissements de ce dernier.

[462] Protection for good Samaritan blocking and screening of offensive material art 30 230 E « No provider or user of an inter active computer service stall be treated as the publisher of any information provided by another information content provider".

[463]TABAKA, Benoît *Filtrage par les fournisseurs d'accès : vers le grand nettoyage de la toile d'araignée mondiale ?* http://www.juriscom.net .

La neutralité du prestataire technique ne doit pas l'empêcher d'agir s'il prend connaissance d'un certain nombre d'agissements illicites. La responsabilité du prestataire doit être retenue s'il a une connaissance effective du caractère illicite ou illégal de l'information, sans pour autant agir pour faire cesser la diffusion de l'information[464]. Il est évident que l'établissement de la connaissance effective du contenu litigieux des informations n'est pas facile. Du reste, une forte exigence de cette connaissance préalable peut conduire à ériger les prestataires en de véritables censeurs dans le monde de l'Internet. D'où, une possible atteinte aux libertés individuelles et à la vie privée.

Telle semble être l'orientation prise par la loi pour la confiance dans l'économie numérique en France qui, cependant, n'est pas assez explicite[465]. D'où, l'ire des fournisseurs d'accès à Internet et des hébergeurs français[466]. Cette loi ne prévoit la responsabilité civile des FAI et des hébergeurs que si ces personnes en question *« n'avaient pas effectivement connaissance de leur caractère illicite ou de faits et circonstances faisant apparaître ce caractère ou si, dès le moment où elles en ont eu connaissance, ont agi promptement pour retirer ces données ou en rendre l'accès impossible*[467]. ». De telles dispositions sont conformes aux articles 14 et 15 de la directive n°2000 /31/CE du 8 juin 2000 sur le commerce électronique. Ainsi libellée, cette loi donne une large part au pouvoir souverain d'appréciation du juge français. Il lui revient, en dernier lieu, de déterminer si les prestataires techniques avaient une connaissance effective de la nature délictueuse de l'information traitée. Il lui incombe également de préciser ce que « agir avec promptitude » signifie dans le cas d'espèce[468].

Il importe, dès lors, de limiter le champ d'application et les modalités pratiques de mise en œuvre de cette exigence de connaissance effective. D'où, l'utilité de l'institution des règles de notification et des procédures dites « notice and take down procédures » prévues par la proposition de

---

[464] *« Pedofilie.be » fait l'apologie de la pédophilie- L'hébergeur suspend d'initiative le site,* http://www.droit-technologie.org .

[465] Cf. *Journal officiel*, n° 143 du 22 juin 2004, p. 11168 ; « Le projet de loi sur l'économie numérique », http://www.senat.fr .

[466] DEVILLARD, Armand, *Le projet de loi sur l'économie numérique soulève des inquiétudes*, http://www.01net.com ; DEVILLARD, Armand, *Le monde Internaute chahute la loi sur l'économie numérique,* http://www.01net.com ; *filtrage sur Internet : le gouvernement va recevoir les hébergeurs de sites,* http://www.fr.news.yahoo.com.

[467] Article 6, alinéa 2 de cette loi.

[468] Il faut surtout préciser les délais dans lesquels les prestataires doivent agir.

directive de la commission européenne du 18 novembre 1998, modifiée le 1er septembre 1999. Il serait également intéressant d'élargir la procédure d'exonération instaurée par le Digital Millenium Copyright Act, à la responsabilité. Le DMCA prévoit, en substance, que le prestataire n'engagera pas sa responsabilité lorsqu'il aura, de bonne foi, supprimé ou bloqué l'accès aux données qui ont été emmagasinées en mémoire cache ou stockées sur son serveur, suite à la demande du titulaire du copyright ou lorsqu'il aura été mis au courant de l'existence d'une information visiblement protégée par les principes du copyright.

Il existe des situations où les prestataires techniques, que ce soit l'opérateur public, le fournisseur d'accès à Internet ou l'hébergeur, vont au-delà de leur rôle technique traditionnel et proposent de réels contenus. C'est ainsi que l'un des opérateurs les plus connus, Américan On Line, a précisé que « *AOL ne sera pas un simple tuyau... car il ne s'agit pas... de retranscrire les médias existants* ». Les fournisseurs de contenant exercent, alors, un contrôle direct sur le contenu informationnel. Donc, dans ce cas leur responsabilité solidaire peut être retenue pour les contenus des pages web qu'ils ont contribué à élaborer ou rendre accessibles et dont ils ont le contrôle. En revanche, leur responsabilité doit être dégagée pour les informations que les abonnés prennent l'initiative de rechercher dans les forums qu'ils ne contrôlent pas et où ils se bornent à être de simples relais techniques neutres.

En ce qui concerne, plus spécifiquement, l'opérateur public, sa responsabilité contractuelle peut être retenue en cas d'inexécution ou de négligence dans sa prestation de transport de l'information. Mais, dans bien des cas, sa responsabilité est limitée à l'égard des fournisseurs d'accès à Internet, par le jeu des clauses limitatives de responsabilité.

Par ailleurs, en ce qui concerne le contenu de l'information, on considérait jusqu'à présent que le FAI n'était pas responsable[469]. Cependant, avec la loi de mars 2000 sur la communication audiovisuelle, le législateur français a adopté une attitude beaucoup plus stricte. Dans la nouvelle rédaction du texte, « *le fournisseur d'accès est tenu de s'assurer de l'identité de ses abonnés et de celle du directeur de la publication* », au sens de l'article 93-2 de la loi du 29 juillet 1982 sur la communication audiovisuelle, de chacun des services qu'il héberge et de conserver les données de connexion qu'il héberge pendant un délai fixé par décret en Conseil d'État. Il a également élargi les cas de mise en œuvre de la

---

[469] BLAISE, Cyril, *Le commerce électronique entre professionnels en réseau ouvert,* http://www.eridia.com/cblaise.

responsabilité des FAI. Ils pourront être poursuivis en cas de participation à la création ou à l'Édition des contenus illicites, mais aussi s'ils sont à l'origine de leur transmission ou de leur mise à disposition. Ils pourront également être condamnés s'ils refusent de révéler l'identité des auteurs ou des éditeurs de ces contenus aux tiers justifiant d'un intérêt légitime. Enfin, une obligation de diligence leur est imposée « *pour reconnaître et ne pas interférer avec les mesures techniques qui ont été mises en place par les titulaires de droits de propriété intellectuelle pour permettre l'identification ou la protection des œuvres ou enregistrements transmis.* ».

Enfin, en ce qui concerne le provider, il faut saluer la prudence du législateur français quant à la mise en œuvre de sa responsabilité, même si la formulation de l'article 43-8, qui régit la question, suscite quelques difficultés[470]. En effet, l'article subordonne la responsabilité de l'hébergeur à deux conditions. D'une part, la carence de l'hébergeur après une saisine par une autorité judiciaire[471]. D'autre part, une absence de diligence après une interpellation par un tiers, estimant que le contenu hébergé est illicite ou lui cause un dommage[472]. Mais, il pèse sur le fournisseur d'hébergement, un devoir de vérification des contenus qu'on lui propose de mettre en ligne et des droits associés à ces contenus[473].

---

[470] (27 septembre 2000), « La responsabilité sur Internet », *J.C.P* édition G, n° 39, p.1739.

[471] Le juge n'engage la responsabilité de l'hébergeur que s'il avait eu « *connaissance* » ou s'il ne pouvait « *ignorer* » la teneur du site hébergé et qu'il a néanmoins choisi de rester passif. En l'espèce, il a été jugé que France Télécom, mis en cause dans une affaire de minitel rose, ne pouvait être tenu responsable puisqu'il n'était pas établi qu'il avait eu « *connaissance de la violation par les fournisseurs de service de leurs engagements conventionnels, avant ou au moment des infractions* » TGI Draguignan, ch. com, 15 mai 1992.

[472] Cependant, il pèse sur l'hébergeur une véritable obligation de surveillance consistant à la possibilité qui lui est offerte de vérifier le contenu du site qu'il héberge et en conséquence, de prendre, le cas échéant, les mesures de nature à faire cesser le trouble qui aurait pu être causé à un tiers, M.H. TONNELIER, oct. 1998, p. 308.

[473] DUPUIS-TOUBOL F., M-H. TONNELIER, et S. LEMARCHAND (1996, décembre), « Responsabilité civile et Internet », *Lamy droit de l'informatique*, Bulletin d'actualité, n°87, p. 3 ; DEPREZ P., V. FAUCHOUX (1997), *Lois, contrats et usages du multimédia,* Collection DIXIT, p.157 ; IRO, Amadou, *L'hébergeur africain face à ses responsabilités*, http://www.unitar.org ; IRO, Amadou, *L'obligation de surveillance*, http://www.unitar.org; HOUNDEGLE, Messan, *Les fondements de la responsabilité des hébergeurs,* http://www.unitar.org ; *La responsabilité des professionnels*, http://www.internet.gouv.fr .

B- La responsabilité pénale des fournisseurs de contenant

En matière de responsabilité pénale, la doctrine est partagée entre deux systèmes autonomes de responsabilité qui peuvent être applicables. La doctrine oppose la responsabilité éditoriale à celle de droit commun.

La responsabilité éditoriale trouve sa source dans la loi française du 29 juillet 1881 sur la liberté de la presse, notamment à travers son article 42 qui désigne en cascade les personnes responsables des crimes et délits commis par voie de presse. Dans ce cas particulier, il subsiste un système complet de responsabilité de plein droit dérogatoire au droit commun. Pour ce faire, ce régime particulier de responsabilité désigne plusieurs personnes dont la responsabilité peut être retenue[474]. Il s'agit, en vérité, d'une chaîne de responsabilité qui va du directeur de publication ou éditeur aux distributeurs et afficheurs en passant par les codirecteurs de publication, les auteurs, les imprimeurs et les vendeurs. Cependant, il importe de se demander s'il est possible de transposer ce régime de responsabilité sur Internet qui, somme toute, présente une certaine simplicité dans sa mise en œuvre.

Cela d'autant plus que ce régime particulier de responsabilité est très avantageux pour la victime qui, à tous les coups, a la certitude de trouver un responsable, chose non négligeable dans le réseau où, souvent, les acteurs sont éparpillés dans différents coins du monde[475].

Peut-on retenir la responsabilité pénale des fournisseurs de contenant, en application du système de la responsabilité éditoriale ?

En réalité, la mise en œuvre de ce système particulier de responsabilité doit varier en fonction de la nature de l'infraction. Pour les délits de presse et ceux portant sur la communication audiovisuelle, il ne fait aucun doute que ce régime de responsabilité est applicable, car spécifiquement élaboré pour ces formes d'infractions. Il n'y a que le médium qui change[476].

---

[474] DIOUF, Ndiaw (2003-2004), « Infractions en relation avec les nouvelles technologies de l'information et procédure pénale : l'inadaptation des réponses nationales face à un phénomène de dimension internationale », *Revue Sénégalaise de Droit des Affaires*, N° 2-3-4, p. 65.

[475] OWENGA ODINGA, Emile Lambert, *Responsabilité éditoriale*, http:// www.unita.org ; AUVILLAIN, Elisabeth (1996, 1er janvier), « Barrage sur les autoroutes sexuelles », *Le Soir*, p.7.

[476] BARBRY, E., F. OLIVIER (1996, 8 juillet), « Des réseaux aux autoroutes de l'information : révolution technique ? révolution juridique ? » 2- « Du contenu informationnel sur les réseaux? », *J.C.P, G*, n° 19, Doct., n° 3928, p.183.

En revanche, en ce qui concerne les autres infractions y compris les délits douaniers, l'application de ce régime spécifique de responsabilité, pour séduisante qu'elle soit, doit être rejetée. En l'occurrence, rendre les fournisseurs de contenant pénalement responsables dans toutes les situations d'infractions en ligne, même si l'objectif est de garantir les intérêts du Trésor public, risque de porter atteinte au développement de l'Internet. Souvent le serveur d'hébergement n'a aucune responsabilité éditoriale réelle sur les informations stockées (rôle passif). Il en est de même du cas de l'opérateur public et du fournisseur d'accès ou de service. En outre, les « News groups » ou les serveurs miroirs ne font que reprendre de l'information produite ailleurs. Il s'en suit qu'il existe un grand risque pour qu'une partie importante de l'activité en ligne s'installe dans les pays où la législation est moins restrictive. D'où, un risque réel de « forum shopping » sur le réseau en fonction de la plus ou moins grande sévérité du droit positif des différents pays.

C'est ce qui a conduit une partie de la doctrine à préconiser l'application du régime de la responsabilité de droit commun quelle que soit l'infraction. La mise en œuvre de la responsabilité de droit commun permet de poursuivre tous les acteurs de l'Internet (fournisseur d'accès, hébergeurs, auteurs, transporteurs) comme auteurs principaux, coauteurs, complices dès lors qu'ils mettent sciemment à la disposition du public des services et informations préjudiciables et/ou illicites. C'est ce qui a conduit Madame FALQUE-PIERROTIN à recommander, dans son rapport du 16 juin 1996, l'application du droit commun de la responsabilité qu'elle estime « *plus souple et mieux adaptée à la démarche empirique et graduelle que nécessite Internet, compte tenu des risques de délocalisation de l'activité en ligne en cas de présomption de responsabilité du serveur d'hébergement*[477] ». En définitive, le régime de responsabilité de droit commun devrait être appliqué aux acteurs de l'Internet même s'il connaît une faiblesse tenant à l'incertitude juridique et, par conséquent, à l'insécurité qu'il peut créer à l'égard des acteurs puisque aucun d'entre eux n'est, a priori, exonéré de toute responsabilité[478].

---

477 Mme FALQUE-PIERROTIN, (1996, avril-mai-juin), « Mission interministérielle du 16 mars 1996 au 16 juin 1996 sur l'Internet », *Légicom*, n°12, p.125.

478 BREDANT, Yann (1996, 25-26 octobre), « La responsabilité des acteurs de l'Internet », *Gazette du Palais*,
Dossier spécial Internet, n° 299-300, p.22.

En réexaminant scrupuleusement toutes les péripéties de l'intervention de l'opérateur de télécommunication, il apparaît que la responsabilité de principe de l'opérateur est à exclure[479]. Il est clair que la responsabilité de principe de l'opérateur public n'est pas à envisager à moins de prouver sa connaissance de la nature illicite ou illégale des informations transportées[480]. Il est totalement étranger à la nature préjudiciable ou illicite de l'information transmise. Il est donc, a priori, exclu de le considérer comme auteur et en tant que tel, de retenir sa responsabilité pénale à moins qu'il n'ait eu connaissance de l'information délictueuse tout en observant une certaine passivité, en s'abstenant de faire cesser l'infraction[481]. Ce qui n'est pas aisé de démontrer dans la réalité pratique, à moins de se baser sur la théorie de la connaissance acquise[482]. Mais, fondamentalement, l'opérateur public est étranger à la nature préjudiciable ou illicite de l'information[483]. Les informations pertinentes peuvent être fournies par l'opérateur en tant que distributeur de lignes téléphoniques à grand débit. Son rôle se limite à la diffusion de l'information sans aucune interférence sur le contenu de celle-ci. Cette exonération de responsabilité du transporteur de l'information à l'égard du contenu informationnel qu'il véhicule résulte du principe légal de la neutralité que doivent respecter les opérations[484].

Il en est de même en ce qui concerne la qualification de complice. Le Code pénal appréhende le complice comme la personne qui sciemment, par aide ou assistance facilite la préparation d'une infraction[485] ou contribue à ce qu'elle soit commise. Ainsi, l'opérateur public ne peut être considéré comme un complice que s'il assure le transport de

---

[479] Cf. (1996, 27 juillet) « article 1er de la loi n°96-659 du 26 juillet 1996 en France », *JO* p.11384 ; Loi n°2001-15 du 27 décembre 2001 portant code des télécommunications du Sénégal

[480] Cf. (2004, 22 juin), « Article 6, alinéa 3 de la loi n° 2004-575 du 21 juin 2004 pour la confiance dans l'économie numérique », *JO*, n° 143.

[481] *Espagne : première mise en œuvre de la responsabilité du fait des hyperliens*, http://www.foruminternet.org.

[482] T.G.I. Draguignan CORR., (1992, 15 mai) *Petites Affiches,* n° 141, p. 12, Observations Jérôme HUET.

[483]THOUMYRE, Lionel, *Responsabilité sur le web : une histoire de la réglementation des réseaux numériques,* http://www.lex-electronica.org ; PIETTE-COUDOL, Thierry et André BERTRAND (1997), *Internet et la loi*, Dalloz, p.89.

[484] Cf. la loi n° 2001-15 du Sénégal, *op.cit* ; article 12 du cahier des charges de France Télécom ; article L.32.1-I de la loi n°96-659, *op.cit* pour le cadre français.

[485] Cf. article 121-7 nouveau code pénal en France, mais également article 46 du Code pénal du Sénégal.

l'information dans le but recherché de participer à la réalisation d'une infraction.

En revanche, la responsabilité pénale de l'opérateur public peut être retenue en matière douanière, si on se reporte à la notion d'intéressé à la fraude. Dans ce cas, on ne se préoccupe pas de l'intention coupable, mais de l'existence d'un intérêt direct ou une coopération à un plan de fraude, toutes choses extrêmement relatives. Malgré tout, la responsabilité pénale systématique de l'opérateur public au titre d'intéressé à la fraude doit être rejetée pour au moins deux raisons. D'une part, retenir la responsabilité pénale systématique de l'opérateur public risque de porter atteinte au développement du réseau du fait de la précarité que cela engendre au niveau de la situation de ce dernier, pourtant maillon essentiel de l'Internet[486]. D'autre part, retenir la responsabilité pénale systématique de celui dont le seul tort est d'assurer le transport d'informations n'est pas conforme au principe élémentaire d'équité, même si la finalité est d'assurer les intérêts du Trésor public.

Qu'en est-il de la responsabilité pénale de l'hébergeur et du fournisseur d'accès à Internet ? Peut-on, retenir la responsabilité pénale de l'hébergeur ou du fournisseur d'accès en tant qu'auteur d'autant plus qu'une jurisprudence constante fait de la détention une notion à contenu très large ? Ainsi, pour retenir la détention, il importe peu que le détenteur ait la propriété des marchandises encore moins la possession civile ou qu'il soit détenteur par simple obligeance ou à son insu.

En ce qui concerne l'hébergeur, il ne peut, malgré cette jurisprudence extensive, être considéré comme un détenteur pour au moins deux raisons. En premier lieu, l'hébergeur n'assure que le stockage des données numérisées sans forcément savoir le contenu et, a fortiori, avoir un quelconque pouvoir de disposition à l'égard de ces données. En second lieu, retenir systématiquement la responsabilité de l'hébergeur, qui fait profession de stocker des données sous forme de sons, d'images ou d'écrits, ne milite pas pour une pérennisation de cette fonction, qui est pourtant un rouage essentiel pour la faisabilité et le développement des échanges numérisés[487].

En ce qui concerne le Fournisseur d'Accès à Internet, il faut souligner qu'il n'assure, en réalité, que l'accès. Dès lors, sa responsabilité pénale de

---

[486] EUDES, Yves (1996, 10 janvier), « Vers une tutelle pour l'Internet français », *Le Monde*, supplément multimédia, p.32.

[487] SAVODOGO, Boureima, *Une obligation générale de prudence et de diligence,* http ://www.unitar.org .

principe, en tant que détenteur doit être rejetée. Mais, dans certaines situations, le rôle du fournisseur d'accès est plus complexe. Il peut aller au-delà de sa fonction technique et observer une attitude de fournisseur et également de producteur d'informations. Dans ce cas, sa responsabilité pénale en tant qu'auteur ne fait aucun doute, si les informations se révèlent délictueuses[488].

En ce qui concerne la complicité, la difficulté est moindre puisqu'il s'agira de prouver la connaissance coupable de l'hébergeur ou du fournisseur d'accès. Il s'agit d'aller au-delà des actes matériels, que pourraient constituer la location d'un espace disque ou la réalisation de l'accès à un réseau, pour voir s'il y a intention coupable.

En revanche, la détermination des personnes intéressées à la fraude suscite quelques difficultés dans le cadre de la répression des infractions sur le réseau mondial. La question essentielle, à laquelle il faut répondre à ce niveau, est de savoir si la location d'un espace disque ou la fourniture de l'accès à Internet est caractéristique d'un intérêt direct ou d'une coopération à un plan de fraude.

La réponse est, a priori, négative, car que ce soit l'hébergeur ou le provider, ils ne font qu'exercer leur activité normale en assurant la présence et la visibilité sur le réseau mondial. Il ne semble pas équitable de vouloir en induire un quelconque intérêt direct à la fraude de ces derniers. Ils sont souvent sans rapport avec l'internaute et ignorent ses activités. L'intérêt à la fraude de ces derniers, à un plan de fraude, ne peut être présumé à l'avance[489].

Quid des fournisseurs de contenus ?

Paragraphe II- Les fournisseurs de contenus

Il convient de voir dans ce qui suit la responsabilité civile des fournisseurs de contenus (I) avant d'étudier leur responsabilité pénale (II).

I- La responsabilité civile de fournisseurs de contenus

La responsabilité civile du fournisseur de services est engagée en fonction du pouvoir réel de contrôle dont il dispose sur les informations

---

[488] GASSIN, Raymond (1991, février), *Le minitel rose devant la chambre criminelle de la Cour de cassation,* Cahier Lamy droit de l'informatique, p.2.

[489] PERRIER-DAVILLE, Denis (1996), « L'Internet : du rêve au cauchemar », *Gazette du Palais,* I, p.178 ; THOUMYRE, Lionel (1999, janvier), « Les hébergeurs dans les filets de la justice », *Netsurf,* n° 30, p.16.

et leur diffusion. Le fournisseur de services, professionnel de la diffusion, peut engager sa responsabilité contractuelle, mais aussi délictuelle pour les informations fausses, incomplètes ou dénigrantes. Au regard du droit douanier, sa responsabilité civile peut être retenue à titre principal et solidairement à l'internaute si le contenu informationnel porte préjudice au Trésor public. L'obligation de fournir des informations licites, exactes, pèse déjà sur les fournisseurs de contenus informationnels traditionnels comme les sociétés cinématographiques, les éditeurs ou encore les agences de renseignements[490]. Il ne s'agira que d'étendre cette responsabilité aux fournisseurs de services en ligne.

L'internaute peut adopter différentes positions dans le processus des échanges en ligne. Il peut être un consommateur passif d'informations ou plutôt un producteur de données. Dans la première hypothèse, le régime de la responsabilité de ce dernier est, en principe, très souple. Compte tenu de son rôle très passif, la responsabilité civile de l'internaute est, a priori, exclue dans la situation d'un contenu informationnel préjudiciable. Cette irresponsabilité doit être exclue à titre principal ou solidairement, même dans la situation où c'est le droit douanier qui est applicable. Cependant, l'internaute doit faire un usage licite des informations obtenues et respecter les droits des tiers. Ainsi, si l'internaute peut télécharger une œuvre pour un usage purement privé, il ne peut, en revanche, l'utiliser en vue d'un usage collectif sans l'autorisation du ou des titulaires des droits d'auteur de l'œuvre.

En revanche, dans la seconde hypothèse qui concerne la situation où l'internaute devient auteur du contenu informationnel, sa responsabilité civile est pleinement engagée. En effet, l'internaute assume envers les tiers la responsabilité civile des informations qu'il diffuse. Cette responsabilité subsiste, sans aucun doute, à l'égard du droit douanier à titre principal et solidairement avec d'autres acteurs du réseau mondial qui ont, soit directement participé à la réalisation de l'infraction, soit, ont un intérêt à ce qu'elle soit commise. Toutefois, dans la majorité des cas, la responsabilité civile de l'internaute n'est qu'exceptionnellement engagée. D'ailleurs, cette responsabilité est souvent appréciée avec une moindre sévérité par les tribunaux dans la mesure où l'internaute n'est

[490] CA de PARIS, 2 novembre 1957, Revue UER, n°54, p.43 ; TGI de PARIS, 28 mai 1986, Gazette du Palais, 1987, I, somm., p.35, R.T.D.Civ., 1988, p.365, note J. HUET ; Cass.com., 24 novembre 1983, Gaz.Pal., 1984, I, Panor. , p.67

pas un professionnel d'une part et qu'il agit de façon purement désintéressée, sans la moindre intention commerciale d'autre part[491].

II- La responsabilité pénale de fournisseurs de contenus

La responsabilité pénale des fournisseurs de services devrait être liée au réel pouvoir de contrôle dont ils disposent sur les informations et leur diffusion[492]. Dans les cas où le fournisseur de services remplit effectivement les fonctions de producteur d'information en marge de son rôle originel de diffuseur, il ne fait aucun doute sur sa responsabilité pénale, qui est engagée en tant qu'auteur des informations de nature délictueuse transmises via les nouvelles technologies[493].

En ce qui concerne la situation de l'internaute, sa responsabilité pénale se devrait de varier en fonction de sa position dans le circuit de l'échange informationnel. Si l'internaute se révèle comme un consommateur passif, sa responsabilité pénale ne devrait aucunement être engagée à quelque titre que ce soit à moins qu'il ait conscience de la nature délictueuse ou dispose de moyen quelconque de faire cesser la diffusion des informations délictueuses sans pour autant agir. Il est certain, dans ce cas, que l'appréciation de la responsabilité pénale de l'internaute dépend pour beaucoup du pouvoir souverain d'appréciation des juges[494]. En revanche, en tant qu'auteur des contenus informationnels, sa responsabilité pénale est entière pour les informations de nature à causer un préjudice au Trésor public.

Par ailleurs, dans l'établissement de la responsabilité des fournisseurs de contenus, il est possible d'emprunter au droit douanier quelques techniques particulières dans le but d'une meilleure répression. Dans cette situation, il suffit que l'internaute dispose dans son disque dur ou dans son site, d'images, de sons ou de textes litigieux pour qu'il soit, de

---

[491] TGI Nanterre, Référé, 31 janvier 2000, Les trois suisses et autres c/ Sarl Axinet communication, http://www.legalis.net .

[492] VIVANT, Michel et Christian LE STANC (1997), *Droit de l'informatique*, JCP, I, Chron., n° 657.

[493] L'obligation de fournir des informations licites et exactes pèse déjà sur les fournisseurs de contenus informationnels traditionnels comme les sociétés cinématographiques, les éditeurs ou encore les agences de renseignements. Cf. C.A., Paris, 2 novembre 1957, Revue U.E.R. N° 54, p.43; T.G.I., Paris, 28 mai 1986, Gazette du Palais, 1987, I, somm., p. 35; Cass. Com.24 novembre 1983, Gazette du Palais, 1984, Bulletin civil, IV, n°322.

[494] *Pornographie : l'ex-DG de pere-noel.fr condamné à un an de prison ferme,* http://fr.news.yahoo.com .

facto, déclaré responsable pénalement sans égard à une quelconque demande spéciale[495].

Certaines catégories juridiques particulières au droit douanier, notamment la notion d'intéressé à la fraude, doivent s'appliquer avec circonspection pour ne pas freiner l'essor de l'Internet. Les fournisseurs de contenant ne peuvent pas, d'office, être considérés comme les auteurs d'une infraction douanière du fait de leur qualité d'opérateurs de l'Internet[496]. Leur responsabilité ne saurait être engagée que lorsqu'ils ont agi sciemment, en toute connaissance de cause ou en observant une certaine passivité[497]. C'est pourquoi il est possible de formuler quelques réserves sur le projet de loi sur l'économie numérique[498]. En effet, en instituant une obligation pour les hébergeurs d'empêcher l'accès à certains sites (négationnistes, pédophiles, racistes) sans attendre une décision de justice, la loi crée une responsabilité pénale illimitée de ces derniers. Le filtrage n'est pas toujours efficace et ne présente pas souvent assez de garanties[499].

La prise en compte du commerce électronique passe également par la prise en compte de nouveaux instruments.

---

[495] BREDAN, Yann (1996), « La responsabilité des acteurs de l'Internet », *Gazette du Palais*, II, p. 1302.

[496] C'est ainsi que le Professeur Pierre TRUDEL préconise que « la responsabilité du propriétaire serait conditionnée par la nécessité de porter à son attention le caractère problématique de l'information se trouvant sur le site relevant de tout ou une partie de son contrôle, Cf. Droit du cyberespace, op.cit., note 32, p. 5-9 ; MONTERO, Étienne (1997), « Les responsabilités liées à la diffusion de contenus illicites sur Internet », *Cahiers du CRID,* n ° 12, p.131.

[497] DEVILLARD, Arnaud, *Service universel : les FAI attendent une bouffée d'oxygène*, http://www.01net.com .

[498] BARBRY, Éric, *La loi sur l'économie numérique met en difficulté les acteurs du marketing,* http://www.01net.com

[499] CHASSAIGNE, Jean François (1996), « L'Internet et le droit pénal », Dalloz, *Chronique*, 38ème cahier, p.329-334. ; VIVANT, Michel (1996), « Cybermonde : droit et droits des réseaux », édition G, n° 43, p. 401-407 ; WEBER, Alain (1996, juillet - août), « Droit de l'Internet : à la recherche des pierres angulaires, commentaires de la décision UEJF », *Expertises*, p. 274., http://www.legalis.net; BARBRY, E., F. OLIVIER (1996, 8 juillet), « Des réseaux aux autoroutes de l'information : révolution technique ? révolution juridique ? » *J.C.P, G*, p. 183.2- Du contenu informationnel sur les réseaux, JCP, édition G, N° 19, Doctrine 3928, 1996, p. 179- 186 ; BELLEFONDS, Xavier LINANT de (1996), « Internet et le statut de l'information : quelles règles du jeu ? » *Gazette du Palais*. p. 1302 ; TRUDEL, Pierre (1997), *Droit du cyberespace,* Montréal, Édition Thémis, p. 5-10.

SECTION II : LA PRISE EN COMPTE DE NOUVEAUX INSTRUMENTS

La réalisation du commerce électronique nécessite le recours à divers instruments. Il s'y ajoute qu'il fait de plus en plus appel à la signature électronique. Il est évident que le droit douanier doit intégrer ces nouvelles techniques et ces nouveaux outils en partant de leur fonction dans le processus d'échange en ligne (Paragraphe I). Il faut ensuite examiner la question de la validité de la signature électronique (Paragraphe II).

Paragraphe I- La prise en compte des nouveaux outils informatiques

L'analyse du fonctionnement de l'Internet montre que les différents outils mis en œuvre n'ont pas le même rôle. Certains moyens servent à l'identification (I) et d'autres à la localisation (II). Il faut préciser que les fonctions des instruments de l'Internet ne sont pas aussi séparées. Un même instrument peut servir à identifier ou à localiser. Nous avons opéré cette distinction entre moyens d'identification et moyens de localisation afin de tracer des pistes de réflexion pour une conciliation entre le droit douanier et le commerce électronique.

I- Les moyens d'identification

Il s'agit de la page web (A) et du serveur (B).

A- La page web

La page web est la cellule de base de l'Internet. Cette page web permet d'assurer la visibilité de l'internaute au sein de ce réseau international. Peut-on se baser sur cet instrument de l'Internet pour identifier des opérations ou des acteurs ?

La question présente un intérêt certain, car si la réponse est positive, le problème de l'application de certains concepts et principes du droit douanier peut être résolu.

C'est le cas du concept d'importation. Cette notion est le fait générateur des droits et taxes de porte en même temps qu'elle permet la mise en œuvre des prohibitions. La notion d'importation peut-elle être redéfinie en partant de la page web ?

La réponse à cette question est négative. En effet, il est difficile de procéder à une localisation géographique précise de l'origine et de la destination des produits digitalisés en tenant simplement compte de la page web ou du site. L'accès à un site web s'effectue sur la base d'un simple programme de navigation sur l'Internet. Par conséquent, il est possible de consulter le site dans tous les points du globe, pourvu qu'on ait accès à l'Internet.

En revanche, pour la détermination du lieu d'établissement de l'internaute, le site pourrait présenter un certain intérêt. En effet, la détermination du lieu d'établissement de l'internaute peut être aisée quand l'adresse du site précise clairement la structure d'appartenance de l'internaute ou le pays hôte[500] . Dans ce cas, il suffit de localiser le siège de la structure ou l'organisation ou plus facilement d'identifier le pays hôte pour savoir exactement l'endroit à considérer comme le principal centre d'intérêt. Mais, lorsque le suffixe du nom de domaine est « . com » ou « .net », il est généralement impossible de déterminer avec précision le lieu de résidence encore moins le principal centre d'intérêt. En tout état de cause, même s'il existe des cas où l'examen de l'adresse d'un site web permet d'identifier son lieu d'hébergement, pour autant le site web ne doit pas être assimilé au principal centre d'intérêt. La page web est transitoire et temporaire par essence. Par conséquent, l'assimiler au principal centre d'intérêt peut être source d'instabilité dans l'activité d'échanges virtuels et dématérialisés. Les internautes pouvant, par un simple clic de souris, éliminer totalement cette page web, il est risqué, pour l'activité économique en ligne, d'assimiler cette page web au principal centre d'intérêt d'un individu commerçant.

B- Le serveur

Plusieurs définitions sont possibles de la notion de serveur relativement à son l'usage, son rôle dans un système informationnel. D'un point de vue fonctionnel, un serveur informatique permet le stockage continu de données virtuelles, sur un support matériel tel qu'un disque dur ou via l'usage d'un logiciel. Il permet, entre autres actions, le partage des informations dans un réseau domestique, d'entreprise, ou à l'échelle internationale quand il s'agit d'un serveur comme une interface de boîtes email ou de jeux en ligne. Il peut également être appréhendé comme un ordinateur qui exécute des opérations à la demande d'autres ordinateurs, surnommés clients.

Plus généralement, le serveur est un ordinateur relié à l'Internet dont les informations sont accessibles aux utilisateurs de l'Internet. Il permet

---

[500]Le nom de domaine est le nom complet du prestataire de service. Il est composé habituellement du nom réel du prestataire suivi d'un point et de deux ou trois lettres désignant la nature du serveur (commercial, université, etc.) ou le pays hôte (apple.com, arcadis.be, etc.)

d'héberger un ou plusieurs sites Internet. Il assure donc la communication avec le navigateur Internet utilisé par un internaute. Peut-on considérer cette notion de serveur comme le principal établissement du cybercommerçant ?

Il faut relever que plusieurs internautes peuvent partager un seul serveur. La question est de savoir si la notion de principal centre d'intérêt induit forcément l'exclusivité. Plus précisément, est-ce la personne physique ou morale qui doit être la seule établie sur le lieu où elle exerce sa principale activité économique, ou peut-il y avoir une pluralité de personnes qui y sont établies sans que pour chacune on puisse précisément parler de principal centre d'intérêt ?

En réponse à cette double interrogation, il est clair que plusieurs personnes physiques ou morales peuvent partager un même lieu d'exercice d'activité sans pour autant empêcher qu'on ne qualifie ce lieu, pour chacune de ces personnes, de principal centre d'intérêt. L'essentiel est de pouvoir identifier avec exactitude la part représentative de chacune de ces personnes dans l'activité économique globale[501]. Les internautes peuvent parfaitement partager un même serveur qui va représenter le principal centre d'intérêt pour chacun d'eux pourvu que la part respective de chaque internaute puisse être clairement identifiée. Ce que permet, d'ailleurs, le site web.

Il apparaît donc que la notion de page web, bien qu'inapte à servir de substitut total à la notion de principal centre d'intérêt, peut tout de même participer à l'identification de ce principal centre d'intérêt. En définitive, la combinaison de la notion de page web et celle de serveur peut permettre d'identifier le principal centre d'intérêt de l'internaute.

Est-ce que cette notion de serveur peut permettre de déterminer le statut de résident ou de non-résident ?

À ce niveau, la difficulté apparaît vraiment insoluble, surtout dans le cas du commerce électronique direct. En effet, comment déterminer la qualité de résident ou non d'un internaute qui effectue des transactions sur le Net au moyen d'un ordinateur portable ou à partir d'un cybercafé ?

---

501 VERBIEST, T. et M. LEBORNE (2002, 23 février), « Le fonds de commerce virtuel : une réalité juridique », *Journal des Tribunaux*, 121 année, n°6044.

II- Les moyens de localisation

Il s'agit de l'adresse IP (A) et des routeurs (B).

A- L'adresse IP

L'Internet Protocole ou IP est le protocole standard de l'Internet. Cette notion d'IP permet de localiser exactement l'endroit du monde d'où sont partis les échanges numérisés et leur lieu de destination. Ainsi, chaque poste relié au réseau mondial possède un numéro d'identification, qui est en quelque sorte sa carte d'identité numérique ou une sorte de boîte postale numérique. Cette adresse IP permet d'identifier, à coup sûr, les différents postes qui ont servi à la réalisation de la transaction en ligne. D'ailleurs, pour compléter cette identification des postes ayant effectué la transaction, on peut également examiner les différentes adresses IP des routeurs qui ont servi à orienter tous les chemins numériques empruntés par les données numérisées.

La localisation du lieu exact de l'émission et de la réception peut quelquefois poser quelques problèmes dans le cas d'utilisation d'ordinateurs portables. La difficulté est, cependant, surmontable en procédant à un examen simultané et combiné de l'adresse IP de l'ordinateur d'envoi et de réception des données numérisées, du serveur d'hébergement, de même que celui du fournisseur d'accès.

En s'appuyant sur cette notion d'IP, il est possible d'envisager, en plus des définitions existantes, une autre acception fonctionnelle de la notion d'importation mieux adaptée aux technologies de l'information. L'importation pourrait être appréhendée comme l'opération de transmission de produits numérisés entre deux ordinateurs situés dans les pays différents via Internet. Dans ce cas alors, le contrôle de l'effectivité de l'échange, de sa nature ainsi que des positions géographiques respectives des machines, s'effectue par l'examen des adresses IP des machines ainsi que de celles des serveurs ayant pris la transaction.

B- Les routeurs

Le routeur peut être appréhendé comme « *un matériel de communication de réseau informatique destiné au routage*[502]*. Son travail est de limiter les domaines de diffusion et de déterminer le prochain*

---

[502] La fonction de routage consiste à traiter les adresses IP en fonction de leurs adresses réseau définies par le masque de sous-réseaux (par défaut personnalisé) et à diriger en fonction de l'algorithme de routage et de sa table de routage (celle-ci contient la correspondance des adresses réseau avec les numéros de port physique du routeur où sont connectés les autres réseaux).

nœud de réseau auquel un paquet de données doit être envoyé, afin que ce dernier atteigne sa destination finale le plus rapidement possible[503] ». Le routeur est un boîtier qui intègre une carte-mère, un microprocesseur et les ressources réseaux. C'est donc un ordinateur qui permet la connexion entre deux réseaux informatiques. « *L'appareil crée ou maintient une table, appelée table de routage, qui contient les meilleures routes vers d'autres réseaux via les métriques associées à ces routes*[504] ».

Le rôle des routeurs a évolué dans le temps. À l'origine, les premiers routeurs apparus vers les années 60 étaient des ordinateurs ordinaires qui jouaient un simple rôle de passerelle. Actuellement, les routeurs jouent même le rôle de commutateurs téléphoniques pour la voix.

Peut-on recourir à cette notion de routeur pour localiser l'origine des données numérisées ? Cela d'autant plus que, pour fonctionner, le routeur a besoin de certaines informations. Il s'agit :

- de l'adresse de destination ;
- des sources d'alimentation ;
- des routes possibles pour atteindre certaines destinations ;
- de la meilleure route envisageable ;
- des données qui permettent de maintenir et de vérifier les informations de routage.

Dans l'absolu, il est clair que cette notion de routeur permet, sans aucun doute, de localiser l'endroit précis dans le monde d'où sont parties les données numérisées. Mais, dans la réalité pratique, les barrières à surmonter pour arriver à ce résultat sont presque insurmontables. En effet, la collaboration étroite entre les pouvoirs publics et tous les fournisseurs de contenant par qui les données ont transité est nécessaire. Ce qui est quasiment impossible. Il n'est pas sûr que certains États acceptent d'obliger des opérateurs locaux de l'Internet à mettre à la disposition d'autres États des informations. Dans le même esprit, des autorités d'un pays donné n'ont pratiquement aucun moyen de contraindre, en dehors des conventions entre États, des acteurs de l'Internet qui n'ont aucun intérêt dans ce pays. Ainsi, la notion de routeur peut parfaitement servir à la localisation de l'origine des biens numérisés, mais sa mise en œuvre pratique se heurte à des obstacles quasi insurmontables.

---

[503] http://www.wikipedia.org.
[504] http://www.wikipedia.org.

Paragraphe II- La signature électronique

À l'heure actuelle, beaucoup d'ordres juridiques ont essayé de donner une acception possible de la notion de signature électronique. Toutes ces appréhensions se rejoignent sur la vision purement fonctionnelle qu'elles ont de la notion.

Aux termes de l'article 1 du règlement n° 15/2002/CM/UEMOA relatif aux États membres de l'UEMOA, la signature électronique est « *une donnée qui résulte de l'usage d'un procédé répondant aux conditions définies à l'article* 23 ». La jurisprudence précise que « *constitue une signature valable, toute marque distinctive et personnelle manuscrite permettant d'individualiser son auteur sans doute possible et traduisant la volonté non équivoque de celui-ci de consentir à l'acte ».* Or, l'article 23 de ce même règlement se contente de préciser les conditions de sécurité d'un dispositif de création de signature électronique. Sous ce registre, la directive n°1999 – 93 CE du Parlement européen du 13 décembre 1999, bien qu'ayant adopté l'approche fonctionnelle, est tout de même plus complète. En effet, elle appréhende la signature électronique comme « *une donnée sous forme électronique qu'elle est censée signée* ». Elle continue pour préciser les trois formes spécifiques de signatures électroniques rappelées antérieurement.

Traditionnellement, le consentement se matérialise par l'apposition d'une signature qui consiste souvent en la reproduction manuelle d'un nom[505]. Cette formalité consacre définitivement, en vertu du principe du solo consensus, transfert à l'acheteur, un droit de propriété sur la chose[506]. Par ailleurs, la signature est un concept nommé, qui n'a pas été défini par la plupart des ordres juridiques, même si la doctrine et la

---

[505] GRYNBAUM, Luc (1999, novembre), « La preuve littérale et la signature électronique à l'heure de la communication électronique », *Revue Communication*, Commerce électronique, p.9 ; LARRIEU, Jacques (1998, novembre et décembre 1998) *Les nouveaux moyens de preuve : pour ou contre l'identification des documents informatiques à des écrits sous-seing privé ?* Cahiers du droit de l'informatique, fasc. H, p.8-19 et fasc. I. p. 26-34 ; POULLET, Y. et B. ARMORY (1985), *Le droit de la preuve face à l'informatique et à la télématique*, R.I.D.C, 2, p. 331 et s.; LAGARDE, Xavier, *Réflexions critiques sur le droit de la preuve,* Paris, L.G.D.J., p.10.

[506] Le droit sénégalais, contrairement au droit français, ignore le principe du solo consensus ou transfert consensuel de la propriété. Ainsi, dans le contrat de vente, la propriété de la chose n'est transférée à l'acheteur que par la délivrance pour les choses mobilières et par l'immatriculation pour les choses immobilières. Cf. articles 276 et 277 du code des obligations civiles et commerciales du Sénégal.

jurisprudence en ont précisé le régime et la validité depuis longtemps[507]. Dès lors, pour mieux cerner la notion, il convient de l'appréhender non pas par rapport à sa forme, mais essentiellement par rapport à ses fonctions. À cet égard, la signature joue deux fonctions juridiques de base, que sont l'identification préalablement évoquée et la manifestation de consentement au contenu de l'acte juridique[508]. En somme, la signature permet l'identification de la personne dont émane l'acte et garantit l'intégrité de cet acte. Or, les transactions et les communications s'opérant par le truchement des médias électroniques n'assurent pas impérativement l'authentification, la non-répudiation, l'identification, l'intégrité et la confidentialité[509]. Ce qui pose fondamentalement le problème de la validité de la signature électronique[510]. Celle-ci est appréhendée par la directive n°1999-93-CE du Parlement européen et du Conseil du 13 décembre 1999 comme « *une donnée sous forme*

---

[507] Le droit canadien fait exception et dispose, à travers le Code civil du Québec en son article 2827, que « *la signature consiste dans l'apposition qu'une personne fait sur un acte de son nom ou d'une marque qui lui est personnelle et qu'elle utilise de façon courante pour manifester son consentement.* » En France, l'adoption du nouvel article 1316-4, alinéa 1 du Code civil vient pallier cette carence en procédant à une définition de la signature. Auparavant, la Cour de cassation dans un arrêt en date du 24 juin 1952 avait estimé que « *la signature par le seul prénom d'un testament olographe, répond suffisamment aux exigences de l'article 970 du Code civil, dès lors qu'elle permet d'établir avec certitude l'identité de l'auteur de ce document et sa volonté d'en approuver les dispositions.* » Cf. Cass. Civ. 24 juin 1952, J.C.P, 1952, II, 7179, obs. Pierre VOIRIN; *Gaz. Pal.* 1952, II, p. 162 ; PONSOT, Dominique (1996), La signature en droit privé, D.I.T., 14.

[508] TERRE, François (1991), précise qu' « *il y'a lieu d'admettre que constitue une signature valable, toute marque personnelle manuscrite permettant d'individualiser son auteur sans nul doute possible et traduisant la volonté non équivoque de celui-ci de consentir à l'acte.* » in Introduction générale au droit, Paris, Dalloz. n. 522, p. 423 ; LAMETHE, Didier (1976), « Réflexions sur la signature », *Gazette du Palais*, 74 ; LARRIEU, Jacques (1990), *Identification et authentification*, dans Françoise GALLOUEDEC-GENUYS, *Une société sans papiers ?* Nouvelles technologies et droit de la preuve, Paris, La documentation française, p.211.

[509] HUET, J. (1982), « La modification du droit sous l'influence de l'informatique : aspects droit privé », *JCP*, édition C.I. 13871, p. 509 et s.; CROZE, H. (1987), « Informatique, preuve et sécurité », Dalloz *chron.* p.165

[510] LABERTERIE, Isabelle De (1999), *L'écrit dans la société de l'information,* in Mélanges D. TALLON, Paris, Société française de législation comparée, p. 25 ; CATALA, Pierre (1999), *Écriture électronique et actes juridiques,* in Mélanges Michel CABRILLAC, Paris, Litec, p.34 ; AMMAR, Daniel (29 mai 1996), « Preuve et vraisemblance, Contribution à l'étude de la preuve, l'Informatique et la télématique », *Petites Affiches* p. 3 et suivant ; BELLEFONDS, Xavier Linant de (1997), « L'Internet et la preuve des actes juridiques », *Expertises*, p. 225 et suivants.

électronique et qui est jointe ou liée logiquement à d'autres données électroniques qu'elle est censée signer[511]. ». Si cette approche peut être qualifiée de formelle et technique, elle n'a aucune connotation juridique[512]. Or, la signature devrait avoir pour but d'assurer l'acceptation du contenu du message, ce qui est logique dans la mesure où la signature possède deux fonctions juridiques de base, mais elle n'est pas définie de cette façon.[513]

Fondamentalement, le choix doit s'analyser de la façon suivante : la signature électronique est censée couvrir non seulement les actes juridiques, mais aussi d'autres formes « d'authentification » (certificats de serveur web, d'appareils tels que les routeurs ou les certificats d'éditeurs[514]). Ainsi, l'article 1316-4, alinéa 1 du Code civil[515] procède à une précision du sens et de la portée de la notion en disposant que *« la signature nécessaire à la perfection d'un acte juridique identifie celui qui l'appose. Elle manifeste le consentement des parties aux obligations qui découlent de cet acte. Quand elle est apposée par un officier public, elle confère l'authenticité à l'acte*[516]. »

---

511 BELLEFONDS, Xavier Linant de (1997), « L'Internet et la preuve des actes juridiques », *Expertises,* 225.

512 LECLERQ, P. (1991), « Faut-il réformer le droit de la preuve ? » *D.I.T.*, 13.

513 C'est la voie adoptée par la Cour de cassation française, il y'a une dizaine d'années, lorsqu'elle a rendu en 1989 un arrêt très remarqué reconnaissant la validité de la signature électronique résultant d'une convention sur la preuve à l'occasion de paiement par carte bancaire, la signature étant composée d'un code secret inscrit dans une carte à puce. Cf. Cass. 1ère civ. 8 novembre 1989, arrêt Crédicas, Bull. civ. I, n. 342 ; SCARANO, Jean-Pierre (1991), « Thèmes et variations sur la signature », *Petites Affiches*, 7.

514 CAPRIOLI, Éric (1998), *Sécurité et confiance dans le commerce électronique : signature numérique et autorité de certification*, JCP Édition G, I, 123.; CAPRIOLI, Éric (1997, décembre), « Preuve et signature électronique », *Droit et Patrimoine*, p. 56 et suivantes ; CAPRIOLI, Éric (1993), « La dématérialisation de la facture commerciale au regard de sa polyvalence juridique », *J.C.P.* Édition E, Cahier de droit de l'entreprise, n. 1, p. 34 ; BENSOUSSAN, Alain (1991, 17-18 juillet), « Contribution théorique au droit de la preuve dans le domaine informatique », *Gazette Palais*, p. 4 et suivantes ; BELLEFONDS, Xavier Linant De, (1999, février), La signature électronique et les tiers certificateurs dans les opérations du commerce extérieur, Colloque de Tunis; LARRIEU, Jacques (1988), « Les nouveaux moyens de preuve, pour ou contre l'identification des documents informatiques à des écrits sous seing privé », *Cahiers Lamy*, 8.

515 Loi N. 2000-230 du 13 mars 2000, J.O. 14 mars 2000. p. 3968 ; D. 2000, Lég., p.187.

516 Loi française sur la preuve et la signature électronique du 13 mars 2000, D, 2000, lég. p.187 ; BITANT, Hubert (2000, mercredi 19 au jeudi 20 juillet), « La signature électronique : comment la technique répond-elle aux exigences de la loi ? » *Gazette du Palais*, p.10.; SYX, Dirk(1986), « Vers de nouvelles formes de signatures », *Droit de l'informatique,* 133.

Par ailleurs, la directive n°1999/93/CE précitée distingue trois formes de signature électronique dans son article 5. En premier lieu, les signatures électroniques simples dont la fiabilité technique doit être rapportée devant le juge, mais sans qu'il soit possible de leur dénier la valeur probante pour les motifs limitativement énumérés. En deuxième lieu, les signatures électroniques avancées, délivrées par un PSC[517] qui n'a pas fait l'objet d'une accréditation, avec nécessité donc de démontrer qu'elles répondent à certaines exigences techniques[518]. En troisième lieu, les signatures électroniques avancées, par un PSC bénéficiant d'une accréditation volontaire et dont la valeur probante est présumée équivalente à celle d'une signature manuscrite[519].

Malgré cette volonté législative de clarification, la signature électronique pose toujours des problèmes quant à son intégration dans le dispositif normatif[520]. À ce jour, les seules signatures électroniques sécurisées reconnues et utilisées dans la pratique sont les signatures numériques basées sur la cryptologie à clés asymétriques et sur des infrastructures à clés publiques[521]. Elles supposent l'utilisation de certificats électroniques d'identification[522].

À cet égard, le pouvoir souverain d'appréciation du juge devra s'exercer pleinement pour une prise en compte de la signature électronique. Il peut emprunter dans cet esprit la voie ouverte par l'arrêt

---

[517] Aux termes de l'article 1er du décret 2001-272 du 30 mars 2001 fixant le cadre réglementaire à l'utilisation de cette technique en France, le PSC est une *« personne qui délivre des certificats électroniques ou fournit d'autres services en matière de signature électronique »*. Ce faisant, « *le PSC garantit le lien entre une identité et une signature par la délivrance de certificats électroniques. Son rôle est donc indispensable dans la mise en place d'une infrastructure de signature électronique ou infrastructure à clé publique* ». Cf. Frédéric MASCRE, La signature électronique, http://www.mascre-heguy.com.

[518] GRODON, P. (1999, vendredi 23 au samedi 24 juillet), « Preuve scientifique et preuve juridique ; y'a-t-il un paradoxe de l'expert ? », *Gazette du Palais*, p.13.

[519] FONGUE, Carole & Daniel VERET (2001, dimanche 21 au mardi 23 janvier), « La signature électronique va-t-elle révolutionner le formalisme des marchés publics ? » *Gazette du Palais*, p. 14.

[520] HASSLER, Théo, *Preuve de l'existence d'un contrat et Internet : brèves observations à propos d'une proposition de loi,* http://www.juriscom.net/espace2/signelec2.htm.

[521] LEFEBVRE, Guy, « La preuve en matière d'échanges de documents informatisés », *Revue du Barreau canadien*, 619. ; PARISIEN, Serge (1996), *Les enjeux juridiques de la sécurité dans le commerce électronique : l'exemple de la signature électronique*, Congrès annuel du Barreau du Québec, Barreau du Québec, p.207.

[522] DAVIO, E. (1997), « Preuve et certification sur Internet », *Rev. Droit com*, p. 666 ; ANTOINE, M., M. ELOI, et J-F. BRANKELAND (1992), avec la collaboration de Sabine DENIS, *Le droit de la preuve face aux nouvelles technologies de l'information*, Namur, Story-Scientia, p. 35.

du 2 décembre 1977, rendu par la chambre commerciale de la Cour de cassation française, qui a admis la validité d'une télécopie pour établir un acte d'acceptation d'une cession « Dailly » alors que l'écrit y est précisément exigé sous peine de nullité[523].

En dernier lieu, il faut souligner que les législations européenne et française, malgré les difficultés, ont tenté de définir des conditions de validité et d'efficacité de la signature électronique même si elles le font de façon, tout à fait, contestable. Cela n'est pas le cas pour beaucoup de législations qui ne prennent en compte les nouvelles technologies et, a fortiori, la signature électronique que dans des rares cas[524]. Le droit sénégalais fait exception, de ce point de vue au sein de l'espace de l'UEMOA[525]. En effet, le droit positif de ce pays s'est enrichi d'une Loi d'Orientation sur la Société de l'Information (LOSI)[526], d'une Loi sur les Transactions électroniques[527], d'une Loi sur la Protection des Données personnelles[528], d'une Loi sur la Cryptologie[529] et enfin d'une Loi sur la Cybercriminalité[530]. Pour compléter ce dispositif législatif et le rendre opératoire, des textes réglementaires d'application ont également été adoptés[531].

---

523 HUET, J. (1992), « La valeur juridique de la télécopie (ou fax) comparée au télex », D. *Chro.* p. 33 et s; Selon un arrêt « *la photocopie ne peut valoir qu'en tant que commencement de preuve par écrit* », Cass. Civ. 14 février 1995, J.C.P. 1995 II 22402, Notes Yves CHARTIER et D. 1995, J.P. p. 340, note Stéphane PIEDELIEVRE ; La jurisprudence est restée constante à ce propos : D. 1998, Jur., p. 192, note D. MARTIN ; J.C.P. 1998, édition E, p.884, chro. P. CATALA et P. Y. GAUTIER ; édition G II 10097, Note L. GRYNBAUM; J.C.P. édition E, 1998, p. 178, Note Thierry BONNEAU.

524 Il s'agit pour l'UEMOA, de l'Acte uniforme sur les instruments de paiement.

525 Union économique et monétaire ouest-africaine.

526 Loi n° 2008-10 portant loi d'orientation sur la société de l'information (LOSI).

527 la loi n° 2008-08 du 25 janvier 2008 sur les transactions électroniques.

528 Loi n° 2008-12 sur la Protection des données à caractère personnel.

529 Loi n° 2008-41 du 20 aout 2008 sur la cryptologie.

530 Loi n° 2008-11 sur la cybercriminalité.

531 Décret n° 2008-718 du 30 juin 2008 relatif au commerce électronique pris pour l'application de la loi n° 2008-08 du 25 janvier 2008 sur les transactions électroniques ; Décret n° 2008-719 du 30 juin 2008 relatif aux communications électroniques pris pour l'application de la loi n° 2008-08 du 25 janvier 2008 sur les transactions électroniques ; Décret n° 2008-720 du 30 juin 2008 relatif à la certification électronique pris pour l'application de la loi n° 2008-08 du 25 janvier 2008 sur les transactions électroniques ; Décret n° 2008-721 du 30 juin 2008 portant application de la loi n° 2008-12 du 25 janvier 2008 sur la protection des données à caractère personnel.

CHAPITRE II

LA REDÉFINITION DES CONCEPTS DE BASE DU DROIT DOUANIER

L'administration des douanes est appelée à se muer face aux défis nouveaux qu'elle se doit de relever. L'émergence des échanges dématérialisés a fait naître des infractions d'un genre nouveau, inconnues jusqu'ici. La diversification des échanges appelle une nouvelle approche du service des douanes, notamment dans ses formes de réponses aux nouveaux phénomènes criminels.

Grâce à sa souplesse naturelle et son adaptabilité, eu égard à sa position stratégique aux frontières, la douane est devenue une administration avec un nouveau visage, qui embrasse diverses activités. À l'heure actuelle, aucun secteur de la vie économique et sociale n'échappe à l'activité douanière. Ce service a, au cours de son évolution, redéployé ses activités dans le sens d'une intense diversification[532]. Les attentats du 11 septembre 2001, aux États-Unis ont marqué un tournant décisif dans la préoccupation des différents pays à travers le monde. Désormais, l'impératif sécuritaire est placé au premier rang des soucis des divers États du monde. Dans cet esprit, le rôle que le service des douanes est appelé à jouer pour la prise en charge effective de ce besoin de sécurité est crucial, au regard de sa position stratégique aux frontières nationales ou communautaires.

La satisfaction de ce besoin sécuritaire appelle de la part de la douane, ni plus ni moins, que la définition de nouveaux modes opératoires afin de juguler les diverses menaces qui pèsent sur le développement des échanges internationaux de marchandises. La sécurisation de la chaîne logistique internationale nécessite la définition de nouvelles règles du jeu. Mais, pour ce faire, il faut un réaménagement de notions de base des règles douanières de fond (SECTION I), mais également des règles de procédures douanières (SECTION II).

---

[532] La douane intervient aujourd'hui dans la lutte contre la contrebande de cigarettes, l'immigration clandestine, le travail au noir, la pollution marine, la protection du patrimoine culturel, etc.

SECTION I : LE RÉAMÉNAGEMENT DE NOTIONS DE BASE DES RÈGLES DOUANIÈRES DE FOND

Le droit douanier comporte un ensemble de dispositifs assez contraignants, qui permettent de prévenir et de réprimer efficacement les infractions liées aux mouvements des marchandises. Ce faisant, ce droit offre un cadre pour une surveillance des transactions dématérialisées. À l'image des opérations d'échanges classiques, la mise en œuvre du commerce électronique s'effectue dans un temps très rapide, rendant difficile la mise en œuvre de beaucoup de règles. Le droit douanier n'est pas désarmé face à une telle situation. C'est donc un droit qui permet de bien prendre en charge le phénomène du commerce en ligne.

L'adaptation du droit douanier, à cet égard, passe par l'intégration de l'écrit sur support électronique (Paragraphe I) et l'élargissement de la notion d'infraction douanière (Paragraphe II).

Paragraphe I : La consécration de l'écrit sur support électronique en douane

Il s'agit de voir les conditions de mise en œuvre de l'écrit sous forme électronique (I) avant d'étudier de près, un outil de facilitation mis en œuvre grâce à la consécration de l'écrit électronique : le guichet unique électronique (II).

I- Les conditions de mise en œuvre de l'écrit sous forme électronique

Aux termes des dispositions de l'article 1316-1 du Code civil français « *L'écrit sous forme électronique est admis en preuve au même titre que l'écrit sur support papier, sous réserve que puisse être dûment identifiée la personne dont il émane et qu'il soit établi et conservé dans des conditions de nature à en garantir l'intégrité*[533] ».

Avant cette loi, l'écrit manuscrit restait le seul mode de preuve parfait pour les actes sous seing privé. Les écrits électroniques, comme la télécopie ou le télex n'avaient qu'une faible force probatoire, ils étaient retenus par la jurisprudence, tout au plus comme commencement de preuve par écrit.

Rapidement, les juges ont anticipé l'arrivé de ces nouveaux modes de preuve et la Chambre commerciale de la Cour de cassation française a,

[533] Son équivalent en droit sénégalais est l'article 37 de la loi n° 2008-08 du 25 janvier 2008 du Sénégal sur les transactions électroniques.

dès 1997, considéré qu'un acte juridique peut « *être établi et conservé sur tout support y compris par télécopies dès lors que son intégrité et l'imputabilité de son contenu à l'auteur désigné, ont été vérifiés ou ne sont pas contestés* ». Dans son arrêt, la Cour de cassation a posé les deux grandes conditions qui seront le socle de cette loi : l'imputabilité et l'intégrité du contenu. L'imputabilité de l'acte sous-entend que son auteur puisse être clairement identifié. L'acte est réalisé sur la toile, derrière un ordinateur et non plus devant la personne ou un de ses représentants directs ; une certaine opacité demeure, opacité qu'il faut à tout pris faire disparaître. Son intégrité impose que le document ne puisse être altéré au moment de sa création, archivage ou reproduction. Grâce à l'informatique, il est bien plus facile de modifier un écrit électronique qu'un écrit manuscrit, il est donc conseillé d'utiliser des formats ou des stockages sécurisés qui puissent prévenir de toute altération.

Pour résoudre la question de l'intégration de l'écrit électronique dans le dispositif normatif, il est nécessaire d'initier une démarche à un niveau international. De façon classique, l'écrit ne pouvait se concevoir que sur support papier. Désormais, la notion d'écrit est élargie en intégrant la possibilité d'écrit électronique. Le second élément de la logique, qui est capital, est celui de l'équivalence fonctionnelle. À cet effet, le parachèvement de cette évolution a consisté à poser le principe d'équivalence entre l'écrit papier et l'écrit numérique. Ainsi, l'écrit sous forme électronique est admis en preuve au même titre que l'écrit sur support papier, sous réserve que puisse être dûment identifiée la personne dont il émane et qu'il soit établi et conservé dans des conditions de nature à en garantir l'intégrité. Par ce biais, l'écrit sur support papier et celui sur support électronique ont les mêmes fonctions et jouent le même rôle à la fois d'instrumentum et de négotium[534]. L'écrit électronique est, désormais, admis en preuve au même titre que l'écrit sur support papier à condition que l'identité de la personne dont il émane soit assurée et que son intégrité soit garantie[535].

---

[534]GRODON, P. (1999, vendredi 23 au samedi 24 juillet), « Preuve scientifique et preuve juridique ; y'a-t-il un paradoxe de l'expert ? », *Gazette du Palais*, p. 9.
[535]GRYNBAUM, Luc (2000, 7 avril), « Loi du 31 mars 2000: la consécration de l'écrit et de la preuve électronique au prix de la chute de l'acte authentique », *Juris-Classeur Périodique*, Édition, Communication, Commerce électronique, I, p.12. ; CHARBONNEAU, Cyril & Frédéric-Jérôme PANSIER (2000, vendredi 31 mars au samedi 1er avril), « Le droit de la preuve est un totem moderne : 1er commentaire de la loi du 13 mars 2000 », *Gazette du Palais*, p.1.; BITANT, Hubert (2000, mercredi 19 au jeudi 20 juillet), « La

C'est le lieu de souligner toute l'importance décisive de l'harmonisation des règles applicables en matière de commerce électronique, particulièrement les règles de preuve et de signature électronique. La discordance des systèmes juridiques en place constitue un obstacle certain à l'évolution du commerce électronique. Cette nécessité d'harmonisation doit-elle passer par l'adoption d'une conception commune à tous les États, de la notion de signature électronique ? La question est d'autant plus pertinente que les États n'ont pas la même perception du rôle des nouvelles technologies, de façon générale, ni un même niveau d'équipements.

À ce sujet, la CNUDCI[536] a initié un ensemble d'actions allant dans le sens de l'harmonisation des règles applicables au commerce en ligne, notamment les règles de preuve. C'est ainsi qu'en 1996, elle a adopté la loi-type sur le commerce électronique. Ce texte vise à mettre à la disposition des États un ensemble de règles élaborées au niveau international, de sorte que les principaux obstacles au développement du commerce, effectué grâce au réseau mondial, soient éradiqués. L'adhésion à ces textes implique une plus grande sécurité juridique. L'impact de ce texte fut réel dans la mesure où il a servi de cadre et de modèle pour beaucoup d'États, pour établir des normes internes devant régler les questions brûlantes, de preuve, d'écrit et de signature électronique.

II- Le guichet unique électronique

Le guichet unique est un environnement qui vise à accélérer et simplifier les flux d'informations entre commerçants et pouvoirs publics et à apporter des avantages significatifs à tous les acteurs intervenant dans les échanges transfrontières. Sur le plan théorique, on peut définir le guichet unique comme « *un système qui permet aux opérateurs commerciaux de fournir l'information à un seul organisme pour satisfaire à toutes les prescriptions réglementaires liées à l'importation ou à l'exportation* ».

Le guichet unique électronique est une plateforme informatique qui met en relation de manière virtuelle les différents acteurs du commerce extérieur. En tant que tel c'est un instrument informatique permettant le traitement sous forme électronique des autorisations, permis, certificats

---

signature électronique : comment la technique répond-elle aux exigences de la loi ? » *Gazette du Palais*, p.10.

[536] Commission des Nations Unies pour le Droit commercial international.

ou autres documents douaniers par les organismes compétents de l'État, pour la réalisation des opérations spécifiques d'importations et d'exportations. Au plan pratique, un environnement « guichet unique » se caractérise par un « point d'entrée » unique, matériel ou électronique, pour la soumission et le traitement de toutes les données et de tous les documents nécessaires à la sortie et au dédouanement de marchandises faisant l'objet d'une transaction internationale. Ce « point d'entrée » est administré par un organisme unique, qui informe les autres organismes concernés et/ou déclenche des contrôles combinés.

Avant l'institution d'un guichet unique, il existe traditionnellement plusieurs organismes qui participent aux opérations de commerce extérieur, chacun étant responsable de la régulation et du contrôle au moyen de différents ensembles de textes législatifs et chacun remplissant ses fonctions de façon indépendante, sans tenir compte du rôle des autres entités impliquées, en défendant ses propres intérêts. Généralement, il n'existait pas d'objectif commun qui aurait permis aux entités de contrôle de travailler de manière cohérente. Par conséquent, il n'y avait ni interaction ni unification des concepts. Par ailleurs, les importateurs devaient se déplacer et solliciter les documents douaniers auprès de chacun des organismes concernés. Cela provoquait des pertes de temps considérables qui nuisaient au bon déroulement des activités commerciales. En outre, il s'est avéré nécessaire d'intégrer les tarifs établis par chacun des services mis à disposition par les différentes entités gouvernementales et de permettre le paiement en ligne, afin que les usagers du commerce extérieur n'aient pas à se déplacer à la banque ni auprès des organismes concernés pour obtenir les documents nécessaires aux opérations d'importation et d'exportation.

Dans cette perspective, le guichet unique apparaît donc comme une application pratique des concepts de la facilitation du commerce visant à abaisser les obstacles non tarifaires aux échanges et à procurer des avantages immédiats à tous les acteurs du commerce international. Il favorise la mise en place d'un processus permettant aux importateurs d'effectuer leurs démarches depuis leur siège, sans avoir à se déplacer auprès des établissements financiers ni auprès des entités de l'État.

Un guichet unique peut revêtir diverses formes. Il peut être manuel ou électronique, national ou régional, fermé ou étendu. De même son activité ne se limite pas aux seules questions douanières, il doit s'appuyer sur une coopération étroite entre tous les ministères et organismes intéressés.

L'administration douanière, en raison de son rôle pivot aux frontières, peut être la mieux placée pour servir de point d'entrée recevant et coordonnant les flux d'informations liés à l'accomplissement de toutes les prescriptions applicables aux frontières.

Le guichet unique n'implique pas nécessairement le recours à des technologies de l'information sophistiquées. Toutefois, la sélection et l'adoption par les gouvernements de moyens informatiques adaptés ne peuvent que faciliter les opérations.

Divers programmes de guichet unique ont été mis au point ces dernières années et sont entrés effectivement en service. On en trouvera ci-après une typologie sommaire :

• Autorité unique : l'administration douanière coordonne et/ou exécute tous les contrôles aux frontières. En Suède et aux Pays-Bas, par exemple, les agents des douanes exécutent de nombreuses tâches entrant dans les attributions d'autres organismes publics.

• Système unique, assurant de manière intégrée la collecte, l'exploitation et la diffusion électroniques des données commerciales internationales concernant les marchandises franchissant les frontières. Les États-Unis, par exemple, ont lancé un programme pilote qui permet aux opérateurs commerciaux de soumettre une seule fois des données normalisées que le système redistribue aux organismes concernés par la transaction.

• Système automatisé par l'intermédiaire duquel un opérateur commercial, peut, à l'intérieur d'une seule application, soumettre par voie électronique ses déclarations aux divers organismes de contrôle, pour traitement et approbation. Dans ce cas, les autorisations, une fois accordées, sont transmises par la même voie, à l'ordinateur de l'expéditeur. Un système de ce type est utilisé à Singapour et à Maurice. En outre, dans le système de Singapour, les commissions, droits et taxes sont calculés et prélevés automatiquement sur les comptes bancaires des opérateurs.

Il est important de noter que, lorsqu'on envisage les modèles ci-dessus, si nombre de pratiques commerciales et professionnelles sont communes à tous les pays, chaque pays a aussi ses prescriptions et ses conditions propres.

Le développement informatique assuré par le guichet unique garantit la sécurité technologique et juridique des différents documents au moment d'intégrer la signature numérique et le paiement électronique en ligne. La mise en place du guichet unique du commerce extérieur est généralement motivée par les raisons suivantes :

- sécurité : en dépit des précautions mises en œuvre pour garantir la sécurité, le papier utilisé lors de ces démarches pouvait être falsifié, ce qui mettait en péril l'information et les documents et pouvait entraîner des transactions illégales et le risque d'entrée sur le territoire de produits dangereux pour la santé de l'homme, des animaux et des végétaux, voire pour la sécurité nationale.

- coûts : la mise en place d'une stratégie de ce type représente une économie de frais de papier, d'encre et d'archivage (espace, personnel, déplacements, etc.),

- possibilités offertes aux usagers : avec l'institution d'un guichet unique les importateurs tout comme les exportateurs ne supportent plus des délais d'attente supplémentaires dus au transfert des documents d'un lieu à un autre, ainsi que d'autres frais,

- transparence : il est difficile de traduire le facteur de transparence en valeur économique. Cependant, la transparence permet aux usagers, aux agents de douanes ou au mandataire spécial et aux entités concernées de surveiller le déroulement de la démarche, grâce à un accès électronique au système,

- contrôle et évaluation : par l'intermédiaire des indicateurs de gestion, il est possible de connaître le temps nécessaire à la réalisation d'une démarche dans le domaine du commerce. En outre, des mécanismes d'alerte et de seuils se déclenchent lorsqu'une formalité commerciale prend plus de temps que le délai prévu.

En définitive, le guichet unique électronique permet d'apporter des améliorations significatives dans le déroulement des procédures. Cela, par la suppression des supports papiers et la dématérialisation de toutes les procédures et formalités du commerce extérieur, la suppression du contact humain, la réduction des délais, la traçabilité des opérations en temps réels, la sécurisation des documents et la sécurisation des transactions financières et l'amélioration des recettes. Le guichet unique permet aussi d'améliorer la gestion coordonnée des frontières[537].

---

[537] Le concept de Gestion coordonnée des Frontières (GCF) est désormais reconnu par la communauté douanière comme une solution potentielle aux défis du 21ème siècle, et notamment à une meilleure gestion des activités conduites aux frontières. Son importance découle du concept repris dans la politique stratégique du Conseil de l'OMD sur la Douane au 21ème siècle qui a été adoptée en juin 2008 où la Gestion coordonnée

La coopération et la coordination entre les organismes gouvernementaux concernés sont indispensables pour la mise en place d'un guichet unique efficace. À cette fin, ils doivent rationaliser et alléger les prescriptions juridiques concernant les données relatives au commerce. Lorsque la rationalisation des informations officielles et commerciales exigées a été opérée, il devient possible de normaliser des ensembles de données et ultérieurement de les harmoniser pour le plus grand bien des milieux du commerce.

Les pouvoirs publics peuvent en outre améliorer les flux d'informations en sélectionnant et en adoptant des technologies de l'information appropriées. Associée à l'utilisation d'informations plus simples, normalisées et harmonisées, l'application effective des nouvelles technologies peut contribuer à accroître l'efficacité des flux de données, rendant ainsi le commerce international plus rapide, plus facile et moins coûteux.

Dans le cadre de l'Organisation mondiale des douanes, de l'Organisation des Nations Unies et de diverses autres institutions internationales, de nombreuses initiatives ont déjà été prises, et continuent de l'être, pour simplifier et harmoniser les prescriptions en matière d'information.

La Convention internationale sur la simplification et l'harmonisation des procédures douanières (Convention de Kyoto), élaborée dans le cadre de l'OMD, fournit un bon exemple de normes et recommandations.

Cette convention consacre le principe de la coordination par l'administration douanière, des inspections de marchandises qui doivent aussi être examinées par d'autres autorités compétentes. D'autres dispositions de la Convention traitent de l'exécution d'inspections conjointes au même point de passage d'une frontière commune et de la création de bureaux de douane juxtaposés.

L'OMD travaille à l'élaboration d'un modèle de données douanières destiné à améliorer les flux d'information, qui serait utilisé par les administrations comme un élément leur permettant de moderniser leurs systèmes et de simplifier les processus applicables aux déclarations d'importation et d'exportation ainsi qu'aux déclarations de marchandises. Le modèle de données de l'OMD est le fruit d'une collaboration entre les gouvernements et les opérateurs commerciaux en vue d'établir un cadre

---

des Frontières figurait parmi les 10 éléments constitutifs nécessaires pour gérer les frontières dans l'environnement actuel. Cf. http://wcoomd.org.

efficace pour la facilitation du commerce international par la simplification et l'harmonisation des données.

Les mêmes principes se retrouvent dans la Recommandation n° 18 du Centre des Nations Unies pour la facilitation du commerce et les transactions électroniques (CEFACT ONU) intitulée « Mesures destinées à faciliter les procédures du commerce international ». Il y est recommandé par exemple que les vendeurs et acquéreurs alignent tous leurs documents internes sur la Formule-cadre des Nations Unies pour les documents commerciaux. Les autorités publiques sont en outre, invitées à n'exiger qu'un minimum de données et de documents à des fins de contrôle et, si possible, à utiliser les informations commerciales.

Il est, en outre, proposé que les gouvernements n'exigent qu'une seule série de données pour les importations et les exportations et autorisent la soumission de ces données à une entité unique ; si plusieurs autorités sont appelées à inspecter les marchandises, ces inspections doivent être coordonnées et, si possible, réalisées simultanément.

Paragraphe II : L'élargissement de la notion d'infraction douanière

La redéfinition des règles pénales douanières passe avant tout par une détermination de nouvelles règles de qualification de l'infraction douanière. Le développement du commerce électronique fait, de plus en plus, apparaître des infractions d'un type nouveau pour lesquelles il importe de définir de nouvelles règles de qualifications[538]. Il n'est pas besoin de rappeler que l'opération de qualification d'une infraction est d'une importance décisive. C'est à partir de ce moment seulement que le dispositif répressif peut être mis en branle. L'infraction douanière se réalise dans un temps très bref, ce qui justifie que les législateurs, de façon générale, confèrent des prérogatives importantes aux agents des douanes afin de faire face correctement aux fraudeurs et autres délinquants financiers. C'est ce qui explique également qu'ils disposent de prérogatives exorbitantes du droit commun se manifestant, par exemple dans le cadre sénégalais, par l'absence de l'élément moral dans les éléments constitutifs de l'infraction douanière[539] et par des défenses

---

[538] TOURE, Pape Assane (2014, mai), *Le traitement de la cybercriminalité devant le juge*, Harmattan ; BREDANT, Yann (1997,13-14 avril), « Actualité de la régulation de l'Internet », *Gazette du Palais,* p.22.

[539] CAMARA, Boubacar, « Le contentieux douanier », *op.cit.*, p 45 et s.

faites au juge[540]. Plus encore, le droit douanier comporte des constructions originales, inconnues du droit commun, élaborées dans une perspective de mieux réprimer. Les infractions en matière informatique présentent un même visage que les délits douaniers relativement à la manière dont elles sont commises. À l'image des infractions douanières, elles se réalisent rapidement. Pour une bonne prise en charge juridique et judiciaire des infractions informatiques, il serait indiqué de faire recours aux techniques et méthodes du droit douanier, comme c'est le cas dans le traitement des infractions de change[541]. Ainsi, le droit douanier pourrait s'appliquer au faux en informatique (I), à la fraude informatique (II) et enfin aux délits relatifs aux données et systèmes informatiques (III).

I- La prise en compte du faux en informatique

Les règles traditionnelles de qualification de l'infraction douanière sont inapplicables dans le cadre des délits en ligne. Il convient, dès lors, de s'orienter vers de nouvelles perspectives afin qu'il y ait une bonne articulation entre la norme douanière et les réseaux informatiques. Le cyberespace offre l'opportunité pour de nombreux délinquants d'opérer en toute tranquillité, sans être inquiété le moins du monde. Ces criminels, version en ligne, peuvent commettre une série d'agissements illégaux dont l'accès illégal, l'interception illégale, l'atteinte à l'intégrité des données ou du système, les dispositifs illicites ou « hackertools », à la falsification informatique, la fraude informatique, etc. En vérité, certaines infractions ne peuvent être réalisées que par le biais d'un support informatique, d'autres en revanche sont facilitées par le réseau[542].

Cependant, pour bien combattre la criminalité informatique, notamment sa variante : la cybercriminalité, il est nécessaire avant tout de

---

[540] La loi n° 2014-10 du 28 février 2014, portant code des douanes du Sénégal, abrogeant et remplaçant la loi n°87-47 du 28 décembre 1987, a beaucoup évolué, en plaçant le juge au cœur du contentieux douanier et en supprimant toutes les dispositions qui limitaient le pouvoir d'appréciation du juge et quelques fois touchaient à sa dignité.

[541] À cet égard, l'article 386 du nouveau code des douanes du Sénégal, constitue une innovation majeure en ce sens qu'il donne les moyens légaux à la douane pour lui permettre de combattre la cybercriminalité, en incriminant un ensemble d'agissements criminels touchant au réseau, aux données ou au système. Dans un contexte de dématérialisation forte de l'administration des douanes, cette disposition est importante et permettra aux agents de faire sanctionner tous les délinquants du numérique qui pourraient, par leurs faits, paralyser ou compromettre significativement le système d'information de la douane.

[542] TOURE, Pape Assane, *op.cit* ;

définir le concept global de criminalité informatique[543]. Il existe plusieurs conceptions possibles de la notion, selon les comportements frauduleux que l'on veut mettre en avant. Mais, il est possible d'adapter une vision très large de la notion en l'appréhendant comme « *tout agissement contraire à l'éthique, illégal ou non autorisé dans le traitement automatique de données et / ou d'une transmission de données* ».

Le délit de faux en informatique découle, ni plus ni moins, d'une application particulière du délit traditionnel de faux en écriture dans le domaine singulier de l'informatique[544]. La substitution de l'expression classique « en écriture » par le terme « en informatique » traduit tout l'écart qui existe dans la réalisation de ces deux formes d'infraction de faux. La réalité du support informatique ne coïncide pas avec le sens donné au vocable « écriture » dans la conception classique. Ce faisant, la qualification de faux en informatique est devenue incontournable, en raison notamment de l'existence d'infractions s'appuyant sur du faux, mais s'appliquant dans un domaine sans rapport aucun avec l'informatique[545]. Il en est ainsi de la fabrication de fausses cartes de crédits, des fausses signatures digitales ou simplement la modification de composantes d'un contrat numérique. Ainsi, le faux en informatique peut être rangé dans la rubrique des « délits informatiques économiques », plus précisément le délit de faux en informatique peut être appréhendé comme l'infraction qui consiste à s'introduire dans un système informatique en modifiant ou effaçant des données qui y sont stockées, traitées ou transmises par un système informatique ou en modifiant, par tout moyen technologique, l'utilisation possible des données dans un système informatique devant conduire à changer la

---

[543] De ce point de vue le droit de l'UEMOA connaît une évolution majeure et qualifie de cybercriminalité certaines utilisations de nouveaux instruments électroniques de paiement. Cf. articles 143 à 148 du Règlement n° 15/CM/UEMOA du 19 septembre 2002 relatif aux systèmes de paiement dans les États membres de l'UEMOA.

[544] Une grande partie de la doctrine soutient pourtant que le délit en écrit peut parfaitement s'appliquer aux délits commis sur support informatique. Selon le professeur Van GERVEN « *une écriture est l'expression d'une langue (également la langue informatique) qui, par le biais de signes compréhensibles ou traduisibles (alphabet, abréviations, idéogrammes, mais aussi microfiches et même des bandes vidéo, du moment qu'elles contiennent des signes lisibles), est fixée sur un support ayant une durabilité relative (du papier, un film, mais également un écran ou une bande magnétique)* ». Cette conception assimilant les données électroniques à une écriture est également partagée par le professeur BALLON. Cf. http://www.pisa.belnet.be/pisa /fr/jur/fakermail.htm.

[545] Tribunal Corr. Lyon, 20 février 2001, Com. Comm., 2001, act. N° 47, obs. HAAS.

portée juridique de telles données. En suite logique de cette acception, l'usage de telles données est également qualifié d'usage de faux en informatique. Il existe également certains agissements en informatique qui peuvent bel et bien être assimilés au délit de faux en informatique. C'est le cas, notamment, de la dissimulation intentionnelle de la vérité à l'aide de subterfuges qui peuvent consister en des manipulations informatiques de données normales au plan légal[546]. La qualification de faux en informatique suppose la réunion des deux éléments suivants :

- une dimension matérielle qui peut consister en une modification, introduction ou effacement de données dans un système informatique ou encore un changement dans la destination éventuelle de ces données. La notion de données pouvant être prosaïquement appréhendée ici, comme l'ensemble des représentations de l'information pouvant être stockées, traitées et transmises par le biais d'un système informatique ;
- un aspect intellectuel en ce que le faux bouleverse sensiblement la portée juridique des données.

C'est le lieu de souligner la coïncidence entre l'infraction de faux en informatique avec la philosophie profonde du droit douanier. Hormis quelques situations, (le cas de l'intéressé à la fraude notamment) l'infraction douanière est purement matérielle. Il suffit que les éléments matériel et légal soient réunis pour que l'infraction douanière soit constituée[547].

La bonne foi est actuellement un des principes structurants de l'activité d'échanges économiques mondiaux. Ce principe de bonne foi ne doit pas seulement être l'affaire des opérateurs privés internationaux. L'État ou, le cas échéant, les organisations communautaires doivent également s'approprier ce principe, qui est aujourd'hui d'application universelle. La mise en œuvre d'un tel principe au niveau des règles pénales douanières implique une plus grande prise en compte de l'élément intentionnel dans la répression.

Autre aspect relatif à cette infraction de faux en informatique, c'est celui lié aux données à protéger. Il s'agit, à l'image du faux en écriture, de toutes les données protégées par la loi[548]. La loi protège des écritures

[546] LAM, Catherine, *La répression des fraudes sur Internet,* http://sos-net.eu.org .

[547] Au Sénégal, à quelques rares exceptions, l'infraction douanière est consommée du seul fait de l'existence des éléments matériels. En France, l'élément moral est, de plus en plus, pris en compte pour la constitution des infractions douanières. Cf. Claude J. BERR et Henri TREMEAU, *Op.cit.*, n° 793 à 824.

[548] Falsification d'adresse e- mail. http://pisa.bel/net.be/pisa/fr/jur/fakermail.htm.

authentiques, publiques ou privées (commerciales bancaires, etc.) La jurisprudence a une interprétation très précise des écritures à protéger. Il s'agit, en l'espèce, des écritures pouvant servir dans une certaine mesure de preuves, en raison notamment du fait qu'elles s'imposent à la confiance publique, de telle sorte que le gouvernement ou les particuliers qui en prennent connaissance ou à qui elles sont soumises, peuvent être convaincus de la véridicité de l'acte ou du fait juridique qui est établi dans ces écritures. Ainsi, les données numérisées servent aujourd'hui de plate-forme communicationnelle pour une grande partie des acteurs du commerce international. Ces derniers, pour l'essentiel, réalisent certaines de leurs transactions par le biais du « world wide web » et ne trouvent souvent aucune raison de se méfier des informations obtenues, surtout si la communication est effectuée dans un réseau protégé.

Il existe donc une confiance, a priori, de la communauté des cybernautes sur les informations en ligne. Cela ne signifie aucunement que ces informations disposent nécessairement d'une valeur probante, mais qu'elles recèlent une forte charge testimoniale au point d'enregistrer des conséquences de droit. En effet, compte tenu de la propension de la communauté des internautes en général, à considérer ces informations comme vraies, elles peuvent ainsi causer des dommages à des tiers ou avoir des résultats en leur défaveur[549].

Par ailleurs, l'infraction de faux en informatique, bien que n'étant pas à proprement parler une infraction douanière, doit être constatée, poursuivie et réprimée comme une infraction douanière. La raison profonde devant justifier une telle assimilation tient essentiellement de la nature fugace et virtuelle de l'infraction de faux en informatique. Le droit pénal douanier, bien que devant évoluer, offre tout de même des techniques et des méthodes de constatation, de qualification et de répression assez éprouvées qui permettent de lutter efficacement contre l'infraction de faux en informatique. Cela d'autant plus que l'infraction de faux en informatique, à l'image du délit douanier est essentiellement matérielle. Elles sont toutes deux, simplement constituées dès la constatation des éléments matériels de l'infraction.

Bien qu'il soit souhaitable que le dol spécial soit de plus en plus pris en compte dans la détermination de l'infraction douanière, l'assimilation du faux en informatique, aux délits douaniers, quant à la répression, est

---

[549] Florence De VILLENFAGNE, *La Belgique sort enfin ses armes contre la cybercriminalité : À propos de la loi du 28 novembre 2000 sur la criminalité informatique*, http://www.droit-technologie.org.

judicieuse. La norme répressive douanière permet notamment, en raison de son aspect pratique, voire pragmatique, de faire face au caractère délicat de l'infraction de faux en informatique qui, à l'image de la plupart des infractions douanières, est très fugace.

Qu'en est-il de la fraude informatique ?

II- L'intégration de la fraude informatique

Il est également possible d'envisager l'application du droit pénal douanier pour des raisons d'efficacité de la répression de cette infraction particulière. La fraude informatique peut être envisagée comme le fait de se procurer, pour soi-même ou pour autrui, un avantage patrimonial frauduleux en introduisant dans un système informatique, en modifiant ou en effaçant par tout moyen technique l'utilisation possible dans un système informatique .

À l'examen de cette acception, il apparaît une identité certaine entre la fraude informatique et la fraude commerciale. La différence ne porte que sur l'objet dans lequel ces deux formes de fraude prennent place. Dans le cas de la fraude informatique, l'habitacle d'application est évidemment un système informatique ou un réseau à l'image du « world wide web ». Tandis que la fraude commerciale vise plutôt à éluder le paiement des droits, redevances ou taxes applicables aux marchandises ou éluder les prohibitions ou restrictions. Hormis cette divergence au niveau du champ d'application, les deux formes de fraude conservent une pratique identité dans leur manifestation et dans le processus de mise en œuvre. Également, il est à noter que les deux types de fraudes peuvent se réaliser dans des délais très brefs. D'où la nécessité de mettre en branle, dans les deux cas, la règle pénale douanière qui contient des dispositifs et méthodes d'action assez éprouvés qui permettent de faire face, correctement, aux deux formes de fraude.

Les formes que peut revêtir la fraude informatique sont très variées. Entrent dans cette rubrique, les manipulations effectuées par un employé de banque sur les comptes des clients ou les altérations informatiques de comptes de répartition des droits d'auteurs perçus par des sociétés de gestion pour en faire bénéficier des personnes qui ne devraient pas y avoir droit. Il est également possible d'intégrer dans la rubrique des infractions de fraude informatique, le fait d'introduire dans un programme informatique piraté, une liste de numéros de licence trouvés sur l'Internet.

En se référant uniquement au critère de l'avantage frauduleux que vise la fraude informatique, on peut penser que ce délit se confond avec l'escroquerie. Mais, il faut tout de suite relever que les deux infractions sont parfaitement distinctes. L'objectif de l'escroquerie est surtout de tromper la confiance d'un tiers. Ce qui n'est pas forcément le cas dans la fraude informatique où le caractère frauduleux de l'avantage patrimonial obtenu est une condition nécessaire et suffisante à la réalisation de l'infraction.

Cependant, une telle acception de la notion de fraude informatique fait poindre la nécessité de voir si des nouvelles technologies particulières, à savoir les cookies, ne peuvent pas être qualifiées comme telle. Les cookies[550] sont des petits scripts qui mémorisent dans un fichier (nommé Magic Cookies sous Mac et Cookies. Txt sous PC) les différents services consultés lors de surfs innocents d'internautes sur le Web. Les Cookies enregistrent également la durée des consultations de site, le comportement du surfeur devant un formulaire, ses sélections, etc. Ainsi, lors d'un prochain retour sur un site commercial déjà consulté, celui-ci sera en mesure d'adopter son affichage au profil client du surfeur. Il existe plusieurs sortes de cookies. Tout d'abord, les cookies de session qui ont une existence assez éphémère en ce sens qu'ils s'effacent de l'ordinateur de l'internaute dès que celui-ci quitte le site en question. Ce cas particulier de cookies est un outil indispensable à la bonne navigation de l'internaute. Il permet à ce dernier d'effectuer plusieurs achats sur un site et de remplir son « panier électronique », du fait que cet instrument de navigation garde en mémoire tous les actes accomplis par l'internaute. En revanche, il existe d'autres formes de cookies dit permanents qui sont plus insidieux, du fait notamment qu'ils ne peuvent être effacés du disque dur de l'ordinateur que par un acte volontaire de l'internaute ou à l'expiration de leur durée de validité qui parfois excède 40 ans. Ces cookies qualifiés de permanents peuvent provenir du site consulté par l'internaute ou d'un site dont ce dernier ignore parfaitement l'existence[551].

Bien que son utilité ne soit plus à démontrer dans le processus d'échanges numérisés, tout de même, l'objectif de la technologie des

---

550 Cafteur en français. Ce sont des enquêteurs myrmidons très indiscrets.

551 Les bannières publicitaires, par exemple, cachent souvent des « ordres informatiques » cachés du type « set cookies » qui viennent de la société qui gère ces bannières et non du site sur lequel ces bannières apparaissent. Lors d'une navigation ultérieure, les cookies permanents seront renvoyés au site qui les a installés (site sur lequel on a surfé ou celui qui est caché derrière une bannière).

cookies reste très ambigu. En effet, les cookies permettent une rapide et nette authentification de l'usager à l'occasion de visites répétées sur un même site[552]. Également, cette technologie des cookies favorise un accueil assez convivial de l'internaute dans un site visité à maintes reprises[553]. Mais, à l'opposé, dans certaines situations, les cookies servent souvent des desseins non avouables pouvant parfois friser des atteintes assez caractérisées à la vie privée. Des profils très précis des utilisateurs peuvent notamment être déduits d'une collecte et d'un traitement des cookies stockés sur le disque dur de ceux-ci. De tels agissements permettent au cybercommerçant, de se constituer une base de données à l'insu du surfeur, dont la valeur en termes de marketing augmente à chaque nouvelle connexion.

Or, la fraude informatique est constituée, entre autres agissements, de l'introduction dans un système informatique de données stockées, traitées ou transmises par un système informatique. La fraude est définitivement retenue lorsque l'action vise à procurer un avantage patrimonial. Dès lors, la pratique des cookies, surtout ceux dits permanents, peut être assimilée, dans une certaine mesure, à la fraude informatique. L'avantage patrimonial, dans ce cas particulier, est constitué par la masse de données relatives au trafic de l'utilisation sur l'Internet, des informations qui sont extrêmement précieuses en termes de marketing, dont le bénéfice sur le patrimoine d'une société n'est plus à démontrer de nos jours. Encore faudrait-il démontrer que l'avantage patrimonial a été obtenu par un acte accompli dans le dessein de préjudicier à des droits que l'on doit respecter ou par un agissement illicite par l'emploi de moyens illégaux ou même par un agissement illicite par l'emploi de moyens réguliers.

On le voit donc, la qualification de l'infraction de fraude informatique nécessite la mise en œuvre de moyens d'investigations importants et surtout de disposer d'un arsenal juridique assez éprouvé et contraignant pour aboutir à un résultat tangible. C'est pourquoi, bien que l'infraction ne soit pas, par essence, un délit douanier, il est possible qu'elle soit constatée, qualifiée et poursuivie comme telle, à l'image des infractions sur les changes. En effet, dans le cadre du redéploiement actuel du service des douanes vers d'autres missions, il est indiqué de s'orienter vers la détection, la poursuite et la répression des infractions en ligne. Compte tenu de sa position stratégique aux frontières, la douane peut

---

[552] Par exemple en conservant une liste d'achats antérieurs, un compte de courrier électronique, des notes et préférences personnelles.

[553] L'internaute est tout de suite accueilli dans sa langue par exemple.

jouer un rôle actif dans la répression de la cybercriminalité. Cela nécessite, cependant, une présence de plus en plus marquée dans le réseau mondial et une plus grande collaboration des acteurs de l'Internet. L'administration des douanes fait application des règles pénales très exorbitantes dont l'adaptation à l'univers dématérialisé et virtuel de l'Internaute permet de faire face aux infractions commises par le biais des nouvelles technologies. Cela doit également déboucher sur l'assimilation des infractions liées aux données et systèmes informatiques au régime de l'infraction douanière.

III- L'ouverture aux délits relatifs aux données et systèmes informatiques

En ce qui concerne la dernière catégorie d'infraction que la norme douanière peut prendre en charge, il s'agit de toutes les atteintes à la confidentialité, à l'intégrité et à la disponibilité des systèmes informatiques et des données qui sont stockées, traitées ou transmises par ces systèmes[554]. Il est possible d'identifier l'ensemble des infractions qui rentrent dans cette dernière catégorie.

Il s'agit, en l'espèce, des délits suivants :

- l'accès et le maintien non autorisé dans un système informatique ;
- les atteintes portées à partir de l'extérieur du système, communément appelées « hacking » externe ;
- les atteintes portées par des utilisateurs qui possèdent certains pouvoirs d'accès ou « hacking » interne ;
- les actes préparatoires appelés « hackertools » ;
- le fait de commanditer un « hacking » ;
- le recel de données obtenues à la suite des infractions précédentes ;
- le sabotage des données et le sabotage informatique ;
- les manipulations de données dans le but de nuire ;
- le fait d'empêcher le bon fonctionnement d'un système informatique ;
- les actes préparatoires telle la conception ou mise à disposition de virus ou de programmes visant à développer pareils virus.

Cependant, pour bien étudier ces infractions il convient de les diviser en deux blocs. D'une part, les infractions portant sur l'accès et le

---

[554] (1998, novembre), « Cyber menace la protection des réseaux » *Revue électronique de l'Agence d'information des États-Unis,* vol 03 N° 4.

maintien non autorisé dans un système informatique. D'autre part, le sabotage de données et le sabotage informatique. Dans le premier cas, il faut noter que l'aspect le plus médiatique à l'heure actuelle des infractions commises par le biais des nouvelles technologies consiste en l'intrusion non autorisée dans les systèmes informatiques ou « hacking ». Le phénomène du « hacking » est aujourd'hui l'une des activités les plus prisées dans l'univers dématérialisé du réseau mondial. Cette pratique des milieux « underground d'Internet[555] » est un jeu pour les uns, de la provocation pour d'autres, une manière de faire connaître ses revendications pour les troisièmes. L'activité du « hacking » occupe actuellement une part non négligeable des activités en ligne. Cette pratique peut être le fait de simples curieux, mais également de sociétés ou des mafias au titre d'espionnage et de sabotage industriel ou politique.

La dimension actuelle de cette activité de « hacking » résulte notamment du développement des réseaux informatiques et de l'entrée des sociétés sur l'Internet par le biais de services et informations rendus à la clientèle ou d'offres de commerce électronique qui donnent souvent aux hackers des systèmes informatiques de l'entreprise. Une question de taille reste pourtant à élucider. Elle est relative à la détermination de cette notion d'accès illicite. À partir de quand l'introduction dans un système informatique peut être qualifiée d'illicite ?

Plusieurs choix s'offrent pour la détermination de l'accès illégal. L'incrimination d'accès illicite peut intervenir uniquement dans le cas où il s'effectue en violation des mesures de sécurité, lorsqu'il poursuit un but d'obtention de données ou de sabotage ou toute autre intention délictueuse. Mais, également la qualification d'accès illicite peut tomber dans les cas où l'intrusion peut être sanctionnée en tant que telle sans qu'aucune condition ne soit requise.

Le choix du second système répressif pourrait se révéler judicieux pour, au moins, deux raisons. La première est surtout justifiée par la recherche d'une certaine coïncidence avec la norme douanière. Celle-ci est purement matérielle, il suffit que les actes matériels soient constitués pour que la qualification du délit tombe sans égard aucun, au dol spécial. Le second dérive dans une certaine mesure de la première justification et trouve son fondement dans la nécessité d'une efficacité dans la répression. Les délits de pénétration dans un système informatique se réalisent rapidement et, par-dessus tout, sont difficiles à constater. Il est

[555] Signifie littéralement les milieux malsains d'Internet.

donc nécessaire pour bien cerner ces délits d'un genre nouveau de se doter d'un arsenal juridique assez répressif qui ne tient pas beaucoup compte de l'élément moral de l'infraction. Ainsi, le simple accès non autorisé à un système informatique ou le maintien indu dans le système devra constituer l'infraction de l'accès illicite.

Une fois le principe de l'incrimination posé, il reste à étudier les modalités pratiques de réalisation de cette intrusion illégale. L'introduction illicite dans un système informatique peut être le fait de personnes internes au système ou externes. Dans le premier cas, on parle de « hacking » interne. L'internaute ne peut aucunement accéder à certaines portions du système qui relèvent d'autres sphères. L'accès à des données qui ne relèvent pas de son domaine d'intervention ne peut être qualifié que d'accès illicite.

Mais ici, il est nécessaire de prendre en compte dans une certaine mesure l'élément intentionnel. Il faut effectivement vérifier si la personne s'est réellement comportée d'une façon qui ne pouvait normalement aboutir qu'à l'accès à des données qui lui sont interdites ou si c'est par suite d'un défaut de fonctionnement du réseau ou alors une exécution malheureuse d'un programme qui a abouti à libérer certaines données, en principe, réservées. C'est donc par une démarche in concreto qu'il est possible d'établir le caractère illicite ou non de l'accès par le biais d'un « hacking » interne. Il convient de relever que dans le cas du « hacking » interne, la qualité interne du hacker peut être retenue comme une circonstance aggravante si l'opération vise par exemple :

- l'espionnage industriel ;
- le vol de secret d'entreprise ;
- le vol de capacité ou de temps ordinateur.

En marge du « hacking » interne, il existe également des cas où la défense d'un réseau fermé est contournée via l'infrastructure de télécommunications, cette situation est dénommée « hacking » externe. Ici, le dol général suffit avec les actes matériels à constituer l'infraction[556]. Les actes matériels doivent être constitués de deux éléments : l'accès et le maintien dans un système informatique. Le maintien est la conséquence logique de l'accès. Il nécessite la « promenade » pendant un certain temps dans le système après l'intrusion. Même si l'accès au système n'a pas été commis de manière

---

[556] DELEPELEERE, Philippe, *Les aspects criminologiques des hackers,* http://www.droit-technologie.org.

illicite, un séjour prolongé de manière non autorisée pourra être poursuivi[557]. C'est ce qui justifie qu'à ce niveau, l'élément intentionnel ne soit pas toujours pris en compte ou s'induit facilement du séjour prolongé dans un système auquel on n'a pas accès. Ainsi, pour être poursuivi tant pour accès que pour maintien non autorisés dans un système informatique, un dol général est suffisant[558]. On pourrait craindre qu'une telle disposition ne favorise un accroissement de la criminalité dans un système informatique. Sera ainsi considéré comme délinquant, tout jeune qui s'amusera à déjouer les mécanismes de sécurité des réseaux et systèmes informatiques, ainsi que tout chercheur ou expert en sécurité informatique qui tente de déverrouiller les dispositifs de protection afin d'en vérifier la fiabilité et l'efficacité. Une telle disposition peut, en effet, sembler inquiétante dans cette période marquée par un boom informatique sans précédent dans l'histoire humaine.

Il faut surtout voir que la sécurité, à l'heure actuelle, est considérée comme un impératif catégorique. Depuis les attentats du 11 septembre 2001 aux États-Unis, la préoccupation sécuritaire est devenue une question lancinante de l'actualité mondiale qui mobilise les États et les opinions publiques. L'aspect principal, qui revient dans toutes les sphères de notre planète terre, est la lutte contre le terrorisme et la criminalité transnationale organisée. Or, justement l'accès et le maintien illicite dans un système ou réseau informatique sont aujourd'hui une voie prisée par les criminels pour accomplir leurs actes terroristes. Il était donc nécessaire de trouver la parade au niveau législatif et réglementaire par la sécrétion de normes assez contraignantes pour lutter efficacement contre la criminalité internationale au sens large, particulièrement celle informatique. La criminalisation de l'accès et le maintien dans un système informatique, sans égard au dol spécial, permettent de protéger l'intégrité des systèmes informatiques en facilitant l'éradication de tous

[557] Ce serait par exemple le cas si, à la suite d'un accès licite à une base de données payante, on déjoue les systèmes permettant de calculer le prix lié à la durée de connexion.

[558] Le juge français a eu l'occasion de statuer sur ce cas particulier. Des agents de France Télécom se connectaient à des jeux télématiques non pour y jouer, mais dans le seul but de bénéficier de jetons de présence qui leur ouvraient le droit à certains cadeaux. Toutefois, pour éviter le système de déconnexion automatique après un certain laps de temps pendant lequel aucune donnée ne transite, ils utilisent un mécanisme dit de rafraîchissement d'écran. En dépit du fait que la connexion initiale étant parfaitement régulière, les joueurs fraudeurs ont été condamnés par le tribunal sur la base de l'infraction de maintien illicite dans un système de traitement de données. Cf. Trib. Corr. Paris, 5 novembre 1996 Expertises, n°202, fév. 1997, p. 81.

les abus qu'une certaine permissivité engendrerait dans la sécurité des systèmes informatiques[559]. Dans la même mouvance, certaines pratiques sont également prohibées sous peine de sanctions. Il s'agit notamment des « hackertools[560] ». Ceux-ci peuvent consister en des trafics de mots de passe, publication des numéros de licences de logiciel sur Internet ou commercialisation des logiciels permettant de « casser » des codes d'accès, etc.

Cette incrimination vise particulièrement les scientifiques, spécialistes en sécurité informatique et autres constructeurs, de façon générale tous ceux qui diffusent, mettent à disposition ou commercialisent ces « hackertools ». L'intention délictueuse est ici nécessaire pour établir la réalité de l'infraction, pour ne pas aboutir à une répression aveugle. Cette disposition pourra également servir à incriminer la commercialisation d'équipements permettant la neutralisation de dispositifs de protection d'œuvres protégés par le droit d'auteur.

Enfin, l'incrimination pénale doit également concerner le sabotage en tant que tel. Dans l'optique du droit pénal classique, le sabotage ne prend en compte les destructions et dommages que lorsqu'ils se rapportent à des objets tangibles. La prise en compte de l'univers dématérialisé de l'Internet devrait aboutir à prévoir le cas où le dommage se rapporte à des données. Il suffit d'un tout petit programme exécuté sur un ordinateur pour que les pires catastrophes arrivent. Des données se modifient toutes seules, de nouveaux fichiers apparaissent, d'autres deviennent introuvables, le disque dur s'autodétruit irrémédiablement. Ces dommages peuvent résulter d'un seul aspect technologique dénommé virus. Ce faisant, le virus est un programme ou plus souvent une partie de programme, qui s'auto-reproduit au sein d'un système informatique. Cachés dans un jeu téléchargé sur Internet ou dans un fichier attaché reçu par un courrier électronique, les virus comme le « Ver Morris », les « virus Melissa » ou « I love you » font trembler la cyber-planète. Ils se propagent à une grande vitesse grâce à l'interconnexion des millions d'ordinateurs mis en réseau et de ce fait leurs conséquences sont incalculables. Compte tenu des conséquences dommageables que peut occasionner un virus, il importe de bien sévir. Surtout dans un contexte, marqué par la dématérialisation forte des procédures et des formalités,

---

[559] *De nouvelles dispositions pour lutter contre la criminalité organisée et la propagation de propos racistes,* http://www.foruminternet.org .

[560] Il s'agit en résumé de l'ensemble des outils et instruments dont se servent les hackers pour réaliser leurs desseins.

augurant d'une douane sans papier. C'est pourquoi, le dol spécial ne doit pas être nécessaire pour l'incrimination du délit de sabotage informatique à la suite de propagation de virus. En outre, il faut non seulement incriminer le concepteur du virus, mais également toute personne qui diffuse ou commercialise des logiciels permettant sa création.

Au demeurant, en marge de ces infractions propres aux réseaux et systèmes informatiques, il existe d'autres types de délits qui ne sont pas, à proprement parler, des délits informatiques, mais que l'Internet contribue à faciliter. Il s'agit notamment du délit de contrefaçon, du blanchiment d'argent sale, de la pornographie, etc. De ce fait, l'Internet constitue un terreau favorable, compte tenu de sa nature dématérialisée et transnationale pour la réalisation de ces infractions. Pour faire face à cette explosion de la cybercriminalité, la solution se trouve dans la présence et la collaboration. Il est nécessaire, pour bien faire face à ces criminels d'un genre nouveau, de créer au niveau de chaque État des structures qui constituent une sorte de sentinelle pour prévenir, déceler et réprimer les infractions sur le réseau informatique. Cela nécessite une certaine formation des agents chargés d'une telle tâche en raison notamment de la spécificité, mais surtout de la subtilité technique du médium de l'Internet.

Il est également nécessaire d'instituer un climat de franche collaboration à deux niveaux. D'une part, entre l'État ou la communauté économique particulièrement en cause et les acteurs de l'Internet. Cette collaboration est d'une importance décisive, car elle constitue un préalable nécessaire à toute politique criminelle en ligne viable. D'autre part, entre les États eux-mêmes ou entre les États et les communautés économiques. Aucun État ne peut instituer à lui seul des règles qui s'appliquent dans l'ensemble de l'espace virtuel et transnational du cyberespace. Seule une loi internationale permet de cerner dans toute sa dimension le cyberespace. Pour ce faire, il est donc nécessaire que les États œuvrent ensemble dans l'optique d'établir une norme à vocation internationale pour bien appréhender l'Internet[561].

En marge des règles relatives à l'infraction douanière en tant que telle, la mutation devra également concerner les normes qui encadrent les activités de change.

---

[561] *Lutter contre la criminalité sur le Net, Dixième Congrès des Nations-Unies pour la Prévention du Crime et le Traitement des Délinquants*, http://www.un.org .

SECTION II : LE RÉAMÉNAGEMENT DE NOTIONS DE BASE DES RÈGLES DE PROCÉDURE DOUANIÈRE

Le droit douanier, sous certains rapports, est très indiqué pour faire face au commerce électronique dématérialisé avec son lot de pratiques et d'actes d'un autre genre. Mais, il est évident que, même comportant des dispositions spéciales, le droit douanier ne peut s'appliquer au commerce électronique qu'au prix de certains changements, pour répondre au principe de la légalité de l'action administrative et judiciaire. Ce principe implique que toute l'action administrative et judiciaire soit frappée du sceau de la légalité et est traduit au plan pratique par les slogans « *pas d'actions ou de peines sans textes* », « *pas d'actions ou de peines au-delà des textes* ». La mise en œuvre de ce principe dans le cadre du commerce électronique conduit nécessairement à une redéfinition des prérogatives que le droit douanier confère aux agents des douanes. Il convient d'indiquer des orientations pour une adaptation de ces prérogatives dans le contexte du commerce électronique (Paragraphe I) avant de voir les limites à tracer pour l'exercice de ces prérogatives (Paragraphe II).

Paragraphe I : L'adaptation des prérogatives douanières de contrôle

Dans la mise en œuvre des procédures douanières de contrôle, un ensemble de prérogatives est conféré aux agents des douanes. Celles-ci sont parfaitement adaptées dans les échanges classiques, il reste que leur mise en œuvre dans le commerce électronique ne peut s'opérer qu'au mépris certain du principe de la légalité, tant les échanges dématérialisés induisent des pratiques et actions nouvelles. Dès lors, le salut ne peut passer que par une redéfinition des droits des agents de douanes pour l'adapter au commerce électronique. Ce nécessaire aménagement touche à la saisie (I), au droit de visite (II) et au droit de communication (III).

I- La saisie

Le droit douanier considère la constatation par voie de saisie comme le mode normal de constatation des infractions douanières. De façon littérale, la saisie peut être conçue comme l'opération matérielle d'appréhension du corps du délit.

En application des règles traditionnelles, la saisie ne peut être opérée que sur le support matériel des données informatiques ou électroniques[562]. La mise en œuvre pratique de cette vision se traduit dans le cadre des échanges électroniques par la saisie des disques durs, disquettes et autres supports ayant permis la réalisation de la transaction avec pour finalité évidente d'en prendre connaissance.

De fait, il est possible d'envisager la saisie de ces instruments, car, même si la transaction est entièrement numérisée, il reste que le produit de cet échange est souvent intégré dans un support physique (disque dur, serveur, disquette). Il est aisé de saisir le corps matériel qui comprend les données numérisées, ce qui revient à saisir les données elles-mêmes. Cependant, dans la pratique, l'enlèvement de matériel informatique peut se révéler très laborieux pour le service, en raison notamment de la fragilité et de la sensibilité des éléments composant les systèmes informatiques[563]. Il s'y ajoute que la saisie de l'ensemble du matériel informatique d'une entreprise ou d'un simple particulier peut engendrer des conséquences néfastes, se révélant irréversibles[564]. Mieux, dans certaines situations, elle est impraticable. C'est le cas, notamment, lorsque les données utiles à la constitution matérielle de l'infraction sont dispersées dans l'ensemble du système informatique d'une société[565].

Dans cette logique, il convient également de souligner qu'il n'est pas possible d'envisager la saisie matérielle des aspects dématérialisés de cet échange, notamment de la page Web, de l'adresse IP et des autres outils. Le recours aux dispositions classiques qui gouvernent la saisie, selon lesquelles la procédure est applicable même si la saisie ne peut être matériellement effectuée, ne peut nous aider que faiblement. Selon ces règles, la saisie est applicable à des objets échappant à l'emprise du service des douanes du fait des fraudeurs ou par cas fortuit, mais également, en raison du fait que les objets de fraude ne sont pas passibles de confiscation et enfin parce qu'il s'agit d'une infraction flagrante telle que l'opposition aux fonctions n'ayant pas directement trait à des marchandises. En vérité, ce qui se pose ici, c'est le problème tantôt

---

[562] La Cour d'appel d'Anvers a adopté un sens contraire à cette démarche, qui a autorisé à travers une décision du 13 décembre 1984, la saisie de données indépendamment de leur support .Cf. R.W. 1985 – 86, p. 244 – 246.

[563] KALINA, Lionel, *Lutte contre la cybercriminalité : vers la construction d'un modèle juridique normalisé, Séminaire Informatiques et libertés, Op.cit*, http://www.adie.sn.

[564] Prenons le cas d'une société de Web désignée qui se voit déposséder de tout son attribut informatique parce qu'elle est soupçonnée de détenir des copies illicites.

[565] L'exemple qui illustre mieux le propos est celui d'une société multinationale qui héberge des données dans des systèmes informatiques situées aux quatre coins du monde.

évoqué de l'accès à l'information. En effet, dans le cas du commerce électronique le cybervendeur est un commerçant dont le fonds de commerce est constitué par un site web commercial (exemple d'amazon.com, eBay, etc.), le cyberacheteur, une personne anonyme disposant d'un accès à Internet (par le biais d'un PC, ordinateur portable ou WAP[566]) qu'il n'est pas facile de localiser. Toute la difficulté pour l'administration des douanes va consister à accéder à cet instrument ayant servi à stocker les données sources de l'infraction, afin de disposer des informations nécessaires pour procéder à la saisie.

Face aux difficultés pratiques pouvant découler d'une application stricte des règles traditionnelles qui organisent la saisie, il est nécessaire de se tourner vers de nouvelles orientations pour adapter le droit de la saisie aux nouvelles technologies. Cela d'autant plus que la notion de rayon des douanes, principal pilier dans la mise en œuvre de la procédure de saisie, n'a pas de sens dans le monde dématérialisé et transnational de l'Internet[567]. Malgré tout, il est possible d'aménager le droit des saisies afin qu'il coïncide parfaitement avec le développement technologique. Ce droit nouveau de la saisie, devra s'appuyer sur deux aspects, la copie et l'inaccessibilité[568].

Le service des douanes peut, lorsque la nécessité de saisie s'impose, ne prendre simplement que la copie des données en cause dans tout le système informatique. Cette copie serait alors une forme singulière de saisie, s'il en est, qui présente l'avantage décisif de ne pas gêner considérablement le fonctionnement, parfois, de tout un système tout en permettant à la douane de disposer en mémoire les données en cause. En effet, dans certaines situations, l'enlèvement du matériel informatique peut se révéler inopportun, impraticable ou disproportionné par rapport à l'étendue des données en cause dans le système.

En outre, la mutation de la saisie en simple copie des données incriminées présente un autre avantage lié à la limitation des informations pour lesquelles les autorités auront accès. L'autorisation de la copie devra s'accompagner de la précision que celle-ci devra s'étendre aux données

---

[566] Wireless Application Protocole, c'est un système qui permet la connexion au Net, à partir d'un simple téléphone portable.

[567] Dans le droit classique, la saisie s'exerce pleinement à l'intérieur du rayon des douanes, mais en dehors de ce rayon, il ne peut être mis en œuvre que dans des hypothèses limitativement énumérées.

[568] VANDERMEERSON D. (1997), *le droit pénal et la procédure confrontés à l'Internet (les apprentis surfeurs). La procédure pénale,* in Internet sous le regard du droit, éditions du jeune barreau, Bruxelles, p 260.

nécessaires pour comprendre les informations recueillies et jugées litigieuses. Il s'agit des clés de décryptage et autres instruments ayant servi au cryptage des données à copier ou encore des logiciels sur la base desquels des fichiers ont été créés[569]. De ce point de vue, l'avantage manifeste de la copie sur l'appréhension directe du support informatique est la limitation dans la saisie. À cet égard, le système de la copie est plus respectueux du secret professionnel et de la vie privée des internautes.

Par ailleurs, l'autre dimension de la saisie moderne qui complète la copie des données devrait être le fait de rendre inaccessibles les données copiées[570]. C'est cette seconde variante qui se rapproche beaucoup plus de la saisie traditionnelle. La procédure classique de saisie pénale vise à déposséder le saisi des biens soustraits. Il s'agit également, dans cette saisie d'un type nouveau, de veiller à ce que les données copiées soient indisponibles pour ne pas être altérées. L'original devra, au besoin, être utilisé comme preuve de l'authenticité des copies effectuées pour les nécessités de l'enquête. En outre, il existe des situations où l'enregistrement des données n'est pas possible, dans ce cas particulier, la restriction de l'accès à ces données se substituera à la copie en tant que telle.

L'exercice de ce droit de blocage devra, cependant, s'accompagner d'une obligation d'information de la douane à l'égard de toutes les personnes concernées par la saisie. La mise en œuvre des échanges en ligne suppose l'action convergente de divers acteurs qui interviennent à des niveaux différents. Les faits dommageables, à la base de la saisie, peuvent résulter des agissements d'un simple internaute. Il est, dès lors, nécessaire, pour préserver les intérêts des autres acteurs directement concernés, que la décision de blocage de l'accès leur soit notifiée, de même que la nature et l'étendue des données sur lesquelles porteront les restrictions[571].

Dans la même veine, il est parfaitement possible, après quelques aménagements, de mettre en œuvre la procédure de la retenue préventive en garantie du paiement. Cette dernière procédure est applicable dans tous les cas d'infraction flagrante pour sûreté des pénalités encourues. La

---

[569] SCHJOLBERG, S., *the legal framework – Unauthorized access to computer systems,* http://www.mossbyrett.of.no.

[570] OCDE (1992), *Guideline of the security of information systems,* http://www.oecd.org.

[571] Formation permanente CUP (2001, février), « La loi du 28 novembre 2000 relative à la criminalité informatique », N °103, p12.

mainlevée ne peut être obtenue qu'à la suite du versement de la consignation du montant des pénalités ou de fourniture d'une caution.

L'adaptation de la procédure de la retenue préventive dans l'univers du commerce électronique va consister à bloquer l'accès à certaines données. Ici, il n'est pas nécessaire de procéder à la copie des données, car le but poursuivi tient à l'obtention d'une sûreté pour garantir un paiement donné. C'est en cela que la retenue préventive en garantie du paiement diffère fondamentalement de la saisie. Alors que la saisie a pour but de préparer la confiscation des biens en cause, la retenue n'a pour unique objectif que de procurer à la douane une garantie du paiement à effectuer. C'est l'absence de copie des données en cause, dans le cas de la retenue préventive en garantie du paiement, qui permet justement de respecter cette césure essentielle entre les deux procédures. À cet effet, le cybercommerçant pourra librement disposer de ses données virtuelles s'il fournit une caution ou consigne le montant de la pénalité. Il n'est donc pas nécessaire que l'administration des douanes fasse une copie de ces données parce que n'ayant tout juste besoin que de garantie de paiement des pénalités, par lui, fixée. Tel n'est pas le cas pour la saisie qui elle, prépare la confiscation des données, donc le transfert de la détention de celles-ci à la douane. Ce transfert est, d'ailleurs, une fiction juridique, car les données étant toujours en possession de l'internaute incriminé ou en tout cas dans ses supports informatiques ou électroniques. Il était, alors, nécessaire pour le service des douanes de procéder à la copie des données afin de ne pas indisposer tout le système informatique et de disposer en même temps des données litigieuses, afin de mener les investigations nécessaires.

Par ailleurs, il est également à souligner que la confiscation est parfaitement applicable aux données numérisées, mais sous réserve de quelques aménagements. Ici, la procédure mise en œuvre dans le cadre de la saisie est reconductible avec en plus la nécessaire autorisation du tribunal. La saisie est une étape préparatoire à la confiscation qui consacre un véritable transfert de propriété au profit de l'État. Dans le droit traditionnel, la confiscation est prononcée par le juge dans quatre situations :

- Une substitution de marchandises ;
- Une non-représentation de marchandises ;
- Une différence dans les marchandises représentées ;
- Un refus d'un conducteur d'obéir aux injonctions des agents de douane.

Dans le nouvel environnement électronique, la confiscation peut emprunter les mêmes formes que la saisie tantôt décrite, avec en plus une autorisation du juge qui consacre le transfert des données numérisées au profit de l'État. La confiscation pourra intervenir dans tous les cas de substitution de données numérisées, de non-représentation ou une différence dans la représentation de celles-ci et enfin en cas de refus du responsable informatique aux injonctions des agents de douane. Le responsable informatique s'entend par toute personne qui a un contrôle sur le système informatique.

C'est le lieu de faire le parallèle avec une procédure qui s'inscrit dans la dynamique de constatation de l'infraction pénale, qui n'est pas forcément douanière, mais, qui comme la confiscation, nécessite l'onction judiciaire. Il s'agit précisément de la perquisition. Celle-ci peut être appréhendée à l'aune des technologies de l'information, comme le fait pour les autorités policières et judiciaires de s'introduire dans les systèmes informatiques en vue de rechercher les preuves d'une infraction pénale. Elle peut également coïncider avec une perquisition physique des installations informatiques. En tout état de cause, elle doit s'effectuer à la suite d'un mandat dûment délivré par le juge d'instruction. Ce faisant, elle doit être limitée dans le temps et ne viser qu'un système informatique en particulier.

Il est également nécessaire d'encadrer l'opportunité même de la perquisition dans le réseau. Celle-ci ne doit pas être un prétexte pour les autorités en charge de l'opération de se transformer en véritable hacker[572] dans l'Internet. Dans cette logique, la recherche peut même s'étendre dans des parties du réseau mondial, situées dans d'autres États. Mais, ici aussi, ce sont les procédures classiques de la commission rogatoire ou de la délégation judiciaire qui doivent être utilisées.

II- Le droit de visite

À la lecture des articles 60, 60 bis, 61, 62, 63, 63 bis, 63 ter et 64 du code des douanes français et de leurs pendants en droit sénégalais[573], relatifs au droit de visite, on se rend vite compte que les législateurs français et sénégalais limitent ce droit aux marchandises, aux moyens de

---

[572] Étymologiquement la notion de hacker signifie bidouilleur. C'est le nom donné en argot informatique aux utilisateurs qui visitent et piratent les banques de données du monde entier. À l'opposé des pilleurs (crackers), les visiteurs (hacker) sont parfois honnêtes.

[573] Leurs pendants en droit sénégalais sont les articles 44, 45, 46, 47, 48 et 49 du code des douanes.

transports et aux personnes. C'est donc un droit qui s'exerce pleinement dans les échanges physiques de marchandises, traditionnels. Car ils ne mettent en perspective que ces acteurs ou moyens tantôt désignés. Tel n'est pas le cas du commerce électronique qui met en mouvement une infrastructure et des acteurs d'un autre genre. Au regard du principe de la légalité tantôt souligné, le droit de visite ne peut pas strictement s'appliquer à ces moyens techniques et humains, car ne faisant pas partie du champ d'application classique de ce droit. Il devient évident qu'il faut procéder au réaménagement du champ d'application de ce droit de visite. Ce changement passe par deux actions. En premier lieu, il faut repréciser certaines notions. Il en est ainsi du concept de moyen de transport, de celui de personne et enfin de celui de marchandise visés dans le droit de visite. En ce qui concerne le premier point, à savoir celui de moyen de transport, l'article 60 du code français des douanes[574] pose le principe du droit de visite, par exemple sur les moyens de transport[575]. Mais, le code ne donne pas une définition claire et précise de l'expression, moyen de transport, tout juste se contente-t-il de citer les navires[576] et les bâtiments y compris les navires de guerre[577] et d'évoquer subrepticement les moyens de transport qui concourent à l'exploitation du plateau continental et de la zone économique ou leurs ressources naturelles[578].

---

[574] En droit sénégalais c'est l'article 37 qui pose ce principe du droit de visite.

[575] Aux termes de l'article 60 du code des douanes français, « *Pour l'application des dispositions du présent code et en vue de la recherche de la fraude, les agents des douanes peuvent procéder à la visite des marchandises et des moyens de transport et à celle des personnes* ». L'article 44 du code sénégalais contient des dispositions similaires.

[576] L'article 62 du code des douanes français prévoit que « *Les agents des douanes peuvent visiter tout navire se trouvant dans la zone maritime du rayon des douanes et dans la zone définie à l'article 44 bis dans les conditions prévues à cet article.* » Ces dispositions sont les mêmes que celles contenues dans les articles 47 et 48 du code des douanes du Sénégal.

[577] L'article 63 du code français des douanes dispose que « *Les agents des douanes peuvent aller à bord de tous les bâtiments, y compris les navires de guerre, qui se trouvent dans les ports ou rades ou qui montent ou descendent les rivières et canaux. Ils peuvent y demeurer jusqu'à leur déchargement ou sortie. Les capitaines et commandants doivent recevoir les agents des douanes, les accompagner et, s'ils le demandent, faire ouvrir les écoutilles, les chambres et armoires de leur bâtiment, ainsi que les colis désignés pour la visite. En cas de refus, les agents peuvent demander l'assistance d'un juge (ou, s'il n'y en a pas sur le lieu, d'un officier municipal dudit lieu ou d'un officier de police judiciaire), qui est tenu de faire ouvrir les écoutilles, chambres, armoires et colis; il est dressé procès-verbal de cette ouverture et des constatations, faites aux frais des capitaines ou commandants.* »

[578] L'article 63 bis du code français des douanes précise que *« Les agents des douanes peuvent à tout moment visiter les installations et dispositifs du plateau continental et de*

Donc, la notion de moyen de transport est un concept nommé en droit douanier sénégalais et français.

Cette évocation seule, de la notion de moyen de transport, ne permet pas d'appréhender de véritables moyens de transports, mais de flux communicationnels dans le commerce électronique. L'échange d'informations et de données numérisées s'effectue au travers d'un véritable arsenal technique dans le commerce électronique. L'information est transportée de bout en bout par un ensemble d'infrastructures techniques qui forment une plateforme communicationnelle. L'exploitation de ces infrastructures pourrait permettre aux services intéressés dans le domaine qui les concerne de préserver l'intérêt général dans la particularité qui est la leur. L'action administrative, notamment douanière en ce domaine, pour revêtir le sceau de la légalité, doit s'accompagner d'un ensemble d'initiatives, qui passent avant tout par la définition de l'expression moyen de transport. La nouvelle acception à donner à cette expression doit intégrer l'idée de transport de flux informationnels ou de données, en plus du transport classique des marchandises et des personnes. En conséquence, le droit de visite des moyens de transport intégrerait tous les instruments ayant servi à l'acheminement des biens, personnes ou flux informationnels. Une telle ouverture de la notion de moyen de transport est heureuse, car permet effectivement à l'administration, notamment des douanes, d'exercer son droit de visite, dans le domaine du commerce électronique, sur les supports comme la page web, le serveur, les routeurs, etc. Ces instruments qui interviennent dans le processus de transport de l'information sont, souvent, des mines d'informations.

Par ailleurs, une telle ouverture de l'expression, moyen de transport permet également l'exercice du droit de visite sur des acteurs des échanges informatisés qui se révèlent être de véritables transporteurs, non pas de personnes ou de biens physiques, mais de flux informationnels. Il s'agit, en l'occurrence, des transports publics. En effet, ceux-ci sont chargés dans le processus du commerce électronique de mettre en place l'infrastructure nécessaire à la conduite des transmissions dématérialisées

---

la zone économique. Ils peuvent également visiter les moyens de transport concourant à leur exploration ou à l'exploitation de leurs ressources naturelles, à l'intérieur des zones de sécurité prévues par la loi et dans la zone maritime du rayon des douanes.» À cet égard, le code sénégalais des douanes n'est pas aussi élaboré que celui français et ne prévoit aucunement dans ses dispositions concernant le droit de visite des agents de douane, la possibilité pour ceux-ci de visiter « *les installations et dispositifs du plateau continental et de la zone économique.»*

d'un acteur à un autre. C'est donc, en réalité une opération de transport, sous une autre forme, que se livre le transporteur public. Il est judicieux de considérer tous les supports et instruments ayant permis de faire circuler les flux de données numérisées comme étant des moyens de transport. Une telle assimilation permet au service des douanes d'exercer en toute légalité son droit de visite sur ces instruments qui concourent au transport de l'information dans le commerce électronique.

En marge de l'aménagement de ce droit de visite, la mutation dans le droit de la communication constitue, sans aucun doute, une condition de l'efficacité de l'action du service des douanes.

III- Le droit de communication

Dans la mise en œuvre du droit de communication de l'administration des finances et particulièrement du service des douanes, on note une certaine volonté d'adaptation aux nouvelles technologies. L'article 64 A, alinéa 1 du code français des douanes[579] dispose qu'« *en aucun cas, les administrations de l'État, les départements et les communes, ainsi que les entreprises concédées par l'État, les départements et les communes, de même que tous les établissements ou organismes quelconques soumis au contrôle de l'autorité administrative ainsi que les organismes et caisses de sécurité sociale et les organismes gestionnaires du régime d'assurance-chômage, ne peuvent opposer le secret professionnel aux agents des douanes ayant au moins le grade de contrôleur qui, pour établir les impôts institués par les lois existantes, leur demandent communication des documents de service qu'ils détiennent, quel qu'en soit le support* ».

Il résulte de cet article que le droit de communication des agents de douane s'exerce à l'égard des biens produits numérisés inhérents aux nouvelles technologies. Le sens de l'article est sans appel, le droit de communication s'exerce sans égard au support contenant les informations. Il est donc aisé d'envisager que ce droit concerne aussi bien les informations sur support papier, que celles contenues dans les nouveaux supports technologiques. C'est, donc, un droit qui prend en compte l'avancement technologique, en aménageant une ouverture pour

---

[579] Son pendant en droit sénégalais est l'article 53 du code des douanes. Mais, contrairement aux dispositions du code français en la matière, celles du droit sénégalais ont un contenu très général et ne font pas explicitement référence aux documents sur toute forme de support. Ainsi l'alinéa 1 de cet article 43, habilite les agents de douane à n'exercer le droit de communication que sur les « papiers et documents » intéressant le service.

l'intervention des agents de douane dans l'exercice de leurs missions. Le législateur a fini de comprendre que ce si l'on n'y prend garde, les technologies nouvelles risquent de devenir une sorte de sanctuaire, dans lequel transiteraient des informations capitales qui échappent à toute intervention de l'administration des douanes. Une telle disposition est donc pour permettre au service des douanes d'agir en toute légalité afin de disposer des informations pertinentes pour orienter son action.

D'ailleurs, faisant signe à la fois d'ouverture et de modernité, le législateur français confirme dans l'article 65, consacré au droit de communication particulier à l'administration des douanes, l'application de ce droit de communication à tous les supports[580]. Cet article dispose dans son alinéa 1 que *« les agents des douanes ayant au moins le grade de contrôleur peuvent exiger la communication des papiers et documents de toute nature relatifs aux opérations intéressant leur service, quel qu'en soit le support »*. Ce faisant, le législateur français et celui sénégalais semblent adapter le droit de communication dont disposent les agents de douane, aux nouvelles technologies, tout au moins au niveau des supports sur lesquels ce droit peut s'exercer.

Cet esprit moderne de l'organe législatif français et sénégalais ne s'arrête pas là, car un autre aspect du doit de communication des agents des douanes est pris en compte. Il s'agit précisément du lieu où s'exerce ce droit de communication. De ce point de vue, le même article précise que ce droit s'exerce[581] :

1- dans les gares de chemin de fer ;

2- dans les locaux des compagnies de navigation maritimes et fluviales et chez les armateurs, consignataires et courtiers maritimes ;

3- dans les locaux des compagnies de navigation aérienne ;

4- dans les locaux des entreprises de transport par route ;

5- dans les locaux des agences, y compris celles dites de « transports rapides », qui se chargent de la réception, du groupage, de l'expédition par tous les modes de locomotion (fer, route, eau, air) et de la livraison de tout colis ;

---

[580] À cet égard, l'article 53, alinéa 1 de la loi 2014-10 du 28 février 2014 portant code des douanes du Sénégal précise que « *Les agents des douanes ayant le grade d'inspecteur ou d'officier, ceux exerçant les fonctions de chef de bureau, de brigade ou de poste et ceux spécialement mandatés, peuvent exiger la communication des papiers, documents quel qu'en soit le support relatifs aux opérations intéressant leur service* ».

[581] Cf. article 53 du code des douanes du Sénégal.

6- chez les commissionnaires ou transitaires ;

7- chez les concessionnaires d'entrepôts, docks et magasins généraux ;

8- chez les destinataires ou les expéditeurs réels des marchandises déclarées en douane ;

9- chez les opérateurs de télécommunications et les prestataires[582] mentionnés ;

10- en général, chez toutes les personnes physiques ou morales directement ou indirectement intéressées à des opérations régulières ou irrégulières relevant de la compétence du service des douanes. Il fait donc explicitement référence au lieu d'installation de l'opérateur de télécommunication, mais aussi des prestataires de service. Ce qui constitue une grande avancée dans la mise en œuvre du droit de communication à l'heure des technologies de l'information.

Cependant, malgré la mise en œuvre de ces règles modernes, il reste que le droit de communication n'est toujours pas bien élaboré. En effet, quelques interrogations subsistent, notamment liées à l'absence de précisions sur ce qu'on peut entendre par l'expression « *chez les opérateurs de télécommunications et les prestataires* » dont fait référence la loi. Doit-on se limiter aux locaux visibles et matériellement palpables ou alors l'expression donne le droit au service des douanes de pénétrer le site web, à partir des installations de l'opérateur ou du prestataire afin de prendre connaissance des documents ? Peut-on, à partir de là, considérer le site web de l'opérateur public ou du prestataire de service comme un domicile, sur lequel peut s'exercer le droit de communication de l'administration des douanes ?

Par rapport à la deuxième question, il faut préciser que les transactions réalisées à travers l'Internet se déroulent en un laps de temps. Pour avoir à sa disposition les informations pertinentes, la douane doit pouvoir pénétrer rapidement dans le réseau à partir de la connexion de l'opérateur ou du prestataire de service. Pour assurer la légalité de l'action douanière à ce niveau, il faut préciser dans le texte de loi sur le droit de communication des agents de douane que ce droit peut s'exercer à partir des propres installations du prestataire ou de l'opérateur de télécommunication. Mais, une telle autorisation doit être entourée de

[582] Cf. 1 et 2 du I de l'article 6 de la loi n° 2004-575 du 21 juin 2004 pour la confiance dans l'économie numérique et l'article L. 34-1 du code des postes et télécommunications pour les données conservées et traitées par ces derniers.

garanties afin de ne pas porter atteinte aux libertés individuelles et aux données à caractère privé.

Paragraphe II : Les limites aux prérogatives de contrôle douanier

Les limites aux prérogatives douanières sont constituées par la nécessité de respect de la confidentialité des données privées (I) et la préservation des libertés individuelles (II).

I- Le respect de la confidentialité de données privées

Il est à craindre que l'exercice des prérogatives de contrôle des autorités publiques qui leur sont légalement dévolues ne débouche sur des atteintes à la vie privée des simples internautes. Il est aisé pour les pouvoirs publics ou toute autre institution d'invoquer le prétexte de recherche d'information pour accéder à des données qui relèvent de l'intimité de l'internaute. D'où la nécessité de réglementer l'accès à ces informations et le restreindre juste à ce qui est nécessaire pour identifier et localiser l'internaute. Dans cet esprit, le monde virtuel de l'Internet, en procédant à une rupture des rationalités classiques, pose sous un autre jour le délicat problème de l'équilibre entre la nécessité du contrôle et cette dimension intime de l'homme qui fait toute son humanité. La réalisation de ce juste milieu entre les droits de l'individu et l'impératif de contrôle pour assurer la sécurité collective n'est obtenue dans le monde physique qu'au prix de multiples confrontations et évolutions historiques.

D'ailleurs cet équilibre nécessaire entre liberté et sécurité n'est jamais intangible. Le niveau d'équilibre est toujours contingent et varie en fonction du contexte politique, économique et social. C'est ce qui explique qu'en ces temps marqués par une forte préoccupation sécuritaire, un ensemble de mesures soient prises un peu partout dans le monde avec comme conséquence majeure une forte atteinte aux droits des individus.

L'Internet, siège d'interactions humaines par excellence, n'échappe pas à ce combat permanent entre deux impératifs fort contradictoires, que toute société politique doit surmonter au risque de disparaître. Il est donc nécessaire qu'un climat de concertation soit institué entre la communauté des internautes d'une part, les autorités publiques nationales et les institutions internationales d'autre part, afin que soient instituées des règles de fonctionnement assez justes qui puissent préserver les droits intangibles et inaliénables de l'homme, mais également qui intègrent fortement la sécurité[583].

II- La préservation des libertés individuelles

L'exercice du droit de communication ou du droit de visite ne doit pas être un prétexte pour attenter à la vie privée ou aux libertés individuelles des personnes. En effet, de nombreuses informations liées à la vie intime d'individus sont, par la force des choses, stockées dans le Net. Par conséquent, on ne doit pas permettre à un service quelconque d'accéder de façon illimitée et sans contrôle, à ces données. De ce point de vue, un contrôle strict du pouvoir judiciaire, garant des libertés individuelles, est nécessaire afin de prévenir tout abus. Compte tenu des risques éventuels que peut présenter la pénétration par un tiers, fut-il l'administration des douanes, pour les libertés individuelles, mais aussi pour la vie privée des individus, avant toute introduction dans un réseau interne donnant accès à l'Internet, mais à partir des installations d'un opérateur ou d'un prestataire, l'autorisation doit être donnée par le juge des libertés et de la détention, comme c'est le cas dans la procédure actuelle en ce qui concerne le droit de visite dans les cas de flagrant délit. Cette ordonnance ne doit être susceptible que d'un pourvoi en cassation, mais surtout, le pourvoi ne doit pas être suspensif. L'information circule en temps réel dans le réseau mondial et qui plus est, il est très facile de faire disparaître en un laps de temps toutes les traces portant sur une transaction. D'où la nécessité d'une action rapide et efficace du service des douanes pour trouver les informations nécessaires et pertinentes. En vérité, donner un caractère suspensif au pourvoi intenté contre l'ordonnance du juge des libertés et de la détention ne contribue pas à rendre efficace l'action du service des douanes. Car il permet à l'opérateur, qui ne veut pas que certaines informations soient recueillies par le service des douanes, d'effacer toutes les traces du renseignement compromettant, dans un temps très bref.

Toujours dans la logique de préservation des libertés individuelles et de protection de la vie privée, les agents doivent informer le parquet avant de pénétrer dans les installations d'un opérateur ou d'un prestataire, dans l'exercice de leur droit de visite ou de communication à travers l'Internet. La saisine du Procureur de la République doit pouvoir se faire

[583] À cet égard l'article 5 de la loi n°2008-12 sur la protection des données à caractère personnel institue l'autorité administrative indépendante dénommée Commission des Données personnelles chargée de veiller à ce que les traitements des données à caractère personnel soient mis en œuvre conformément à la loi.

par tous les moyens, compte tenu de la nécessité de rapidité, mais également, ce dernier doit, lorsqu'il estime que l'exercice de ces prérogatives douanières, non justifié, s'opposer à tout accès dans le réseau. Enfin, un procès-verbal relatant le déroulement des opérations doit être établi et lui être transmis dans un délai raisonnable, tout comme une copie de ce procès-verbal doit être transmise à l'intéressé.

Conclusion

La relation entre le droit douanier et les réseaux informatiques est plus que controversée. Le droit douanier n'est pas outillé pour bien appréhender le commerce à travers ces réseaux, particulièrement le commerce direct par Internet. Mais également, à certains égards, les systèmes informatiques permettent un meilleur traitement douanier des échanges commerciaux. Le corpus juridique douanier trouve sa structuration et sa base autour de l'idée de traversée matérielle de frontières géographiquement déterminées par des marchandises physiques. Or, le monde virtuel ignore les repères classiques de frontière, d'espace et de temps. Le commerce électronique qui présente un visage, jusqu'alors inconnu du droit douanier, remet en cause les catégories juridiques classiques, qui constituent la substance de ce droit. Il en découle une paralysie certaine des catégories juridiques classiques du droit douanier face aux transactions numérisées. Celles-ci se révèlent, à la pratique, inaptes à prendre en charge les opérations effectuées via l'Internet. Il s'y ajoute que le caractère dématérialisé de l'Internet contribue à renforcer la rupture entre le droit douanier traditionnel et le commerce électronique.

Le droit douanier est ainsi désorienté singulièrement par le commerce dématérialisé et virtuel par le biais des nouvelles technologies. Mais le divorce n'a pas le même degré selon qu'il s'agit des échanges entièrement numérisés ou du commerce, en partie physique et en partie numérisé. En effet, dans le premier cas il y'a une incompatibilité totale entre les règles douanières et le commerce en ligne. Dans le second cas, les règles douanières peuvent être appliquées, après quelques réaménagements. En vérité, le commerce électronique indirect ne diffère pas de la vente traditionnelle à distance. C'est seulement l'instrument qui permet de rapprocher le vendeur et l'acheteur qui change ici. L'Internet remplace le téléphone, le fax, etc. Les règles classiques qui organisent la vente à distance peuvent être appliquées dans une certaine mesure.

Ainsi, les réseaux constituent une plate-forme communicationnelle qui facilite les échanges de divers ordres entre différentes contrées du monde. Ce faisant, ils permettent de réduire à leur plus simple expression les formalités douanières nécessaires à l'importation ou à l'exportation tout en donnant la possibilité au service des douanes d'exercer un meilleur contrôle sur les transactions internationales. Consciente des avantages évidents qu'un recours au système offre, « *l'OMD a été le fer de lance de la mise au point de normes internationales EDI pour la douane, mais également de la promotion de l'EDI et du commerce électronique dans l'environnement douanier*[584] ». Dans le même esprit, l'organisation intergouvernementale compétente en matière douanière recommande aux administrations des douanes d'utiliser les sites Web sur Internet comme moyen de communiquer des informations aux entreprises et aux opérateurs économiques. Ainsi, la Convention de Kyoto pour la simplification et l'harmonisation des régimes douaniers, révisée invite les États signataires à favoriser l'accomplissement des formalités douanières par des moyens électroniques.

Il est clair que les réseaux informatiques peuvent permettre aux règles douanières d'atteindre beaucoup d'objectifs dans le sens de la facilitation des échanges et de la sécurisation de la chaîne logistique internationale. D'où la nécessité de réfléchir sur les réformes du droit douanier afin de l'adapter au commerce à travers l'Internet.

Cette adaptation du droit douanier passe par son ouverture à l'idée de dématérialisation et d'extraterritorialité qui caractérise les réseaux ouverts comme l'Internet. Le commerce électronique met des acteurs commerciaux en relation sans tenir compte des frontières territoriales. Un tel phénomène ne peut être efficacement encadré que par des règles qui ont une dimension internationale. Au plan douanier, l'élaboration de conventions est, particulièrement, urgente en ce qui concerne la lutte contre la fraude et la fiscalité. La question de la fiscalisation du commerce électronique a longtemps suscité beaucoup de controverses au niveau mondial. Elle est au cœur d'une vive opposition entre les pays du Nord et ceux du Sud. Le problème de la fiscalité de l'Internet présente beaucoup d'enjeux de divers ordres. En tout état de cause, si l'option de l'assujettissement de l'Internet est retenue, la mise en œuvre d'une telle opération devrait varier en fonction de la nature du commerce électronique en cause (direct ou indirect). Pour le commerce électronique direct, l'affranchissement des droits de douane devrait être de rigueur conformément aux recommandations de l'OMC[585]. En revanche, les autres taxes indirectes perçues par la douane, exception faite de la TVA à l'importation, devraient être appliquées aux transmissions de données

---

[584] Michel DANET, « L'Internet, un élargissement des marchés mondiaux », *op.cit.*

[585] Décisions des conférences ministérielles de Genève en 1998, Doha en 2001, Cancun en 2003 et Hong Kong en 2005.

numérisées. La réalisation de cette opération de fiscalisation n'est pas facile tant la nature dématérialisée de l'Internet pose problème. Mais, la mise en œuvre d'un nouvel esprit fiscal peut permettre au moins de rompre avec la défiscalisation de fait en cours dans l'Internet. Pour ce faire, certaines dispositions légales et réglementaires doivent être modifiées. Également, la mise en œuvre d'une fiscalité adéquate passe par le respect des principes structurants qui organisent la fiscalité du commerce traditionnel.

L'accord international doit également concerner la lutte contre la fraude commerciale. L'Internet est un puissant vecteur utilisé par les délinquants pour communiquer entre eux. Il est donc nécessaire que la douane soit présente dans le réseau pour lutter efficacement contre la criminalité de façon générale. La coopération entre les États doit également permettre aux autorités chargées de la répression de la criminalité, notamment les autorités douanières, de disposer d'une base de données, exhaustive et mise régulièrement à jour, afin d'avoir une certaine traçabilité de la circulation des données numérisées. Cette coopération internationale devrait également déboucher sur un échange constant d'informations, en temps réel afin que les pouvoirs publics en charge de la lutte contre les délinquants en ligne soient toujours au même niveau d'information.

L'appropriation de l'immatériel par la norme douanière ne peut s'effectuer avec succès qu'en faisant recours à des techniques particulières d'intégration. D'un point de vue pratique, l'opération de récupération de ce concept de virtualité nécessite la prise en compte de certains instruments, mais également certains acteurs du commerce de l'Internet. Le commerce électronique met en avant des opérateurs économiques d'un genre nouveau qui agissent d'une façon radicalement différente de la manière de faire dans l'activité d'échange classique. En outre, le processus de mise en œuvre des échanges de données numérisées nécessite l'interaction de différents instruments qui peuvent servir à l'application du droit douanier. Ainsi, après quelques aménagements, le droit douanier peut bien s'appliquer dans ce réseau mondial.

Au total, l'harmonie entre le droit douanier et les réseaux informatiques, particulièrement l'Internet nécessite une certaine mutation des règles douanières. La direction à prendre se trouve dans une certaine redéfinition des concepts de base de la norme douanière en intégrant l'idée de dématérialisation et d'extraterritorialité. Il ne s'agira de ce point de vue que d'un simple changement de perspective qui devra, nécessairement, toucher tous les compartiments du droit douanier. Peut-on en déduire un déclin certain, voire une disparition prochaine des règles douanières et de la douane ?

La réponse est assurément négative. Malgré le recul constant de la mission fiscale de la douane, même dans les pays en développement, le droit douanier est toujours présent dans la vie économique et sociale. Mieux, aujourd'hui les règles douanières contribuent à l'encadrement de secteurs d'activités d'une nation ou d'une communauté économique, très éloignés des domaines d'intervention traditionnels de la douane. Le droit douanier permet de donner des réponses adéquates au phénomène criminel lié à l'informatique. Il n'est pas exagéré de penser, dans un proche avenir, que l'application du régime des délits douaniers aux infractions en matière informatique puisse être consacrée dans beaucoup de pays. Ce serait une belle preuve de la vitalité du droit douanier dont beaucoup d'analystes avaient prévu la disparition à la suite de l'avènement des unions économiques et douanières un peu partout dans le monde.

1- Ouvrages généraux

AARNIO, A. (1987), *Le rationnel comme raisonnable, la justification en droit*, LGDJ.

ATIAS, Ch. (1985), *Théorie contre arbitraire*, Paris, Presses universitaires de France.

BATIFFOL, H. (1979), *Problèmes de base de philosophie du droit*, Paris, L.G.D.J.

BATIFFOL, H. (1997), *La philosophie du droit*, Paris, Presses universitaires de France, 10ème édition.

CARBONNIER, J. (1992), *Flexible droit*, Paris, L.G.D.J., 6ème édition.

CHAMOUX, Jean-Pierre (1986), *L'appropriation de l'information*, Librairies Techniques, Paris.

CHEVALLIER, Jacques (1981), *L'institution*, Paris, Presses universitaires de France.

CHEVALLIER, Jacques (1983), *L'ordre juridique*, Le Droit en procès, PUF.

DELMAS-MARTY M. (1998), *Trois défis pour un droit mondial*, Seuil Essais.

DOUCHY, Mélina (1992), *La notion de non-droit*, R.R., 433-441.

FINKIELKRAUT, A. (2002), *L'imparfait du présent*, Paris, Gallimard.

GOTHO, Pierre (1993), *RIGAUX, François ou la chute des masques*, in *Hommage à François RIGAUX, Nouveaux itinéraires en droit*, Bruxelles, Bruylant.

GOYARD-FABRE, Simone, et al (1990), *La Pensée politique de Hans Kelsen*, Caen, Centre de publications de l'Université de Caen, *Cahiers de philosophie politique et juridique*, n°17.

HERRERA, Carlos Miguel (2004), *La philosophie du droit de Hans Kelsen, une introduction*, Québec, Les Presses de l'Université Laval.

HERRERA, Carlos Miguel, (1997), *Théorie juridique et politique chez Hans Kelsen*, Paris : Éd. Kimé.

JOLOWICZ, J-A (1992), *Droit anglais*, Précis Dalloz, 2ème édition.

KELSEN, Hans (1999), *Théorie pure du Droit*, Paris, Librairie générale de droit et de jurisprudence.

KELSEN, Hans (1996), *Théorie générale des normes*, Paris : Presses universitaires de France.

(1994), *L'internationalisation du droit, Mélanges en l'honneur d'Yvon LOUSSORAN*, Dalloz.

(1995), *L'internationalité dans les institutions et le droit, Études offertes à Alain PLANTEY*, Pedone.

LOQUIN, E. et KESSEDJIAN, C. (2000), *La mondialisation du droit*, Dijon, LITEC-CREDIMI.

MORIN, Edgar (1990), *Science sans conscience*, Paris, Fayard, Point Seuil.

OPPETIT, Bruno (1999), *Philosophie du droit*, Paris, Dalloz.

RENARD, Georges, *La théorie de l'institution. Essai d'ontologie juridique*, Paris, Sirey, 193.

RENAUT, Alain et al (1986), *La philosophie du droit de Hans KELSEN.* Caen, Centre de publications de l'Université de Caen, *Cahiers de philosophie politique et juridique*, n°9.

RIPERT, Georges (1949), *Le déclin du droit*, LGDJ.

ROMANO, Santi (1975), *L'ordre juridique, traduit par L. FRANÇOIS, et P.GOTHOT,* Paris, Dalloz.

STIGLITZ, Joseph (2002), *La grande désillusion*, Paris, Fayard.

VIRILIO, Paul (1996), *Un paysage d'événements*, Paris, Édition Galilée.

2- Ouvrages spécialisés

AMARTYA, Sen (2000), *Un nouvel ordre économique*, Paris, Odile Jacob.

ANCEL, P. (1998), *La monnaie électronique : régime juridique*, Droit et monnaie, Litec.

ANDRIEU, O. et D. LAFFONT (1996), *Internet et l'entreprise*, Paris, Éditions Eyrolles.

ANTOINE, M., M. ELOI, et J-F. BRANKELAND (1991), *Le droit de la preuve face aux nouvelles technologies de l'information*, Namur, Story-Scientia.

ATIAS, Ch. (1984), *Hypothèse sur la doctrine en droit commercial,* Études à Roblot.

ATTALI, J., *The world business agenda for electronic commerce- the new frontier of cyberspace*, http://www.iccwbo.org .

AUDIT, B. (1990), « La vente internationale de marchandises- Convention des Nations Unies du 11 avril 1980 », Paris, *L.G.D.J.*

AUDIT, B. (1997), *Droit international privé*, Paris, Economica, 2ème édition.

BATIFFOL, H. (1995), *Traité élémentaire de droit international privé*, Paris, L.G.D.J.

BATIFFOL, H. (1956), *Aspects philosophiques du droit international privé*, Paris, Dalloz.

BENSOUSSAN, Alain (1995,15 décembre), « Un nouveau métier, le tiers certificateur se profile sur Internet », *On-line Journal.*

BENSOUSSAN, A. (1997), *Internet, aspects juridiques*, Édition HERMES.

BENSOUSSAN, A. (1998), *Le commerce électronique, aspects juridiques*, Paris, Hermès.

BERNAT, C. (1997), « Les autoroutes de l'information », Paris, *L.G.D.J.*

BERR, Claude et Henri TREMEAU (2006), « Le droit douanier communautaire et national, Études et recherches », *Economica*, 7ème édition.

BERR, Claude et Henri TREMEAU (1997), *Introduction au droit douanier*, Paris, Dalloz, Connaissance du droit.

BILON, J-L. (2000), *Fiscalité du numérique*, Litec.

BOCHURBERG, L. (2001), *Internet et commerce électronique*, Paris, Dalloz.

BOSTANY, K., F. CREPEAU, P. MACKAY, & D. MOCKLE (1996), « Mondialisation et État de droit : quelques réflexions sur la normativité technologique », *A.C.D.I.*

BRAYER, Gérard (1989), « Europe - Tiers monde - Lomé Une nouvelle coopération douanière ? », *LGDJ.*

BREESE, P. (2000), *Guide juridique de l'Internet et du commerce électronique*, Paris, Vuibert.

BREESE, P. BEAURE, G. d'AUGERES, et S.THUILLIER (1997) « Paiement numérique sur Internet », *International Publishing.*

BUREAU, H. (2000), *Le droit de la consommation transfrontière*, Paris, Litec.

BURFERT, H., J-F. LEROUGE, F. PICHAULT, D. POULIN, Y. POULLET, C. RAAB, J. REIDENBERG, M. VIVANT (2002), *Variations sur le droit de la société de l'information*, Bruylant.

CABRILLAC, M. (1985), *Monétique et droit de paiement*, *Mélanges de Juglart.*

CAMARA, Boubacar (2005, 30 mai), *Le contentieux douanier au Sénégal- Réflexions sur la place du juge dans le traitement des infractions*, Thèse pour le doctorat en droit de l'Université Pierre MENDES France (Grenoble II).

CARBONNIER, J. (1995), *Flexible droit. Pour une sociologie du droit sans rigueur*, Paris, L.G.D.J., 8ème édition.

CARBONNIER, J. (1998), *Droit civil, les obligations*, Paris, Presses Universitaires de France, 21ème édition, t.4.

CASTAGNEDE, D., S. TOLLEDANO (1990), *La fiscalité internationale*, PUF.

COLOMBET, C. (1996-1997), *Propriété littéraire fiscalité*, Litec.

COUDERT, Marie-Antoinette, Daniel ARTHUR LEPRES (novembre 1997), *OCDE : Quelle fiscalité pour le commerce électronique*, Paris.

COZIAN, Maurice (1994), *Précis de Philipe MAYER, Droit international privé*, Montchrétien, 5ème édition.

De JUGLART, M. et B. IPPOLITO (1979), *Droit commercial*, Paris, Montchrestien, 3ème édition.

DEPREZ P., V. FAUCHOUX (1997, mai), *Lois, contrats et usages du multimédia*, Édition DIXIT.

DEPREZ, P., V. FAUCHOUX (2000), *Les contrats de l'Internet et du multimédia*, Paris, Édition DIXIT.

DRAETTA, Ugo (2003), *Internet et commerce électronique en droit international des affaires*, Belgique, Éditions Bruylant.

DUFOUR, A. (1995), *Internet*, PUF, collection « que sais-je ? ».

FAYE, Malick (2015), *Le droit douanier sénégalais*, Paris, L'Harmattan.

FDIDA, S. (1997), *Des autoroutes de l'information au cyberespace*, Paris, Flammarion.

FERAL-SCHUHL, Christiane (2002), *Cyber-droit- Le droit à l'épreuve de l'Internet*, Paris, Dalloz- Dunod, 3ème édition.

FOELIX, J-J. (1843), *Traité de droit international privé ou de conflit des lois de différentes nations en matière de droit privé*, Paris, Joubert.

FORD, Warwick, Michael S. BAUM (1997), *Secure electronic commerce : building the infrastructure for digital signatures and encryption*, Prentice Hall PTR.

FOUCHARD, Philippe (1964), *L'arbitrage commercial international*, Dalloz n° 577.

FOUCHARD, Philippe, E. GAILLARD, et B. GOLDMAN (1996), *Traité de l'arbitrage commercial international*, Paris, Litec.

FRAYSSINET, J. (1992), *Informatique fichiers et libertés*, Litec.

FREMONT, J. et J-P. DUCASSE (1996), *Les autoroutes de l'information : enjeux et défis*, Montréal, Les chemins de la recherche.

GALLOUEDEC-GENYS, F. (1990), *Une société sans papier ? Nouvelles technologies et droit de la preuve*, Paris, La documentation française.

GAUTRAIS, Vincent (2002), *Le contrat électronique international, encadrement juridique*, Bruylant, 2ème édition.

GAUTRAIS, V. et S. (2002), *Droit du commerce électronique, documents internationaux*, Cowansville, Yvon Blais.

GAVALDA, Ch., G. PARLEANI (1998), *Droit des affaires de l'Union européenne*, Litec.

GERMAIN, Fabienne et Cécile ALVERGNAT (2000), *Guide du Commerce électronique sous la direction de Daniel KAPLAN,* Paris, Échangeur, 213 p.

GIARDINA, Andréa (1993), *La lex mercatoria et la sécurité du commerce et des investissements internationaux*, *Mélanges François RIGAUX,* Nouveaux itinéraires en droit, Bruxelles, Bruylant.

GIBSON, W. (1984), *Neuromancer*, New York, Ace Books.

GOTHOT, Pierre (1993), *François RIGAUX ou la chute des masques, in Hommage à François RIGAUX*, Nouveaux itinéraires en droit, Bruxelles, Bruylant.

GUEDON J-CL. (1996), *La planète cyber Internet et cyberespace*, Paris, Gallimard.

GUINCHARD, HARICHAUX, TOURDONNET (1999), *Internet pour le droit*, Montchrestien.

HAFNER K. et M. LYON (1999), *Les sorciers du Net. Les origines de l'Internet*, Paris, CALMANN – LEVY.

IALPERN, Céline (2003), *Guide juridique et pratique – Droit et Internet*, Éditions Vecchi.

IAMILTON, Geoffrey (1984), *Les entreprises multinationales : effets et limites des codes de conduite internationaux*, Paris, PUF.

IANCE, Olivier (1996), *Business et droit d'Internet*, Éditions Best Of.

IEUZE, Vincent (1992), *La vente internationale de marchandises*, Paris, GLN.

IUET, P. (1996), *Le droit du multimédia- De la télématique à Internet*, Paris, les Éditions du Téléphone.

IUET, Jérôme et Herbert MAISL (1989), *Droit de l'informatique et télécommunications*, Litec.

IUITEMA, Ch. (1995), *Et Dieu créa l'Internet*, Paris, Eyrolles.

IUGUET, J. (1996), *Internet : guide stratégique et pratique pour l'entreprise*, Édition Masson.

IANCE, O. (1996), *Business et droit de l'Internet*, Édition Best Of Eyrolles.

TEANU, Olivier (1996), *Internet et le droit : aspects juridiques du commerce électronique*, Édition Eyrolles.

ACQUET, J-M. (1998), *Le contrat international*, Paris, Dalloz, 2ème édition.

OSSERAND, L. (1933), *Cours de droit civil positif français*, Paris, Sirey, t. 2.

KAPLAN, Daniel (2000), *Guide du commerce électronique : votre entreprise sur Internet*, Ouvrage collectif, Paris, Maisonneuve et Larose.

KAPLAN, Daniel (2000, mars), « Internet : les enjeux pour la France, livre blanc », *AFTEL*.

LASSIS, A. (1984), « Théorie générale des usages du commerce, Paris », *L.G.D.J.*

KOSIUR, David (2000, janvier), « Comprendre le commerce électronique », *Microsoft Press*.

LABBE, E. (2001), *Guide juridique du commerçant électronique*, http://www.jurisint.org .

LANGLOIS, M. et S. GASH (1999), *Le commerce électronique B to B – de l'EDI à l'Internet*, Paris, Dunod.

LEVT, Pierre (1995), *Qu'est-ce que le virtuel* ? Paris, La Découverte.

LE GALL, Jean-Pierre (1996), *Fiscalité et Échanges de Données Informatisées (EDI)*, JCP, Édition E, n°21, p.212.

LEGICOM (1996), *Le droit et les contrats d'Internet*, n°12.

LOUSSOUARN, Y. et P. BOUREL (2001), *Droit international privé*, Paris, Dalloz, 7ème édition.

LUCAS, André (1997), *Droit d'auteur et numérique*, Paris, Édition des PARQUES.

LUCAS, André, DEVEZEJ., André LUCAS, J. FRAYSSINET (2001), *Droit de l'informatique et de l'Internet*, Paris, P.U.F.

MAISL, H. (1997), *Les données confidentielles et les données nominatives sur Internet, in Internet saisi par le droit*, sous la direction de Xavier Linant de BELLEFONDS, Éditions des Parques.

MARANTIS, Demetrios, *L'Internet et les droits de douanes*, http://usinfo.state.gov.

MAYER, P. (1998), *Droit international privé*, Paris, Montchestien, 6ème édition.

MAZEAUD, H. et A. TUNK (1965), *Traité théorique et pratique de la responsabilité civile délictuelle et contractuelle*, Paris, Montchrestien, 6ème édition.

MICHELLE, Jean-Baptiste (1998), *Créer et exploiter un commerce électronique*, Litec.

MOUSSERON, J-M. (2000), *Droit du commerce international*, Paris, Litec.

MOUSSERON, J. M., R. FABRE, J. RAYNARD, J-L. PIERRE (2000, janvier), *Droit du commerce international de l'entreprise*, Litec.

NATAREL, Elisabeth (24 mai 2004), *Construction communautaire et mutations du droit national : le code des douanes français en question*, Thèse de doctorat d'État, Université Pierre MENDES France (Grenoble II).

Nouveaux itinéraires en droit, (1993), *Hommages à François RIGAUX*, Bruxelles, Bruylant.

OSMAN, Filali (1992), « Les principes généraux de la lex mercatoria - Contribution à l'étude d'un ordre juridique anational, » Paris, *L.G.DJ.*

OST, F., Van de KERCHOVE (2000), « De la pyramide au réseau ? Vers un nouveau mode de production du droit », *RIEJ.*

PANNIER, Jean (1990), « Douanes et changes », *Gazette du Palais*, Litec.

PANSIER, Frédéric-Jérôme et Emmanuel JEZ, (2000), *Initiation à l'Internet juridique*, Litec.

PARISIEN, Serge et Pierre TRUDEL (1996), *L'identification et la certification dans le commerce électronique*, Cowansville, les Éditions Yvon BLAIS INC.

PIROVANO (1985), *Introduction critique au droit commercial contemporain*, R.D.C.

PIETTE-COUDOL, T. et A. BERTRAND (1997), *Internet et la loi*, Paris.

PIRADOV, A.S. (1976), *Le droit international de l'espace, U.R.S.S.*, les Éditions du Progrès.

QUEAU, Philippe (1993), *Virtuel, vertu et vertige*, Paris, Champ Vallon.

RAPP, L. (1998), *Le courrier électronique*, PUF, Collection. « Que sais-je ? », n°89.

REROUE, J-Cl. (1989), *La douane*, PUF, Collection « Que sais-je ? ».

RIGAUX, F. (1977), *Droit public et droit privé dans les relations internationales*, Paris, Pedone.

RIPERT, Georges et René ROBLOT (1993), *Traité de droit commercial*, Tome 1, Paris, LGDJ, 15ème édition.

SABATIER, Guy (1997, mai), *Le porte-monnaie électronique et le porte-monnaie virtuel*, PUF, collection « Que sais-je ? ».

SEDALLIAN, Valérie (1997, mai), *Droit de l'Internet*, collections A.U.I.

SIINELLI, Pierre (1997, décembre), *Internet et droit d'auteur*, Droit & Patrimoine, n° 55, p.79 et s.

TANCELIN, M. (1997), *Des obligations. Actes et responsabilités*, Montréal, Wilson & Lafleur, 6ème édition.

THIEFFRY, Patrick (2002), *Commerce électronique : droit international et européen*, Litec.

THOMASSET, C. et D. BOURBIER (1997), *Interpréter le droit : le sens, l'interprète, la machine*, Bruxelles, Bruylant.

THOUMYRE Lionel, *Zone de non-droit : au-delà du mythe*, Jurisnet, http://www.jurisnet.com.

TORTELLO, N., P. LOINTIER (1996), *Internet pour les juristes*, Dalloz.

TRUDEL, Pierre, France ABRAN, Karim BENYEKHLEF et Sophie HEIN (1997), *Droit du cyberespace*, Montréal, Thémis.

TRUDEL, Pierre (1995), *Introduction au droit du commerce électronique sur électronique*, Revue du Barreau (Québec), vol.55, 221. p.

TRUDEL, Pierre, Guy LEVEFBRE et Serge PARISIEN (1993), *La preuve et la signature dans les échanges de documents informatisés au Québec*, Publications du Québec.

TRUDEL, Pierre et Al (1997), *Droit du cyberespace*, Montréal, Thémis.

VACCA, J. (1996), *Sécurité sur Internet, secrets*, Édition Sybex.

VIVANT Michel (1999), Les contrats du commerce électronique, Litec.

VIVANT, Michel et Al, *Droit de l'informatique et des réseaux : informatique, multimédia, réseaux, Internet*, Paris, LAMY.

VIVANT, Michel et Christian LE STANC (1996), *Droit de l'informatique*, JCP, Édition E, n°21, 217 p.

WERY Etienne, Thibault VERBIEST (2001, février), *Le droit de l'Internet et de la société de l'information : droits européen, belge et français*, Larcier.

Médias, Pouvoirs, dossiers (1996), *Le marché de l'Internet : avenir ou illusions* ? trimestriel, n°43-44.

(1999), *Le droit et l'immatériel*, Archives de philosophie du droit, Tome 43, Éditions Sirey.

(2000), « Les dimensions internationales du droit du cyberespace », *Economica* Collection Droit du cyberespace, Éditions UNESCO.

3- Travaux des institutions-rapports-documents officiels

Action Réseau Consommateur, *L'autoréglementation en matière de commerce électronique : des principes à la pratique. Quel chemin reste-t-il à faire* ? http://www.consommateur.qc.ca.

Agence France–Presse, *Après l'euphorie, le doute s'installe pour les commerces en ligne*, http://www.multimedium.com.

A.U.I., *Pour une intégration sereine et un développement harmonieux d'Internet dans la société française*, Rapport du 07/06/96, http://www.aui.fr.

BRAIBANT, G. (1998, mars), *Données personnelles et société de l'information*, Rapport au Premier ministre sur la transposition en droit français de la directive n°95/46, http://www.ladocfrancaise.gouv.fr.

BURKERT, H. (2001, novembre), *L'Internet et le droit - premiers tourments*, Colloque international Droit de l'Internet, Approches européennes et internationales, Paris, http://www.droit-internet- (2001),. univ-paris1.fr.

CAPRIOLI, E. (2001, novembre), *Aspects internationaux du commerce électronique*, Colloque international Droit de l'Internet, Approches européennes et internationales, Paris http://www.droit-internet- (2001), univ-paris1.fr

CISSÉ, Abdoullah (2002, janvier), *Droit et Éducation au 21ème siècle*, Séminaire du Forum Africain des Parlements pour l'Éducation.

CNIL, Commission Nationale Informatique et Libertés (1997), *17ème rapport d'activité 1996*, La Documentation française Chapitre 3.

CNUDCI, (1999, 6-17 septembre), Rapport du groupe de travail sur le commerce électronique sur les travaux de sa trente-sixième session, Vienne http://www.uncitral.org .

CNUDCI, (1999, 14-25 février), Rapport du groupe de travail sur le commerce électronique sur les travaux de sa trente-sixième session, New York.

CNUDCI, (1999, 18-29 septembre), Rapport du groupe de travail sur le commerce électronique sur les travaux de sa trente-sixième session Vienne, http://www.uncitral.org.

Commission Européenne, (Communication du 08 octobre 1997), *Assurer la sécurité et la confiance dans la communication électronique*, COM (97) 503 final.

Communiqué de presse de l'Organisation mondiale des douanes (2003, 17 juillet), sur le thème de *la sécurisation de la chaîne logistique internationale face à la menace terroriste*, http://www.wcoomd.org.

Communiqué de presse de l'Organisation mondiale des douanes sur le thème de *la sécurisation de la chaîne logistique internationale face à la menace terroriste*, http://www.wcoomd.org.

Conférence ministérielle de l'OCDE (1998, 7-8 octobre), *Un monde sans frontière concrétise le potentiel du commerce électronique* – OTAWA.

Conseil d'État français, section du rapport et des études (1998, 2 juillet), *Internet et les réseaux numériques*, http://www.internet.gouv.fr.

Conseil National du crédit et du titre (1997, mai), *Problèmes juridiques liés à la dématérialisation des moyens de paiement et des titres*, http://www.internet.gouv.fr

COTECNA (2002, 18 février au 06 avril) Rapport d'exploitation du scanner mobile.

DANET, Michel (2003, 24 juin), *L'harmonisation des régimes douaniers et la facilitation du commerce international*, http://usinfo.state.org.

DANET, Michel, Secrétaire Générale de l'Organisation mondiale des douanes sur le thème (2000, 26/28 juin), *l'Internet, un élargissement des marchés mondiaux*, Colloque de l'OCDE, http://www.wcoomd.org.

DANET, Michel, *Les perspectives mondiales d'intégration et d'harmonisation douanières au 21ème siècle*, Colloque des Amériques, http://www.wcoomd.org

DGD/DEL/DEC/BEAE (2001, 26 janvier), *La douane face aux défis de l'entreprise*, Communication du Directeur général des douanes à l'occasion de la célébration de la Journée Mondiale de la Douane.

FALQUE-PIERROTIN, (1996, 16 mars), Mission interministérielle sur l'Internet, *rapport FALQUE-PIERROTIN*, Ministère chargé des télécommunications, http://www.telecom.gouv.fr/francais.htm .

HUET, J. (2001, novembre), *Le droit applicable dans les réseaux numériques*, Colloque international Droit de l'Internet Approches européennes et internationales, Paris, http://www.droit-internet- (2001),. univ-paris1.fr.

(1997), *Internet sous le regard du droit*, Colloque organisé le 15 novembre (1997), Édition du Jeune Barreau de Bruxelles.

LAMOULINE, C., Y. POULLET, (1997), *Des autoroutes de l'information à la démocratie électronique*, Rapport présenté au Conseil de l'Europe, Bruxelles, Némésis, Bruylant.

(1997), *Le droit au défi d'Internet*, Actes du Colloque de Lausanne, Librairie Droz, Genève, divers articles dont Aspects relatifs aux conflits de lois, S. Bariatti, p.59-77, et Internet, les droits de la personnalité et le droit international privé, F. Dessemontet, p.77- 102.

(1985, 26/27 avril), *Les grandes tendances du droit pénal comparé en matière de délinquance liée à l'ordinateur*, Communication au colloque de Luxembourg, Informatique et délinquance.

LEMOINE, Philippe, vice-président directeur général du groupe Galeries Lafayette, (1997, mardi 16 septembre), Dossier Internet et le commerce électronique « *Il faut que l'on retrouve dans les magasins l'univers mental de la Toile* », Le Monde de l'économie, http://www.lemonde.fr/dossiers/commerce .

« Les nouvelles technologies de l'information et de la communication, fer de lance de la douane sénégalaise des années 2000 », Interview de M. Augustin NDIONE, Directeur des Systèmes Informatiques Douaniers, (mai 2000), *Revue trimestrielle des douanes sénégalaises*, n°41, p. 8.

LORENTZ, F. (1998, janvier), Commerce électronique : une nouvelle donne pour les consommateurs, les entreprises, les citoyens et les pouvoirs publics, Ministère chargé des Télécommunications, http://www.telecom.gouv.fr/francais.htm.

Ministère de l'Économie, des Finances et de l'Industrie – DGCCRF, (2000), Rapport d'activités, *Le commerce électronique*, http://www.finances.gouv.fr

Ministère de l'Économie, des Finances et de l'Industrie – DGCCRF, (2000), Rapport d'activités, *Le cyberconsommateur*, http://www.finances.gouv.fr.

Ministère de l'Économie, des Finances et de l'Industrie (France) Direction Générale des Douanes et des Droits Indirects : *La nouvelle donne du Commerce électronique ; Ministère de l'Économie, des Finances et de l'Industrie (France) site Internet Direction Générale des Douanes et des Droits Indirects : Communication sur le Commerce électronique*

Modernisation des douanes- Système douanier informatisé (SYDONIA), http://www:unctad.org

(2003, 17 juillet), *Note d'information sur les conférences ministérielles de DOHA 2001, Facilitation des échanges : moins de tracasseries administratives à la frontière, OMC*, http://www.wto.org.

OMD/Contrôle et Facilitation – Rapport N° 99-279f/FM – TE7- 80 du 16 décembre (1999), relatif à la base de données CERN.

OMD/Comité Technique Permanent, (2002, 09 janvier), *Stratégies en matière de commerce électronique*, 173e session, Bruxelles.

OMD/Commission Politique Générale, (2002, 27 mai), *Stratégies en matière de commerce électronique,* 47e session, Bruxelles.

OMD/Comité Technique Permanent, (2001, 08 mars), *Étude sur les envois postaux*, 172e session, Bruxelles

OMD/Comité Technique Permanent, (2001, 06 mars), *Stratégies en matière de commerce électronique à des fins douanières*, 172e session, Bruxelles.

OMD/KYOTO (2000), *vers l'efficacité dans les milieux douaniers- Rôle de la Douane dans la facilitation des échanges internationaux*, (2000), http://www.wcoomd.org/ie./Fr/ EvénementsPasses/Trade.99/Kyotof.html

OMD/Contrôle et Facilitation – dossier technique sur le Réseau douanier de Lutte contre la Fraude CEN.

PICARD, S. (1996, 16 mars), Mission interministérielle sur l'Internet, *Rapport FALQUE-PIERROTIN, Droit de l'informatique et des télécoms,* (1996), n°3, p.97.

(2003, janvier), Plan Stratégique de la Douane sénégalaise (2003),-2005, quel visage de la Douane dans les prochaines années ?

(2003, 10 juillet), Recommandations d'ICC aux membres de l'OMC sur *la facilitation du commerce*, http://www.iccbo.org.

(2000, 15 juillet) Symposium sur « la régulation de l'utilisation de l'Internet au Sénégal », in, **http://www.isoc.sn/symps15.html**

Rapport Paul, (2000), JCP, E, n° 47, p. 1856.

.apport de SAILLARD, Jean-Paul (2000, 19 janvier), présenté par Dominique MORENO, *La réforme du droit de la preuve et les nouvelles technologies, position de la C.C.I. de Paris*, JCP, n°3, p.55.

.apport présenté au Colloque international sur l'Internet et le droit européen et comparé de l'Internet par le Professeur Pierre TRUDEL sur le thème « le droit d'Internet au Canada ».

.apport du groupe de travail présidé par LORENTZ, M. Francis (2003, 10 juillet), *Commerce électronique : une nouvelle donne pour les consommateurs, les entreprises, les citoyens et les pouvoirs publics*, http://www.finances.gouv.fr/commerce_electronique/lorentz/concluprop.htm.

.ODOTA, S. (1995, 23-24 Mars), Démocratie électronique, Rapport général, Conseil de l'Europe, Séminaire sur la demande électronique, Paris, Sénat, Palais du Luxembourg.

'RUDEL, P. (1996), *Le cyberspace : réseaux constituants et réseau de réseaux*, Jacques FREMONT, et Jean- Paul DUCASSE, *Les autoroutes de l'information : enjeux et défis*, Actes du Colloque tenu dans le cadre des huitièmes entretiens centre Jacques CARTIER, Rhône-Alpes, 5 au 8 décembre (1995), Montréal, Les chemins de la recherche, 137-159.

'E mars (2001), Rapport du Groupe de politique des services financiers sur le commerce électronique et les services financiers.

'olin, M. et J-C. MERLIN, Internet et PME : mirage ou opportunité ? Rapport auprès du Ministère de l'Économie, des Finances et de l'Industrie, http://www.evariste.org.

4- Revues et articles

.BELS, M. (1998), « Le commerce sur Internet, moyen de paiement et risques afférents », *R.D.A.I*, N°3.

.CH, Yves-Alain novembre (1997), *La fiscalité du commerce électronique*, http://www.perso.club-internet.fr.

.GEDE, P. « Vendre sur Internet sans risques fiscaux », *l'Entreprise*, n°145.

.LBERGANTI M. (1997, mardi 16 septembre), Dossier Internet et le commerce électronique : « Internet, le grand supermarché », *Le Monde de l'économie*. http://www.lemonde.fr/dossiers/commerce.

.LLAIN, Louis (2001, 29 juin) « Du virtuel au concret, tout est dans la livraison », *Le Monde Informatique*, n°902, 16 p.

.LLAND, D. (1987), « Les représentations de l'espace en droit international public », *Archives de philosophie du droit* (le droit international), t. 32, Paris, Sirey, 163.

.LLARD, A., *Grandeurs et misères du commerce électronique*, http://www.opc.gouv.qc;ca/colloque_pdf/23Allard.pdf .

AMORY, B. et Y. POULLET (1985), « Le droit de la preuve face à l'informatique et à la télématique », *Revue Internationale de Droit Comparé*, p.331.

ANTOINE, M. et D. GOBERT, *La directive européenne sur la signature électronique. Vers la sécurisation des transactions sur l'Internet*, http://www.droit-technologie.org/articles.

ARSENEAULT, M. (1998, 28 juin), « Les justiciers du Web (Cybertribunal) », *Le Monde*.

AUCOIN, M. (1996), *Vers l'argent électronique, Banque d'hier, d'aujourd'hui et de demain*, Éditions SEFI, p. 34.

AUDET, M. et S. LEPINAY (2000, septembre), « 2B or not 2B parce que désormais les affaires électroniques seront vos affaires », Fine Pointe.com, *Cahier spécial MIM*, vol.5, n°3, p. 18.

AUDIT, B. (1993), « Qualification et droit international privé », *Droits*, p. 55.

AUVILLAIN, Elisabeth (1996, 1er janvier), « Barrage sur les autoroutes sexuelles », *Le Soir*.

AZZABI, S., *Le nouveau régime probatoire français après l'adoption de la loi portant adaptation du droit de la preuve aux technologies de l'information et relatif à la signature électronique du 13 mars 2000*, http://www.signelec.com/content/se/articles/sofian.

BACHIMONT, B., *Du texte à l'hypertexte : les parcours de la mémoire documentaire*, http://www.utc.fr.

BALSANO, A. M. (2000), *Un instrument juridique international pour le cyberespace ? Analyse comparative avec le droit de l'espace extra-atmosphérique*, dans Fuentes-Camacho, T., dir . Les dimensions internationales du droit du cyberespace, Paris, Economica, p. 159.

BAILLIARD, A. (1996, 22 mai), « Internet et les flux transfrontières de données », *Les Petites Affiches*.

BARBRY, E., F. OLIVIER (1998, 1er avril), « Des décrets tant attendus : quel droit pour la cryptologie ? » *J.C.P.*, Édition G, n° 14, p. 591.

BARBRY, E., F. OLIVIER (1996, 8 juillet), « Des réseaux aux autoroutes de l'information : révolution technique ? révolution juridique ? » *J.C.P, G*, p. 183.

BATHILY, Demba Cire, *Faut-il soumettre notre conception de l'ordre public à Internet ou Internet à notre conception de l'ordre public*, http://www.unitar.org.

BEGUIN, J. (1985), « Le développement de la lex mercatoria menace-t-il l'ordre juridique international ? » *Mc Gill LAW J.* volume 30, p.482.

BELLEFONDS, Xavier Linant de (1991), *Le nouveau droit des EDI*, Paris, Éditions Parques, p. 107.

BELLEFONDS, Xavier Linant de (1997), « L'Internet et la preuve des actes juridiques », *Expertises*, 225.

BELLEFONDS, Xavier Linant de (1996), « Internet et le statut de l'information : quelles règles du jeu ? » *Gazette du Palais*, II, p.1071.

BENABOU, L. (2001), « Valse à trois temps avec l'acquis communautaire », *Europe*, chron, n°7.

BENAYOUM, G.D. (1997, juin), « Problèmes fiscaux liés au commerce électronique », *Petites Affiches,* 20 n°74.

BENSOUSSAN, Alain, « Les achats par carte bancaire sur Internet », *Maître*, p.9.

BENSOUSSAN, Alain (1995, 15 décembre), « Un nouveau métier, le tiers certificateur se profile sur Internet », *On-line Journal,* p. 24.

BENSOUSSAN, Alain (1991), « Contribution théorique au droit de la preuve dans le domaine informatique », *Gazette Palais*, 2, doctr. p.361.

BENYEHLEF, Karim (1997), *ACLU V RENO : pour la reconnaissance d'un régime propre à l'Internet au regard de la liberté d'expression,* Lex Electronica, vol.3, n°2, http://www.lex.electronica.org.

BERNAERT, Y. (2000, 9 mars), « E-commerce et TVA : identifier pour localiser », *l'Écho*.

BERNSTEIN, Jodie (2000, mai), « La lutte contre la fraude sur Internet : une affaire mondiale », *Perspectives économiques,* vol. 5, n°2, p. 16.

BERR, Claude J. (1974), « La valeur en douane et le commerce international », *Mélanges offerts à Alfred JAUFFRET,* p.63 à 79.

BERR, Claude J. et Henri TREMEAU (1972), « Le droit douanier et le commerce international », *Gazette du Palais*, p.64 à 70.

BERNAERTS, Y. (2000, 9 mars), « E-commerce et TVA : identifier pour localiser », *l'Écho*.

BADIE, Bertrand et Marie-Claude SMOUTS (1999), *Le retournement du monde*, Paris, Dalloz.

BITANT, Hubert (2000, mercredi 19 au jeudi 20 juillet), « La signature électronique : comment la technique répond-elle aux exigences de la loi ? » *Gazette du Palais*, p.10.

BITANT, Hubert (1998), « Acteurs et responsabilités sur l'Internet », *Gazette du Palais*, 1er semestre, p. 501.

BITANT, Hubert (2000, dimanche 16 au mardi 18 avril), « Le site de commerce électronique : approche technique et juridique », *Gazette du Palais,* p.17.

BITOUN, J-G. (1997, 23 avril), *De la protection de la vie privée : des cookies indigestes*, CyberlexNet, http://www.grolier.fr/cyberlex.

BLAISE, C., *Le commerce électronique entre professionnels en réseau ouvert,* http://www.eridia.com/cblaise.

BLANCHOT, Alain (2001, dimanche 15 au jeudi 19 avril), « La place de la signature électronique dans les actes de procédure », *Gazette du Palais*, p.14.

BLUM, J. A., P. WILLIAMS, « Paradis financiers, secret bancaire et blanchiment d'argent, Prévention du crime et justice pénale », *Bulletin d'information*, n° 34 et 35.

BON, Michel (1998, du dimanche18 au mardi 20 février), « Au fil du net : Internet, Intranet, des outils de compétitivité pour les entreprises », *La Gazette du Palais*.

BOURCIER, Danièle (1998), « Données sensibles et risque informatique. De l'intimité menacée à l'identité virtuelle », in *Questions Sensibles*, Paris, PUF, p.39-58.

BOUREIMA, Savadogo, *Une obligation générale de prudence et de diligence,* http://www.unitar.org.

BOUSSEAU, E. et A. RALLET (2000, 21 avril), « Il faut démystifier et penser Internet », *Le Monde*, p.16.

BORTOLLOTI, Fabio (1995), « Vers une nouvelle lex mercatoria de l'agence commerciale internationale ? Le modèle de contrat de l'agence CCI », *Revue de droit des affaires internationales*, p.685.

BRAULT, Nicolas (1996, avril mai juin), « Le droit applicable à Internet, De l'abîme aux sommets », *Légicom*, n° 12, p.6.

BRAUN, Alexandre (1999, mars), *Prescription des délits commis sur l'Internet : une impunité qui ne dit pas son nom ?* Juriscom.net, http://www.juriscom.net.

BREDANT, Yann & Nathalie BESLAY (1999, vendredi 23 au samedi 24 juillet), « De la vente de médicaments autorisés sur Internet à l'officine électronique », *Gazette du Palais*, I, p.23.

BREDANT, Yann & Marion DEPADT (2000, vendredi 14 au samedi 15 janvier), « L'Europe à l'heure de la signature électronique », *Gazette du Palais*, p.17.

BREDANT, Yann & Isabelle POTTIER (1998), « Les décrets et arrêtés cryptologie : la mise en œuvre effective de l'assouplissement des dispositions antérieures », *Gazette du Palais*, 1er semestre, p. 476.

BREDANT, Yann (1997,13-14 avril), « Actualité de la régulation de l'Internet », *Gazette du Palais,* p.22.

BREDANT, Yann (1996), « La responsabilité des acteurs de l'Internet », *Gazette du Palais*, II, p. 1302.

BRIAT, Martine (1985), « La fraude informatique : une approche de droit comparé », *Revue de droit pénal et de criminologie*.

BOUSSEAU, E., *Commerce électronique : ce que disent les chiffres et ce qu'il faudrait savoir*, http://www.minefi.fr.

BRUGUIERE, J-M (2001, avril), « Quand notre système juridique sécrète une responsabilité pas très… Net », *Droit et patrimoine*, p.41.

BULARD, Yves et Pierre DEMOLIN (1997), *À propos de la directive du Parlement européen et du Conseil concernant la protection des consommateurs en matière de contrat à distance et spécialement à propos de commerce électronique*, Lex Electronica, Volume3, numéro 2.

BUYLE, J-P. et O. POELMANS (1996), « Internet : quelques aspects juridiques », *DIT*, p.10.

CAILLES, O (1982), « Le logiciel : nature juridique et taxation en douane », *Rev. Juri. Com.*, p.285 et s.

CAMARA, Boubacar (1996, octobre), « Le dédouanement des logiciels informatiques », *BAE*, n°2, p. 12.

CAPELLER, Wanda (1997), « La transnationalisation du champ pénal : réflexions sur les mutations du crime et du contrôle », *Droit et Sociétés*, 35/p.61-78.

CAPRIOLI, Éric, *Le juge et la preuve électronique*, http://www.juriscom.net/uni/doc.

CAPRIOLI, Éric (1999, nov), « Démarches juridiques pour l'ouverture d'un site sur Internet », *Droit et patrimoine*, n° 76, p. 24 et s.

CAPRIOLI, Éric (2000, 3 mai), *La loi française sur la preuve et la signature électroniques dans la perspective européenne, Dir. (1999),/93/CE du Parlement européen et du Conseil du 13 décembre (1999),* JCP, éd. G, n° 18, p. 787.

CAPRIOLI, Éric (1992), « EDI et droit du commerce international : état de l'environnement légal », *Cahiers Lamy*, I, 2.

CAPRIOLI, Éric (1992), « Échanges de Données Informatisées (EDI) », *Jurisclasseur* 8, I, 2.

CAPRIOLI, Éric (1993), « Les limites des accords d'EDI : la solution des EDITERMS », *Lamy de l'informatique*.

CAPRIOLI, Éric et Renaud SORIEUL (1997), « Le commerce international électronique : vers l'émergence de règles juridiques transnationales », *J.DI* 3, p. 321.

CAPRIOLI, Éric (1997), *Le régime juridique des paiements sur l'Internet, Internet saisi par le droit*, Éditions des Parques, p. 61 et s.

CAPRIOLI, Éric (1997, décembre), « Preuve et signature électronique », *Droit et Patrimoine*, n° 55, p.56.

CAPRIOLI, Éric (1998), *Sécurité et confiance dans le commerce électronique : signature numérique et autorité de certification*, JCP Édition G, I, 123.

CAPRIOLI, Éric (2000), *Aperçus sur le droit du commerce électronique international*, in LEBEN Ch., LOQUIN, E. et M. SALEM, dir. Souveraineté étatique et marchés internationaux à la fin du 20ème siècle. A propos de 30 ans de recherche du CREDIMI, Paris, Litec, p.281.

CAPRIOLI, Éric (1992), *Le crédit documentaire : évolution et perspectives*, Paris, Litec, Coll. Dr. De l'entreprise, t.27, v. n° 555.

CAPRIOLI, Éric (2000, 29-31 octobre), « La directive européenne n° 1999,/93/CE du 13 décembre 1999, sur un cadre communautaire pour les signatures électroniques », *Gaz. Pal.*, p.5 et s.

CARBONNIER, Jean (1963), « Hypothèse de non-droit », *Archives philosophiques du droit*, 55-67.

CCI (2001), « Forum du commerce International » – *Accéder à l'outil numérique*, n°1, p.4 à 37.

CHAMOUX, Jean-Pierre (1980), « L'information sans frontières, Informatisation et société », *La documentation française*, Paris.

CHASSAIGNE, Jean François (1996), « L'Internet et le droit pénal », Dalloz, *Chronique*, 38ème cahier, p.329-334.

CHARBONNEAU, Cyril & Frédéric-Jérôme PANSIER (2000, vendredi 31 mars au samedi 1er avril), « Le droit de la preuve est un totem moderne : 1er commentaire de la loi du 13 mars 2000 », *Gazette du Palais*, p.1.

CHEMILLIER-GENDREAU, Monique (1999, juillet), « L'ordre juridique internationale, une chimère ? » *Le Monde diplomatique*, p. 8& 9.

CHESNAIS, P. (1994), « La dématérialisation des supports et l'écran total », *Légicom*, n°3, p.94.

CISSÉ, Abdoullah, *Vers une rationalisation de la gouvernance d'Internet*, http://www.unitar.org/spip/article159.html .

CISSÉ, Abdoullah (2003), « Les systèmes de paiement en Afrique », *Revue Droit et Toile*, n° 2, 1er semestre http://www.unitar.org.

CISSÉ, Abdoullah (2003, vendredi 4 juillet), *Gouvernance internationale d'Internet : normes et institutions*, Diplomacy and Cyberespace Seminar, Rome, http://unpan1.un.

CISSÉ Mactar (2000, mai), *La Douane partenaire du commerce International*, Le BAE, n° 10, p. 7 à 10.

CISSÉ, Youssoupha, (2000, mai), « La criminalité transnationale : un péril du siècle », *Revue trimestrielle des douanes sénégalaises,* n°41, p.37.

COLOMBAIN, J. (1996, août), *Internet : les essentiels*, MILAN, p.26-35 et 38-39.

COLOMBAIN, J. (1997), *La cyberculture*, Toulouse, Milan.

(1999, 29 avril au 12 mai), « Commerce électronique : la révolution à laquelle vous n'échapperez pas ! » Dossier de *L'Expansion*.

Commerce électronique : une loi sur l'économie numérique pour un marché en expansion, http://www.fbf.fr.

Commerce électronique : l'Europe veut adapter son système douanier, http://www.infint.com .

(1998), « Commerce électronique », numéro spécial *Gazette des Technologies, Gazette du Palais*, 2èm sem., p.1325.

Confiance dans l'économie numérique, http://www.senat.fr.

(1997), « Considérations sur les aspects juridictionnels : compétence juridictionnelle et exequatur », *in Lamy Droit de l'informatique*, n°2253.

COSTES, L. (1998), « Aspects juridiques du commerce électronique aux États-Unis », *RDAI/IBLJ*, n°1, p 43 et s.

'OSTES, L. (1997, décembre), « Aperçu sur le droit du commerce électronique aux États-Unis », *Droit et Patrimoine*, n°55, p. 64

'OUDERT, M. A. et D.A. LAPRES (1997), « Quelle fiscalité pour le commerce électronique ? », Droit fiscal, n° 46/47, *chron.* p.1351.

'ROSS, Stéphane (2000, mai), « La vulnérabilité de l'Internet », *Perspectives économiques*, vol. 15, n° 2, p.24.

'ROZE, H. (1987), « Informatique, preuve et sécurité », Dalloz *chron.* p.165

998, novembre), « Cyber menace la protection des réseaux », *Revue électronique de l'Agence d'information des États-Unis, vol* 03 N° 4.

ANJAUME, Géraldine (1996), « La responsabilité du fait de l'information », *La Semaine Juridique, J.C.P.*, Édition G, n°1, Doctrine, 3895, p.5-12.

ANET, Michel, *La facilitation des régimes douaniers et la facilitation du commerce international*, http://www.usinfo.state.gov.

ARAGON, Elise (1998), « Etude sur le statut juridique de l'information », Dalloz *chron.* p.63.

)AVID, Jacques (2001, 29 juin), *E Commerce : 350 000 colis par mois passent par la Poste* in *Le Monde de l'Informatique, n°* 902, p.16.

AVIO, E. (1997), « Questions de certification, signature et cryptographie, Internet face au droit », *Cahier du CRID*, n° 12, p.65-86.

ECOOPMAN, N. (1989), *Droit et déontologie : contribution à l'étude des modes de régulation*, in Les usages sociaux du droit, Travaux du CURAPP, Paris, PUF, p.87-105.

ELMAS-MARTY, Mireille (2003, 21 mars), « Du désordre mondial à la force du droit international », *Le Monde*, http://www.droit-toile.

ELMAS-MARTY, Mireille *Ordre juridique et paix positive*, http://www.monde-diplomatique.fr/2003/07/DELMAS_MARTY/10236.

ELMAS-MARTY, Mireille (édition du 04 avril 2003), « La paix positive », *l'Humanité*, Tribune libre, http://www.humanite.presse.fr.

ELMAS-MARTY, Mireille, *Pour un nouvel ordre juridique mondial*, http://www.france.diplomatie.fr.

ELMAS-MARTY, Mireille, *Les nouveaux lieux et les nouvelles formes de régulation des conflits*, http://www.reds.msh-paris.fr.

)ELMAS-MARTY, Mireille, *Marge nationale d'appréciation et internationalisation du droit : réflexions sur la validité formelle d'un droit commun pluraliste*, http://www.journal.law.mcgill.ca.

ENTOON, Ross (2001, vendredi 1er et samedi 2 juin), « L'OMC et le commerce électronique », *Gazette du Palais*, p.61.

ERRAC, Michel (2000, 14 mai), « La douane et Internet : la lutte contre la fraude », *BAE*, n°10, p.14 à 17.

DEVEZE, J. (1985), « Le vol des biens informatiques », *JCP*, I, 3210, n°13.

DEVEZE, J. et M. VIVANT, (2001, août-septembre), « Il n'est pas de courriel que confidentiel », *Cahier Lamy Informatique*, p.1.

DEVEZE, J. et M. VIVANT (2001), « Courrier électronique professionnel et secret : ou l'oubli du flexible droit "conduit à un déni de justice" », Com. Electr., *chron.*, n°24.

DEVILLARD, Arnaud, *Le projet de loi sur l'économie numérique soulève des inquiétudes*, http://www.01net.com .

DEVILLARD, Arnaud, *Service universel : les FAI attendent une bouffée d'oxygène*, http://www.01net.com.

DEVILLARD, Arnaud, *Le monde Internet chahute la loi sur l'économie numérique*, http://www.01net.comhttp://www.01net.com.

DIAGNE, Ibrahima, *Décentralisation des services du Trade Point*, http://www.iicd.org.

DIAW, Malick *(2000), Dédouanement électronique des marchandises : la deuxième naissance annoncée d'Orbus* http://www.osiris.sn.

DIENG, A. Oumar (2000, octobre), « Le blanchiment des fonds », *Revue des Douanes*, n° 40, p. 30 à 33.

DIETRICH, Yann et Alexandre MENAIS (2000, mai), « Réseau de distribution et vente sur Internet », *Cahiers Lamy,* Droit de l'informatique et des réseaux, n°125, http://www.juriscom.net/espace2/2/ce0602.htm.

DIETRICH, Yann et Alexandre MENAIS (1999, mai), « La distribution sélective à l'épreuve du commerce électronique », *Lamy*, Droit de l'informatique et des réseaux, n°114.

DIETRICH, Yann et Alexandre MENAIS *Un aperçu de la proposition de Directive 98-586 relative à certains aspects juridiques du commerce électronique*, http://www.juriscom.net .

DIGENEAU et ALIE (1997, 28 mars), « L'Internet échappera-t-il aux taxes ? » *01 Informatique*.

DITTMER, Stephan (2001, vendredi 1er et samedi 2 juin), « Les modèles d'achat groupé en ligne selon le droit allemand », *Gazette du Palais*, p.16.

DUBUISSON, E. (1995), « La personne virtuelle : propositions pour définir l'être juridique de l'individu dans un échange télématique », *D.I.T.*, p.4.

DUFFOUR, O. (1997, 11 juillet), *17ème rapport de la CNIL :* « Internet au cœur des débats », *Les Petites Affiches*, n° 83

DUPUIS-TOUBOL F., M-H. TONNELIER, et S. LEMARCHAND (1997), « Responsabilité civile et Internet », *J.C.P.*, Édition E, n° 13, 135.

EDOUARD, Renaud, Tristane BANON (2001, 29 juin), « Internet : la relation client devient virtuelle » in Le 01 de *l'Informatique*, n° 1640, p. 48 à 53.

Equipe de Recherche Créations immatérielles et Droit sous la responsabilité de Michel VIVANT (2002, 3 janvier), « Droit de l'Internet », *JCP*, n° 1, p. 25

ESPAGNON, Michel (1999, janvier-février), « L'ordre de paiement émis sur Internet », *R.D.B.B* p.7.

ESPAGNON, Michel (1999), « Le paiement d'une somme d'argent sur Internet : évolution ou révolution du droit des moyens de paiements ? » *JCP*, Édition G, I, 131.

(2003, 10 juillet), *Facilitation du commerce*, http:// www.strategic.ic.gc.ca .

FAGOT, Yves (1998), « Commerce électronique et droit douanier », *Gazette du Palais,* 1er semestre, p. 492.

FARJAT, Gérard (1982), *Réflexions sur les codes de conduites privées, Études offertes à Berthold GOLDMAN*, Litec, Paris, p.47 et s.

FAUCHOUX, Vincent, *Écrit électronique et preuve : un heureux événement annoncé* in http://.en-droit.com/endroit/archiv/0399/4.html.

FAUVARQUE-COSSON, B., *Le droit international privé classique à l'épreuve des réseaux*, http://www.droit-internet- (2001),. univ-paris1.fr.

FERAL-SCHUHL, C. (1998, 2 mars), « Cryptologie : mode d'emploi 1998 », *Les Échos*.

FERRET, B. (1998, 1er mai), « Toute une panoplie de logiciels », *Le monde informatique*, p.22.

FIECHTER-BOULVARD, F. (2000), *La notion de vulnérabilité et sa consécration par le droit, in COHET-CORDEY, F. dir., Vulnérabilité et droit. Le développement de la vulnérabilité et ses enjeux en droit*, Grenoble, Presses Universitaires de Grenoble, http://www.pug.fr.

Filtrage sur Internet : le gouvernement va recevoir les hébergeurs de sites, http://www.fr.news.yahoo.com.

FLOUR, Jacques (1950), *Quelques remarques sur l'évolution du formalisme, le droit privé français au milieu du XXème siècle - Études offertes à Georges RIPERT*, t . 1, Paris, L.G.D.J., p.96

FONGUE, Carole & Daniel VERET (2001, dimanche 21 au mardi 23 janvier), « La signature électronique va-t-elle révolutionner le formalisme des marchés publics », p.9.

FONT, J-M (1998, 15 mars), « Les messages sécurisés sur le web », *Informatiques Magasine*, p.72.

(1989), « Formalisme et preuve en informatique et télématique, éléments de solution en matière de relations d'affaires continues ou de rapports contractuels occasionnels », *JCP* Édition G, I, 3406.

FORTIN, Philippe, L'Organisation mondiale des douanes (O.M.D.) : un exemple des aspects techniques de l'internationalisation des règles du commerce, http://www.cedim.uqam.ca.

FOUCHARD, Philippe (1982), *Les usages, l'arbitrage et le juge dans le droit des relations économiques internationales*, Études offertes à Berthold GOLDMAN, Paris, Litec, p. 67.

France : *Internet en péril*, http://www.fr.games.yahoo.com

FRANCESCAKIS, Ph. (1966-1969), *Y a-t-il du nouveau en matière d'ordre public* ? Travaux comité français de droit international privé, p. 149.

FRAYSSINET, J. janvier (1998), *Bases de données comportementales sur les consommateurs et CNIL*, Expertises des systèmes d'information, p.431.

FUENTES-CAMACHO, T., *Introduction : l'UNESCO et le droit du cyberespace*,

FUENTES-CAMACHO, T (2000), dir., « Les dimensions internationales du droit du cyberespace », Paris, *Economica*, p.1.

FULLER, Jim (2000, mai), « Les fraudes sur les valeurs mobilières, l'envers sombre du commerce par Internet », *Perspectives Economiques*, p. 25.

GAILLARD, E., « Trente ans de lex mercatoria, pour une application sélective de la méthode des principes généraux du droit », *JCP*, Édition G, n° 14, p.147.

GALLOUX, Jean Christophe (1994), *Ébauche d'une définition juridique de l'information*, Dalloz, p.229.

GARDIA, Charles (1986, 18 septembre), « Le règlement 1224 et la valeur en douane communautaire », *Gazette du Palais*, p.555.

GASPAROTTO, B. (2000, 3 février), « TVA : localisation des prestations de services immatériels », *l'Écho*.

GASSAMA, Khadialy, *Fonds de solidarité numérique ou logique marchande*, http://www.osiris.sn.

GAUTIER, Pierre-Yves (2000), « Pour ou contre le droit de copier des fichiers protégés sur Internet ? » Dalloz, n°37, III.

GAUTIER, Pierre-Yves (1997), « Suite de la promenade à travers un site immatériel : des condamnations de justice en nature sur l'Internet », D. *chron*. p.176-178.

GAUTIER, Pierre-Yves (2000), « Révolution Internet : le dédoublement de l'écrit juridique », Dalloz, n°12.

GAUTIER, Pierre Yves, « De l'écrit électronique et de signatures qui s'y attachent », *Juris-classeur*, Édition générale, I, 236, p.113.

GAUTIER (1996), *Du droit applicable dans le « village planétaire » au titre de l'usage immatériel des œuvres*, D. p.131.

GAUTIER, Pierre-Yves (2000), « Pour ou contre le droit de copier des fichiers protégés sur Internet ? » Dalloz, n°37, III.

GAUTIER, P-Y(1996), « Du droit applicable dans le "village planétaire", au titre de l'usage immatériel des œuvres », D. chron. p.131-135.

GAUTRAIS, V., G. LEFEBYRE, et K. BENYEKHLEF (1997), « Droit du commerce électronique et normes applicables : l'émergence de lex electronica », R Daff. Int. n°5, p. 547.

GAUTRAIS, Vincent, *Preuve et formalisme des contrats électroniques : l'exemple québécois,* http://www.juriscom.net/universite/doctrine/article3.htm

GENET, Jean-Pierre (1997, 17 avril), « Comment Internet pourrait bouleverser la distribution des automobiles », *Argus*, p.7.

Gestion commerciale : Les pratiques du commerce international à fil de toile, http://www.educnet.education.fr.

GEOFFRE de la PRADELLE, P, *Notions de territoire et d'espace*, R.C.A.D.I, 1977, p. 419.

GNING, El Hadj Mame (2000, avril-mai), « Sénégal, téléphone sur Internet, la Société Nationale de Télécommunication sur le qui-vive », *Informations Rapides*, in http://www.juriscom.net.

GNING, El Hadj Mame, *Peut-on engager la responsabilité pénale du FAI ?* http://www.unitar.org.

GOLDMAN, Berthold (1964), « Frontières du droit et lex mercatoria », *Archives de philosophie* du droit, p.177-192.

GOLDMAN Berthold, « Nouvelles réflexions sur la lex mercatoria », *in Dominice Ch.*

PATRY, R. et C. REYMOND, (1993), *dir., Études de droit international en l'honneur de Pierre LALIVE,* Bâle, Helbing & Lichtenhahn, 241.

GOLIARD, François (1998), « Télécommunications et réglementation française du cryptage », Dalloz, *chron.* p. 121.

GOSSET, O. (2000, 8 juin), « L'UE veut adapter la TVA sur les services en ligne », *l'Écho*.

GOULD, J. (1998, janvier), « L'Internet, nouveau monopole naturel ? », *Informatiques Magazine*, p.5

GRODON, P. (1999, vendredi 23 au samedi 24 juillet), « Preuve scientifique et preuve juridique ; y'a-t-il un paradoxe de l'expert ? », *Gazette du Palais*, p.13.

GRYNBAUM, Luc, « La directive commerce électronique ou l'inquiétant retour de l'individualisme juridique », *Juris-classeur*, Édition générale, I, 307, p.594.

GRYNBAUM, Luc (2000, 7 avril), « Loi du 31 mars 2000 : la consécration de l'écrit et de la preuve électronique au prix de la chute de l'acte authentique », *Juris-Classeur Périodique*, Édition, Communication, Commerce électronique, I, p.12.

GRYNBAUM, Luc (1999, novembre), « La preuve littérale et la signature électronique à l'heure de la communication économique », *Revue communication*, p. 9.

GUINIER, Daniel (2001, dimanche 15 au jeudi 19 avril), « Une signature numérique insatisfaisante est-elle encore une signature ? », *Gazette du Palais*, p.14.

HAAS, Gérard et Olivier TISSOT, *Comment maîtriser certains aspects juridiques de l'ouverture d'un site commercial sur Internet* ? http://www.juriscom.net/chr/1/fr.

HAAS, Gérard, *Commerce électronique : une poudrière juridique*, ghaas@club-internet.fr .

HAAS, Gérard, *Peut-on utiliser le courrier électronique en tant que logique commerciale*, fiches pratiques de Juriscom http://www.jurisnet.com.

HAAS, Gérard, « Commerce électronique, paiement et sécurité », *Legicom*, n° 12, p. 35.

HAAS, Marie-Emmanuelle (1998), « La jurisprudence française sur les conflits entre noms de domaine », *Gazette du Palais*, 1er semestre, p. 494.

HAEDY, T.I. (1994), "The proper legal regime for cyberspace", 55 *U. of Pitt. L.R.* 993-1055.

HEUZE, V. (2000), « De quelques infirmités congénitales du droit uniforme : l'exemple de l'article 5.1 de la Convention de Bruxelles du 27 septembre 1968 », *Rev. Crit.* D.I.P., p. 595.

HINNEKENS L. (1998, 27 mars), « La TVA survivra-t-elle à l'économie électronique ? » *Le Fiscologue*, 654.

HOLLANDE, Alain (2000, mars), « Conditions de vente aux consommateurs dans le commerce électronique », *Juris-Classeur Périodique*, Édition Communication, Commerce électronique, Fiche pratique, p.8.

HOUNDEGLE, Messan, *Les fondements de la responsabilité des hébergeurs*, http://www.unitar.org .

HOUNDEGLE, Messan, *Hébergement gratuit et responsabilité*, http://www.unitar.org

HOUNDEGLE, Messan, *La gratuité facilite l'accès aux nouvelles technologies*, http://www.unitar.org.

HOUNDEGLE, Messan, *Obligation de surveillance ou de vigilance*, http://www.unitar.org

HUDAULT, Bénédicte (1984), *Traitement informatique et droit pénal des affaires*, in *Mélanges dédiés à la mémoire de Jacques TENEUR*.

HUET, Jérôme (1996, Septembre), « Le commerce électronique », *Gaz. Pal.* p. 1068-1071.

HUET, Jérôme (1991), « Aspects juridiques du télépaiement », *J.C.P* doctr. 3524.

HUET, J. (1983), « La modification du droit sous l'influence de l'informatique : aspects droit privé », *JCP* Édition G, I, 3095.

HUET, J. (1991), « Aspects juridiques de l'EDI, Échanges de Données Informatisées », *D.* p. 181.

HUET, J. (1996), *Le commerce électronique* in HUET, J., dir., Le droit du multimédia-De la télématique à Internet, Paris, les Éditions du Téléphone, 209.

UET, J. (1997), « Aspects juridiques du commerce électronique : approche internationale », *P.A.*, http://www.petites-affiches.presse.fr

UET, J. (2001), « La problématique juridique du commerce électronique », *R.J. Com.*, n° spécial, p.17 et s.

UET, J. (1998), « Quelle culture dans le cyberespace et quels droits intellectuels pour cette cyberculture », Dalloz, 185.

UET, J. (1996), « Le courrier électronique », *Gazette du Palais*, 60.

UET, J., « Éléments pour une définition du droit de la communication », in *Clés pour le siècle*, Université Panthéon-Assas/Paris II, Dalloz, p.483 et s.

UET, J. (1987), *Dématérialisation et formalisme : informatique, formalisme et preuve*, dans Michel VIVANT, Les transactions internationales assistées par ordinateur, Paris, Litec, p.133.

UET, J. (1992), « La valeur juridique de la télécopie (ou fax) comparée au télex », D. *Chro*. p. 33 et s ; Sirey-Dalloz, *Chronique 33*.

UITEMA, Christian (1995), *Et Dieu créa l'Internet*, Eyrolles, p. 85 et s.

RO, Amadou, *L'hébergeur africain face à ses responsabilités*, http://www.unitar.org.

RO, Amadou, *La gratuité de l'hébergement doit être une circonstance aggravante*, http://www.unitar.org.

RO, Amadou, *L'obligation de surveillance*, http://www.unitar.org

RO, Amadou, *L'appétit de contrôler le cyberespace existe réellement*, http://www.unitar.org.

SSA-SAYEGH, Joseph (1999), *Quelques aspects techniques de l'intégration juridique : l'exemple des actes uniformes de l'OHADA*, 4, *Rev. Dr. Unif.*, p.5.

TEANU O. (1997, décembre), « Les contrats du commerce électronique », *Droit et Patrimoine*, n°55, p.52

A C., (2000, 12 février), « Le constructeur DELL ne séduit plus les marchés financiers », *le Monde* p.17

OHNSON, D. & D. POST, Laws and Borders (1996), *The rise of law in cyberspace*, http://www.cli.org

AHN, Ph. (1982), *Droit international économique, droit du développement, lex mercatoria : concept unique ou pluralisme des ordres juridiques ?* dans le droit des relations économiques internationales- *Études offertes à Berthold GOLDMAN*, Paris, Litec, p.82.

AHN, Ph. (1992), « La lex mercatoria : point de vue français après quarante ans de controverses », *R.D., Mc GILL*, p.413.

AHN, Ph. (1992), « Situation d'un droit commercial spécial », in *KAHN Ph.*, dir., L'exploitation commerciale de l'espace, droit positif, droit prospectif, Paris, Litec, p.91.

KESSEDJAN, C. (1995), « Un exercice de rénovation des sources du droit des contrats du commerce international : les principes proposés par l'Unidroit », *Rev. Crit.* D.I.P., p. 641.

KESSEDJAN, C. (2000), « Aspects juridiques du e-trading : règlement des différends et droit applicable », in THEVENOZ L. et Ch. BOVET, dir., Journée 2000 de droit bancaire et financier, vol. 6, Berne, Staempli, p. 65.

KOLOSSOV, Y. (1976), « Les aspects spécifiques de la régulation juridique internationale des activités spatiales et du régime de l'espace », in PIRADOV A.S., dir., Le droit international de l'espace, U.R.S.S., les Éditions du Progrès, p. 17.

La co-régulation : une piste pour la régulation de la société de l'information ? http://www.droit-technologie.org

LAGARDE, Paul (1982), *Approche critique de la lex mercatoria* in Le droit des relations économiques internationales- *Études offertes à Berthold GOLDMAN*, Paris, Litec.

LAJOIE, Andrée (1991), « Contributions à une théorie de l'émergence du droit- le droit, l'État, la société civile, le public, le privé : de quelques définitions inter reliées », *R.J.T.*, 103.

LALIVE, P. (1986), « Ordre public transnational (ou réellement international) et arbitrage international », *Rev. Arb.,* p.329.

(2000), « La loi française sur la preuve et la signature électroniques dans la perspective européenne », *J.C.P.*, G, I, 224.

LAM, Catherine (2003, 11 juillet), *Droit des technologies : le commerce électronique (e-commerce),* http://sos-net.eu.org/technos/e-commerce.htm.

LAM, Catherine, 11 juillet (2003), *Internet, espace de liberté* ?, http://sos-net.eu.org/technos/e-commerce.htm.

(2001, novembre), *La marche est haute avant que l'on ne fasse confiance aux cybercommerçants*, Multimedium, http://wwww.multimedium.com

(2000), *La mondialisation du droit*, sous la direction de E. LOQUIN, et C. KESSEDJAN, Travaux du Crédimi, Litec.

LAMETHE, Didier (1976), « Réflexions sur la signature », *Gazette du Palais*, 74.

(1997, décembre), « La protection des consommateurs dans les contrats du commerce électronique », *Droit et patrimoine*, n° 55, p.68.

LARGUET, Maya, *La fracture numérique se réduit*, http://www.afrik.com

LARRIEU, Jacques (1990), *Identification et authentification*, dans Françoise GALLOUEDEC-GENUYS, *Une société sans papiers ?* Nouvelles technologies et droit de la preuve, Paris, La documentation française, p.211.

LARRIEU, Jacques (1988), « Les nouveaux moyens de preuve, pour ou contre l'identification des documents informatiques à des écrits sous seing privé », *Cahiers Lamy*, 8.

L'ART critique le projet de loi sur l'économie numérique, http://www.01net.com.

LAVENUE, J-J. (1996), « Cyberespace et droit international : pour un nouveau jus communicationis », *Revue de la Recherche Juridique*, Droit Prospectif, p. 811-844.

Le CROSNIER, Hervé (1995), *La déontologie du réseau : garde-fou des citoyens du cyberespace*, l'Internet professionnel, Paris, CNRS Éditons, p.12.

LECLERQ, Pierre, « Le commerce électronique des produits immatériels », *Juris-Classeur Périodique*, Édition Communication, Commerce électronique, I, 236, p. 113.

LECLERQ, P. (1998), « Propositions diverses d'évolutions législatives sur les signatures électroniques », Droit de l'informatique et des télécoms 3 p.19.

LECLERQ, P. (1991), « Faut-il réformer le droit de la preuve ? » *D.I.T.*, 13.

(2001), *Le droit saisi par la mondialisation*, sous la direction de C-A. MORAND, *Bruxelles*, Bruylant.

(1996, 3 mai), *Le droit des autoroutes de l'information et du multimédia : un nouveau défi*, Monaco, http://www.iway.fr/groupecx/uae/lagrana.html

LEFEBVRE, Guy, « La preuve en matière d'échanges de documents informatisés », *Revue du Barreau canadien*, 619.

(1998, avril), « Le commerce électronique en marche », *Point DBF*, n°88, p.8.

(1998, mai), « Le commerce électronique international, Quelques réflexions sur la loi applicable à la vente au consommateur », *Expertises*, p. 140.

Le fossé numérique aux États-Unis, http://www.dree.org/etatsunis

Le fossé numérique : l'Internet facteur de nouvelles inégalités ? http://www.oui.net/equit/chroniques

LEGALL, Jean-Pierre (1998, 29 janvier), « Internet : cyber-fiscalité ou cyber-paradis fiscal », *JCP*, n°5, p.164.

LEGALL, Jean-Pierre (1996), « Fiscalité et échanges de données informatisées », *JCP*, Édition E, I, 558.

LEGALL, Jean Pierre (1985), « Fiscalité des transferts internationaux de technologie : nouvelles technologies, nouveaux modes de transfert », *JCP*, E, II, 14601

LEMIEUX, P. 18 juin (1999), « La fin de la monnaie : les nouvelles technologies de l'information sonnent-elles la fin des monnaies étatiques et de la réglementation bancaire et financière », *Figaro-Économie*, p.10.

Le monde Internet chahute la loi sur l'économie numérique, http://www.01net.com.

LEPAGE, A. (2001), « Le secret des correspondances immatérielles dans l'entreprise », Comm. électr. *chron.* n°2.

(1996, août-septembre), « Le statut des fournisseurs d'accès à Internet ; Trois pas avant… : Internet et le droit d'auteur », *Lamy Droit de l'informatique.*

(2000, novembre), « Les communautés de l'Internet relient le monde » – *Revue électronique du Département d'État des États-Unis*, Vol 5, N° 03.

(1997, mars), « Les marchands à l'assaut d'Internet », *Le Monde diplomatique*, p.24-25.

(1997, mai), « Les lignes directrices de l'OCDE régissant la politique de cryptographie ; La régulation des contenus illégaux et préjudiciables sur Internet », in *Lamy Droit de l'informatique* n° 92.

(1997), « Les nouvelles règles d'attribution d'adresses Internet », in *Lamy Droit de l'informatique*, n°91.

(1984), *Les notions à contenu variable en droit*, Études publiées par Chaïm PERELMAN, et Raymond VANDERELST, Bruxelles.

LEVASSEUR, M. (1998), *Les clauses abusives entre professionnels vues sous l'angle économique*, in JAMIN, Ch. et D. MAZEAUD, dir. Les clauses abusives entre professionnels, Paris, *Economica*, p. 109.

L'hermine et la puce, Droit et informatique, collection Frederik. Bulletin 11, préface de Jean CARBONNIER, Édition Masson, p.134.

(1996), Liberté, droits et réseaux dans la société de l'information, Paris-Bruxelles, Bruylant, LGDJ.

LNIGHTBUR, J-J., *Réglementation du commerce électronique au sein de l'Union européenne,* http://www.le-juriste.com.

L'internaute est un animal solvable et cultivé, http://www.fr.news.yahoo.com

(2000, mai), *L'internationalisation du commerce électronique,* Revue électronique du Département d'État des États-Unis, N° 02

LOCHOUNOFF, Ros de, (1998, janvier), *Cryptologie et droit : chiffrement tiers de confiance, signature électronique et interceptions : les gouvernements et les internautes sont-ils myopes* ?, Expertises des systèmes d'information, p.416.

L'ONU à la recherche d'un consensus Internet impossible, http://reseaux-telecoms.fr

LOQUIN, E. (1996), *L'application des règles anationales dans l'arbitrage commercial international*, in C.C.I., L'apport de la jurisprudence arbitrale, Paris, C.C.I. p.67.

LOQUIN, E., *La volonté des opérateurs vecteurs d'un droit mondialisé*, in LOQUIN E. et KESSEDJIAN, C. (2000), *La mondialisation du droit*, Dijon, Litec-CREDIMI, p. 91.

LYON-CAEN, G. (1949), *Contribution à la recherche d'une définition du droit commercia*l, Rev. Tr. Dr. Com, p. 577

MACKAAY, E., *Les nouveaux environnements informatiques et leur droit* in FREMONT J. et DUCASSE, J-P. (1996), dir. Les autoroutes de l'information : enjeux et défis, Montréal, Les chemins de la Recherche, p.123.

MACKAAY, E., *Les notions floues en droit ou l'économie de l'imprécision*, Langages, n° 12, p.33-50.

MAHOT, Benoît, *Le droit de suite des auteurs*, http://www.juritel.com.

MALLET- POUJOL N. (1997), *Appropriation de l'information : l'éternelle chimère*, Dalloz 38ème cahier, chron., p.330.

MANARA, Cédric (2000), *Les mots clefs du commerce électronique*, Le DALLOZ n°11.

MANARA, Cédric (1999), *Le commerce électronique et les réseaux de distribution*, Dalloz n°44, p. 725.

MANARA, Cédric (2000, jeudi 18 février), *Aspects juridiques de l'e-mail*, Dalloz Affaires, n°149, p.278.

MANARA, Cédric(2000), *À propos du caractère des noms de domaine*, Dalloz, n°8, II.

MANGARA, Birima (2001), *Commerce électronique et systèmes fiscaux*, L'Impôt : les impôts locaux, n°9, 2ème trimestre p.23 à 28.

MATHIAS, Garance & Alexandre MENAIS, *Les enjeux de la monnaie électronique*, http://www.droit-technologie.org.

MAYER, P., *Actualité du droit international*, http://www.petites-affiches.presse.fr

MBODJ, Amadou (2000, octobre), « Douane et commerce électronique », *Revue des Douanes Sénégalaises*, n°40, p. 34 à 40.

MAUSSION, C. (1997, 11 juin), « Internet, net de taxes », *Libération.*

MEIJERS E. M. (1934), « L'histoire des principes fondamentaux du droit international privé à partir du moyen âge », *R.C.A.D.I.*, p. 543.

MENAIS, A., *Collecte d'informations nominatives sur Internet et déclaration à la CNIL*, http://www.juriscom.net/espace2/cnil.htm.

MENAIS, Alexandre, *Le cybercommerce à la française*, http://www.juriscom.net/espace1/art7.htm.

MEYNOT, F. et S. MARCELLIN-TAUPENAS (1996), « Internet serait-il un no man's land juridique ? » Bulletin d'actualité - *Lamy Droit de l'informatique*, n°81, p.1-3.

MINSO, C. (2000, 26 avril), « Start-up, qui survivra ? » *Le Monde,* p.19.

MOLE, A. (1996), « Deux avis de la CNIL relatifs à la diffusion de données nominatives sur Internet : une application anticipée de la directive communautaire ? », *Droit de l'informatique et des télécoms*, n°2, p.62.

MOLE, A. (1995), « Protection des personnes sur Internet : conditions posées par la CNIL », *Legicom,* n° 10, p.62.

MONTERO, E. (1998), « La responsabilité du fait des informations accessibles en ligne », *PUN, NAMUR.*

MONTERO, E. (1997), « Les responsabilités liées à la diffusion d'informations illicites ou inexactes sur Internet, Internet face au droit », *cahier du CRID*, n° 12, p.111-136.

MOREAU, M. (1996, janvier), « La problématique de la monnaie électronique », *Bull. Banque de France*, n° 25.

MORENO, Dominique et Caroline VILLEGEORGES « Actualités : Pour un contrat type de commerce électronique ; Propositions de la C.C.I de Paris », *La Semaine Juridique (J.C.P)* Édition G. n° 19-20.

MORRIS, Julia Nielson Rosemary (2001, 05 février), *Le commerce électronique et les échanges : problèmes et solutions*, http://www.observateurocde.org

MOYSE Pierre-Emmanuel (2003, 11 juillet), *Le commerce électronique, en toute franchise* ? http://www.juriscom.net

MOUSSERON, J. M. (1996), *Lex mercatoria : bonne mauvaise idée ou mauvaise bonne idée ? Mélanges L. BOYER*, p.469.

NDIAYE, Abdoulaye (2000, 11 décembre), « Les enjeux de la nouvelle économie », *Sud Quotidien* http://www.osiris.sn.

NDIAYE, Abdoulaye, I. N. E. DIAGNE, J. ROSTENNE, J. FINE (1999), « Le commerce électronique en Afrique », *CEAFDA*.

NDIAYE, Abdoulaye (1999, octobre), « Développement du commerce électronique en Afrique : le cas du Sénégal, Programme d'Assistance Coordonnée à l'Afrique dans le domaine des services », *CAPAS.*

NDIONE, Augustin, (2000, octobre), « Informatisation douanière : option résolue pour la modernisation et l'efficacité », *Revue des Douanes*, N° 40, p. 23 à 36.

NIBOYET J.-P. (1950), *L'universalité des règles de solution des conflits est-elle réalisable sur la base de la territorialité* ? *Rev. Crit.* D.I.P., p. 509.

OWENGA ODINGA, Emile Lambert, *Internet en Afrique*, http://www.juriscom.net.

OWENGA ODINGA, Emile Lambert, (2000, janvier-février), « Cybercafé : est-ce une menace pour la cabine téléphonique ? » *Juricongo*, n°5, p. 6-13-42-47.

OWENGA ODINGA, Emile Lambert, *Responsabilité éditoriale*, http://www.unitar.org.

OLIVIER, Frédérique (2000, 27 septembre), « La responsabilité sur Internet, L n° (2000), -719, 1er août (2000) », *JCP*, Édition G, n°39, p.1739.

OSMAN, Filali (1995), « Avis, directives, codes de bonne conduite, recommandations, déontologie, éthique, etc. : réflexions sur la dégradation des sources privées du droit », *R.T.D.Civil*, p.509-531.

PALACIO, A. (2002), « Le droit communautaire et la société de l'information : quelques exercices d'imagination juridique », *P.A.*, p. 46.

PARISIEN, Serge (1996), *Les enjeux juridiques de la sécurité dans le commerce électronique : l'exemple de la signature électronique*, Congrès annuel du Barreau du Québec, Barreau du Québec, p.207.

PARISIEN, Serge, *Un essai sur le mode de formation des normes dans le commerce électronique*, http://www.droit.umotrreal.ca.

PATIN, Jean-Claude, *Internet et la preuve*, http://www.juritel.com.

PATIN, Jean-Claude, *Le spamming est-il légal* ? http://www.juritel.com.

PATIN, Jean-Claude, *Internet et la carte bancaire*, http://www.juritel.com.

ATIN, Jean-Claude, *Les obligations à l'ouverture d'un site Internet*, http://www.juritel.com.

ATIN, Jean-Claude, *L'accident d'eBay*, http://www.juritel.com.

ATIN, Jean Claude, *La vie privée sur Internet*, http://www.juritel.com.

LAMONDON Alain, *Le paiement électronique sur Internet, recensement et analyse*, http://www.rambit.qc.ca/plamondon/ecashind.htm.

IERRAT, E. (1997, 9 avril), *La protection des droits de la personnalité sur les réseaux multimédias*, CyberlexNet, http://www.grolier.fr/cyberlexnet .

IERROTIN, Isabelle Falque (1996, 16 juin), *Internet : enjeux juridiques*, la Documentation française, p.75.

IETTE-COUDOL, Thierry et André BERTRAND (1998), *Internet et la loi*, Dalloz, p. 57.

IETTE-COUDOL, Thierry (1990), « La véritable problématique de l'EDI : le formalisme avant la preuve », *Cahiers Lamy*, J-9.

INCUS, A., *L'élaboration d'un cadre juridique uniforme pour le commerce électronique*, http://ww.usinfo.state.gov.

ISANI, F. (1996, octobre), « Les frontières du cyberespace, Internet – L'extase et l'effroi », *Le Monde diplomatique*, Manière de voir Hors – Série, p. 14.

ONSOT, Dominique (1996), « La signature en droit privé », *D.I.T.*, 14.

OPESCU, T. (1997), *Le droit du commerce international : une nouvelle tâche pour les législateurs nationaux ou une nouvelle lex mercatoria ?* in Unidroit, New directions in international trade law, New York, Dobbs Ferry, p.21.

OST, D. (1995), Anarchy, *State and Internet : an essay on law-making in cyberspace*, J. Online, http://ww.law.cornell.edu/jol/post.html.

OULLET, Y., R. QUECK (1997), *Le droit face à Internet, Internet face au droit*, Cahier du CRID, n° 12, p.231-249.

OULLET, Y. (1993), *Le droit de l'informatique existe-il ? in Droit de l'informatique : enjeux, nouvelles responsabilités*, Conférence du Jeune Barreau Bruxelles, 1-43.

OULLET, Y. et B. ARMORY (1985), *Le droit de la preuve face à l'informatique et à la télématique*, R.I.D.C, 2, p. 331 et s.

OULLET, Y., *Quelques considérations sur le droit du cyberespace*, http://www.droit.fundp.ac.be

OULLET, Y., *De la maison multimédia au droit du village global – quelques réflexions d'humeur*, http://www.droit.fundp.ac.be.

OULLET, Y. (2001, octobre), *Vers la confiance : vues de Bruxelles : un droit européen de l'Internet ? Quelques considérations sur la spécificité de l'approche réglementaire européenne du cyberespace*, http:// www.droit-internet- (2001),. univ-paris1.fr.

PRETER, Christoph de (2003, 20 février), *La directive de notification : anguille sous roche ?*, http://www.droit-technologie.org.

QUADRI, R. (1959), « Le droit international cosmique », *R.C.A.D.I.*, p. 507.

RAMONET, Ignacio, *Le nouvel ordre Internet*, http://www.monde-diplomatique.fr.

RAINELLI, M. (2000), « L'Organisation mondiale du commerce », 5ème édition, Paris, *La Découverte*, p.97

RETORNAZ C., *Le commerce électronique international - Quelques réflexions sur la loi applicable à la vente au consommateur,* http://www.celog.fr.

REIDENBERG, J. (1998, 3 feb.), "Lex informatica: the formulation of information policy rules through technology", 76, *Texas Law Review*, p.1998, p.553 et s.

REIDENBERG, J. (1996), "Governing networks and cyberspace rule-making", *Emory Law Journal*, 911.

(1996, décembre), « Responsabilité civile et Internet ; Droit des marques et Internet : un vaste domaine exploratoire ». *Lamy Droit de l'informatique*.

(1996, septembre- octobre), « Reproduction par numérisation, pages web et contrefaçon ; Application du droit des marques à Internet ; Cryptologie, Internet : précisions ministérielles ; Un point sur la responsabilité civile et pénale des producteurs et diffuseurs d'informations électroniques ; Convention cadre pour le commerce électronique ; Contrats kiosque micro fournisseur d'accès à Internet ; Conditions générales d'utilisation du service Wanadoo », version 1, *Lamy Droit de l'informatique*.

RIGAUX, F. (1982), « Le droit au singulier et au pluriel », *R.I.E.J.*, n°9, p.45 et s.

RIGAUX, F. (1989), « Les situations juridiques individuelles dans un système de relativité générale », *R.C.A.D.I.,* p. 408.

RIGAUX, F. (1983), « L'internationalisation du droit étatique », *Revue Internationale de Droit Comparé*, 91.

RISACHER, N (1996), « La société de l'information : nouveaux risques et enjeux pour la vie privée », Bulletin d'actualité - *Lamy Droit de l'informatique*, n°86 p. 13-14.

RISACHER, N. (1996), « Internet face au droit », Bulletin d'actualité - *Lamy Droit de l'informatique,* n°87, p.10-14.

RIVOAL, Y. (1999, Mars), « Voyage au pays de la Fraude », *Revue Netsurf*, n°36, p.40.

ROCHER, Guy (1988), « Pour une sociologie des ordres juridiques », *Cahiers de droit* 29, p.91.

ROUX-BRIOUDE, Jacques (1995), « La troisième voie », *Gazette de Palais*, 55.

SALAUN, A., *Les transactions commerciales sur Internet*, http://www. droit.fundp.ac.be.

SCARANO, Jean-Pierre (1991), « Thèmes et variations sur la signature », *Petites Affiches*, 7.

SEDALLIAN, V. (1998, 28 janvier), *L'utilisation de l'Internet dans l'entreprise, Lettre de l'Internet juridique*, http://www.argia.fr .

SEDALLIAN, V. (1996, avril), *Cryptologie : les enjeux et l'état de la législation française*, Lettre de l'Internet juridique, http://www.argia.fr .

SENNES, O. (1985), « Régimes d'imposition des logiciels », *Droit de l'informatique*, n°7, p.2 et s.

Service universel : les FAI attendent une bouffée d'oxygène, http://www.01net.com.

SIMON, P. (1997, janvier), « Du billet de banque à la monnaie électronique aux États-Unis », *Banque*, p. 12.

SOLLÉ, Constance, *Internet, un havre de paix pour la TVA* ? http://www.juritel.com.

(2000), *Souveraineté étatique et marchés internationaux à la fin du 20ème siècle, Mélanges en l'honneur de Philippe KAHN*, Litec.

STERN, B. et B. TAXIL (2000), *Internet comme système social, International Law Forum du droit international*, p. 157.

SYX, Dirk(1986), « Vers de nouvelles formes de signatures », *Droit de l'informatique*, 133.

TANGUY, Nzue Obame, *Partage des responsabilités entre un hébergeur à titre gratuit et un propriétaire de site*, http://www.unitar.org.

(1997, 17 mars), « Taxes : l'OCDE ne suit pas les U.S.A », *Planet Internet*.

(1993-1994, hiver), « The evolution of the Internet and national high-speed networks in the U.S.A, Canada, Japan and Europe », *Argus*, volume 22, n° 3.

THIAM, Samba Alassane, *Solidarité numérique : une initiative africaine transversale*, http://www.osiris.sn.

THOMASSET, Claude et COTE, René, *Le droit saisi par l'ordinateur*, http://www.juris.uqam.ca .

Lionel, *Mise en scène de nouveaux moyens de paiement sur Internet*, http://www.jurisnet.com .

THOUMYRE, Lionel, *Autoréglementation un guide pour tous*, http://www.jurisnet.com.

THOUMYRE, Lionel, *L'échange des consentements dans le commerce électronique*, htttp://www.lex-electronica.org.

THOUMYRE, Lionel, *Zone de non-droit : au-delà du mythe*, http://www.jurisnet.com .

TIETCHEU, Jeanne, « Multimédia : premières pierres pour un vaste chantier », *Jeune Afrique Économique*, n°313, p. 68-69.

TILLINGHAST D.R. (1996, nov-déc), "The impact of the Internet on the taxation of international transactions", *IBFD*, p.524.

TONNELLIER, Marie-Hélène et Frédérique DUPUIS-TOUBOL (1998, 17 décembres), « Le commerce électronique vaut bien une réforme du droit de la preuve », *JCP*, n°51, p.2011.

TOP, Amadou, *Genève 2003 sur les traces de Cancun* ? http://www.osiris.sn.

TREMBLAY, Mylène, (2003, samedi 14 et dimanche 15 juin), Droits et Internet – *L'ordre juridique n'a pas droit de cité dans la jungle numérique*, Le Devoir.com.

TOURE, Pape Assane (2014, mai), *Le traitement de la cybercriminalité devant le juge*, Harmattan.

TRIPONEZ, Thierry (2001, 16 mars), « Virus informatique : ciel mon mail », *Soleil*, http://www.osiris.sn.

TRUDEL, Pierre (1997, septembre - octobre), « Le cyberespace et le droit », *Interface*, volume 18, n°5.

TRUDEL, Pierre, « Quel droit et quelle régulation dans le cyberespace ? », *Revue sociologie et société*, vol. XXXII, 2, p.196.

TRUDEL, Pierre, *La réglementation de l'Internet telle qu'elle existe dans le Nord est-elle transposable au Sud, compte tenu des spécificités culturelles*, http://www.unitar.org.

TRUDEL, Pierre (1995), « Introduction au droit du commerce électronique sur l'Internet », *Revue du Barreau*, p.521.

TRUDEL, Pierre (1996), *Le cyberespace : réseaux constituant et réseaux des réseaux*, in J. FREMONT, et J-P. DUCASSE, dir., *Les autoroutes de l'information : enjeux et défis*, Montréal, Les chemins de la recherche, p.137.

TRUDEL, Pierre (2002, juillet - octobre), *Les mutations du droit à l'âge du numérique*, Droit & Toile, Volume 1, http://www.unitar.org/isd/dt1/ddt1-reflexion.html .

TRUDEL, Pierre, *L'influence d'Internet sur la production du droit*, http://www.juriscom.net.

VANDERLINDE J. (1997), *Introduction, Regards candides sur les sciences du texte juridique*, in C. THOMASSET, et D. BOURCIER dir., Interpréter le droit : le sens, l'interprète, la machine, Bruxelles, Bruylant, p.1.

VAN ONVERSTRAET, Tanguy (1998), « Droit applicable et juridiction compétente sur Internet », *RDAI/IBLJ*, n° 3.

VASSEUR, Michel (1985), « Le paiement électronique, aspects juridiques », *J.C.P*, G, I, 3206.

VEDEL, G. (1981), *Le droit économique existe-t-il* ? Mélanges offerts à Pierre VIGREUX, Toulouse, Collection Travaux et recherches de l'I.P.A.- I.A.E. de Toulouse, p. 768.

VERBIEST, Thibault (2002, 19 décembre), *Avant-projet de loi sur l'économie numérique : première analyse*, http://www.droit-technologie.org.

VERBIEST, Thibault, *Quelle fiscalité sur Internet* ? http://www.jurisnet.com.

VERBIEST, Thibault, *La Directive européenne sur le commerce électronique*, http://www.juriscom.net.

VERBIEST, Thibault, *Droit international du droit privé et commerce électronique : état des lieux*, http://www.juriscom.net.

VERBIEST, Thibault (2002, 23 février), « Le fonds de commerce virtuel : une réalité juridique ? », *Journal des Tribunaux*, 121ème année, n° 6044, p. 145.

VERBIEST, Thibault, *Sommet mondial sur la société de l'information : bilan mitigé*, http://www.droit-technologie.org.

(1998, avril), « Vers une libéralisation de la cryptologie ? », *Point DBF*, n°88, p.16

VIRALLY, Michel (1982), *Un tiers droit ? Réflexions théoriques*, in Le droit des relations économiques internationales. *Études offertes à Berthold GOLDMAN,* Paris, Litec, p.373-385.

VIVANT, Michel (1999), *Raison et réseaux, De l'usage du raisonnable dans la régulation de l'Internet*, *Mélanges Mehl*, La Documentation française, p. 153.

VIVANT, Michel (1999), *Les contrats du commerce électronique*, Préface de Francis LORENTZ, Litec, p. 5.

VIVANT, Michel (1999), « La responsabilité des intermédiaires de l'Internet », *JCP*, G, I, 180, spéc. N°8.

VIVANT, Michel (2000), « Droit de l'informatique », *JCP*, E, n° 21-22, p. 840 et s.

VIVANT, Michel (1997, décembre) « Commerce électronique cherche droit », *Droit et Patrimoine*, n°55, p.50.

VIVANT, Michel (1996), « Cybermonde : droit et droits des réseaux », *JCP*, I, n°3969.

VIVANT, Michel et Christian Le STANC, « Le droit de l'informatique », *JCP*, E, n°21, p. 217.

VIVANT, Michel (1998), « Commerce électronique : un premier contrat-type », *Cahier Lamy Droit de l'informatique*, E, p. 1-13.

M. VIVANT, (1997), *Les créations immatérielles et le droit*, Éditions Ellipses, ouvrage collectif.

V.R. (1997, 11 et 12 juillet), « Fiscalité sur Internet », *les Échos*.

WEBER, Alain (1996, juillet - août), « Droit de l'Internet : à la recherche des pierres angulaires, commentaires de la décision UEJF », *Expertises*, p. 274.

WERY, Étienne, *La monnaie électronique reçoit un cadre juridique en droit belge*, http://www.droit-technologie.fr.

WERY, Étienne, *« Pedofilie.be » fait l'apologie de la pédophilie- l'hébergeur suspend d'initiative le site*, http://www.droit-technologie.org.

O

P

R

S

T

U

V

TABLE DES MATIÈRES

L'HARMATTAN ITALIA
Via Degli Artisti 15; 10124 Torino

L'HARMATTAN HONGRIE
Könyvesbolt ; Kossuth L. u. 14-16
1053 Budapest

L'HARMATTAN KINSHASA
185, avenue Nyangwe
Commune de Lingwala
Kinshasa, R.D. Congo
(00243) 998697603 ou (00243) 999229662

L'HARMATTAN CONGO
67, av. E. P. Lumumba
Bât. – Congo Pharmacie (Bib. Nat.)
BP2874 Brazzaville
harmattan.congo@yahoo.fr

L'HARMATTAN GUINÉE
Almamya Rue KA 028, en face du restaurant Le Cèdre
OKB agency BP 3470 Conakry
(00224) 60 20 85 08
harmattanguinee@yahoo.fr

L'HARMATTAN CAMEROUN
BP 11486
Face à la SNI, immeuble Don Bosco
Yaoundé
(00237) 99 76 61 66
harmattancam@yahoo.fr

L'HARMATTAN CÔTE D'IVOIRE
Résidence Karl / cité des arts
Abidjan-Cocody 03 BP 1588 Abidjan 03
(00225) 05 77 87 31
etien_nda@yahoo.fr

L'HARMATTAN MAURITANIE
Espace El Kettab du livre francophone
N° 472 avenue du Palais des Congrès
BP 316 Nouakchott
(00222) 63 25 980

L'HARMATTAN SÉNÉGAL
10 VDN en face Mermoz, après le pont de Fann
BP 45034 Dakar Fann
33 825 98 58 / 33 860 9858
senharmattan@gmail.com / senlibraire@gmail.com
www.harmattansenegal.com

L'HARMATTAN BÉNIN
ISOR-BENIN
01 BP 359 COTONOU-RP
Quartier Gbèdjromèdé,
Rue Agbélenco, Lot 1247 I
Tél : 00 229 21 32 53 79
christian_dablaka123@yahoo.fr

654620 - Mai 2016
Achevé d'imprimer par

1livre.com
du rêve à la réalité !

www.ingramcontent.com/pod-product-compliance
Lightning Source LLC
LaVergne TN
LVHW011502061026
849535LV00004BA/1171
9782343062877